抗战后中国知识分子群体研究

1945/1949

郑志峰——著

燕山大学出版社
·秦皇岛·

图书在版编目（CIP）数据

抗战后中国知识分子群体研究 ： 1945—1949 / 郑志峰著. -- 秦皇岛 ： 燕山大学出版社, 2025. 3. -- ISBN 978-7-81142-975-6

Ⅰ. D663.5

中国国家版本馆 CIP 数据核字第 20246SN967 号

抗战后中国知识分子群体研究（1945—1949）

KANGZHAN HOU ZHONGGUO ZHISHI FENZI QUNTI YANJIU（1945—1949）

郑志峰 著

出 版 人：陈 玉	责任编辑：柯亚莉
封面设计：吴 波	责任印制：吴 波
出版发行：燕山大学出版社 YANSHAN UNIVERSITY PRESS	地 址：河北省秦皇岛市河北大街西段 438 号
邮政编码：066004	电 话：0335-8387555
印 刷：廊坊市印艺阁数字科技有限公司	经 销：全国新华书店

开 本：710mm×1000mm 1/16	印 张：19.5	字 数：280 千字
版 次：2025 年 3 月第 1 版	印 次：2025 年 3 月第 1 次印刷	
书 号：ISBN 978-7-81142-975-6		
定 价：95.00 元		

2021年度河北省哲学社会科学学术著作出版资助

前　言

张灏先生将1895—1920年称为“转型时代”，其标志之一为“士”向近代知识分子的转型，特别是1905年科举制度废除以后，士大夫阶级失去了制度化的再生机制，不再承担国家与社会联系纽带的功能。许纪霖先生指出，“转型时代”意味着知识生产、思想文化生产和传播途径的重大变化。随着报纸杂志、新式学校、学会社团等制度性传播媒介大量涌现，近代知识分子的社会交往空间和交往方式发生了质的变化，诞生了崭新的公共空间网络，即以大学、科研机构、基金会等为活动空间的学术网络，以报纸杂志、出版机构等为阵地的文化网络，以及以党团、社团为中心的社会网络。

近代以来，传统的“四民社会”逐渐瓦解，知识分子由乡村走向城市，他们不再向政治中心集结，反而分散于民间，成为社会中的“自由漂浮者”（free-floating），他们与国家、社会的联系是虚拟的。尽管有了新式学校、报纸杂志、学会党团等制度性媒介作为崭新的生存和活动空间，但知识分子被挤出中心走向边缘[①]，是一个客观事实。在此困境下，“我们是谁”的

① 参见余英时：《中国知识分子的边缘化》，《二十一世纪》（香港）1991年8月号；王汎森：《新知识分子与学术社群的建立》，见氏著：《中国近代思想与学术的系谱》，台湾联经出版（转下页注）

自我追问一直困扰着近代知识分子，他们在寻求自我认同的同时，左冲右突，前仆后继，力图为饱受西方列强侵略、积贫积弱乃至支离破碎的国家寻找重生之路。胡适慨叹：我们中国的民族自救运动之所以失败，“都只因为我们把六七十年的光阴抛掷在寻求建立一个社会重心而终不可得”①，“教育救国”“学术救国”“实业救国”“社会改造”，均为知识分子开出的拯救国家于危亡的药方。

抗战胜利后的1945—1949年，是一个独特的历史时期。日本无条件投降后，知识分子对和平的企盼，对国家建设的期待，成为最强烈的诉求。然而，国民党及其政府一意发动内战、剿杀共产党，特别是国共谈判彻底破裂、内战全面爆发后，知识分子的失望与愤怒无可抑制，迸发出强烈的参政议政热忱。许多以报刊为媒介的知识分子群体形成了，如上海的《观察》群体、《时与文》群体，北平的《独立时论》群体、《新路》群体。那么，这些知识分子群体是通过什么样的联系纽带聚集起来的？群体成员之间认同的标准是什么？群体内部以及群体之间有着怎样的关系网络？这些知识分子试图影响时局，他们的力量如何生产出来的？其背后有着怎样的社会文化资源在支撑着？

近代知识分子身处一个断裂的社会，时局的不可预测性增加了个人的危机意识，而频繁流动于各大城市之间，使得他们的认同需求异常迫切。应该说，近代知识分子对于关系网络的建构是十分自觉的。许纪霖先生指出，传统士大夫的生活场所在乡镇，具有浓厚的乡土性和草根性，其交往是“以自我为中心，以熟人社会为半径，以血缘、地缘和学统关

（接上页注）事业股份有限公司，2003年，第275—302页；罗志田：《近代中国社会权势的转移：知识分子的边缘化与边缘知识分子的兴起》，《开放时代》1999年第4期；章清：《“胡适派学人群”与现代中国自由主义》，上海古籍出版社，2004年，第28—32、223—226、316—324页。

① 胡适：《惨痛的回忆与反省》，《独立评论》第18号，1932年9月18日。

系为经纬”[①]的，是一种自然的、非流动的交往网络；近代知识分子的生活空间从乡村转移到城市，城市是一个陌生人聚集的社会，积极地进行各种私人的和公共的交往，建构新的关系网络成为近代知识分子城市生活的重要课题，而以学校、报纸杂志、出版社、学会、党团、社团为中心衍生出来的各种社会文化联系，成为近代知识分子得以群聚、构建公共认同最主要的凭借。当然，即使在近代城市公共网络中，传统的血缘、地缘、宗族、同乡等自然关系依然发挥着潜在的不可忽视的功能[②]，它们与前三个主要的关系纽带相互交织，形成了一个巨大的复杂的交往网络。比如民国初期社会上出现的“省界”“学界”“军界”“报界”等词汇即为这一交往网络的生动体现[③]。

费正清认为，1945—1949 年的国共斗争，共产党的胜利首先表现在政治上，人心向背尤其是知识分子的同情与支持，给共产党的革命以巨大助力。战后知识分子群体的力量生产，凭借的就是大学、基金会、科研机构、报纸杂志、会社（党团）等制度化媒介所形成的多重文化网络。就本课题研究的四个知识分子群体而言，每一个群体都可以看作是一个知识分子交往网络，每一个网络背后都有不同的、更大的社会网络的支撑。

战后初期，自由知识分子普遍处于一种亢奋状态，大有“我辈不出如苍生何”的气概，但是，随着国共谈判破裂并走向武力对抗，国统区的政治混乱、经济崩溃、社会衰败愈演愈烈，在这种情况下，大学教育惨淡经

---

① 许纪霖：《都市空间视野中的知识分子研究》，《天津社会科学》2004 年第 3 期。

② 比如章太炎在隐居日本时，吸引了大批的浙籍知识青年，从 1908 年 4 月起，章氏每周日在寓所为朱蓬仙、朱希祖、龚未生、钱玄同、周豫才、周启明、钱均夫、许寿裳等弟子授课。一天陈独秀造访章氏，适钱玄同、黄侃在座。众人遂谈起清代汉学，所举戴、段、王诸人，多出于安徽、江苏两省，故陈独秀言湖北没出过什么大学者，以致引起黄侃的不满：“湖北固然没有学者，然而这不就是区区，安徽固然多有学者，然而这也未必就是足下。”（周作人：《知堂回想录》，香港三育图书公司，1980 年，第 482 页）可见“省界”“同乡”等传统的认同观念的巨大影响力。

③ 可参见章清：《省界、业界与阶级：近代中国集团力量的兴起及其难局》，《中国社会科学》2003 年第 2 期。

营，学术研究无从谈起。而民族资本的瓦解、市民阶层的贫困化，购买力急剧下降，这对于依赖报纸杂志和出版物塑造影响力的知识分子群体而言，无异于雪上加霜。

战后初期的乐观气氛被一种无力感代替，如何理解当前的国内外时局？中国的出路在何方？知识分子往哪里去？类似的困惑与追问，一再成为知识分子群体辨析与争论的主题。

抗日战争对于知识分子来说，是一次政治的启蒙，抗战胜利之后的知识分子普遍政治化了。其后果是造成了知识分子之间的严重分化。以昆明“一二·一”运动为起点，因为政治倾向和政治立场的不同，知识分子，尤其是那些有党派关系背景的知识分子，彼此之间的分化越来越严重。当国共两党由政治斗争走向武力对抗，处于炮火硝烟中的知识分子处于夹缝中，他们该如何定义自身在社会中的位置？能为国家做些什么？

由此，我们可以看到，以报刊为媒介的自由知识分子的舆论声势十分浩大，但对于他们所着力的“为中国重建社会重心”而言，其能力是微乎其微的。战争掏空了自由知识分子的社会力量，而他们过度的政治化和激烈的党争终于造成了力量的分散甚至对立，“重建社会重心”的努力也就化为了乌有。

目　　录

第一章　研究设计

抗日战争胜利后，知识分子作为一个重要的社会群体，在共产党与国民党的政治斗争中，发挥了重要的作用。正如美国著名汉学家费正清指出的，1945—1949 年的国共斗争，共产党的胜利首先表现在政治上，人心向背尤其是知识分子的同情与支持，给共产党的革命以巨大助力。然而长久以来，由于种种原因，战后中国知识分子群体的研究一直未得到应有的重视。

第一节　选题依据与研究意义

一、选题依据

张灏先生将 1895—1920 年称为“转型时代”，在这 25 年中，无论是在思想文化的传播途径上，还是在思想的内容上，知识分子都发生了剧烈的变化[①]。正如许纪霖先生所指出的，“转型时代”促生的中国特有的历史

---

① [美]张灏：《转型时代在中国近代思想史与文化史上的重要性》，见氏著：《张灏自选集》，上海教育出版社，2002 年，第 109—125 页。

困境与思想困境，是我们理解近现代中国的“根底”，是观察20世纪上半叶中国社会政治迁变的应然视角，“1915年后的各种狂澜都在那个时候播下了火种”。[①]其中，1905年科举制度的废除是一个标志性的事件，自此知识分子失去了与国家、社会联系的制度性纽带，成为“自由漂浮者”（free-floating）阶层，因此，许纪霖先生将近代中国社会看作是“断裂社会”[②]。

关于“士”向近代知识分子的转型，学术界已经出现了大量的研究成果，但绝大部分集中在晚清民初、五四及20世纪30年代，对于20世纪40年代，特别是抗战胜利后知识分子的研究，学界至今尚留有大片空白。

抗战胜利后，自由知识分子尤其是全国各大高校的教授们，迸发出惊人的议政热忱，许纪霖先生形象地称之为“参与爆炸”（participation explosion）[③]。他们或者创立报刊，或者创建团体（组织），通过各种途径不断发表对于时局的见解和主张，从而形成了一个个特征鲜明的不同的自由知识分子群体。他们呼吁和平、反对内战，要求成立“联合政府”，重建公道正义的社会秩序。在以往的历史叙述和学术研究中，知识分子的这段历史被纳入中共统战史的框架下讨论，或者附着在学生运动史（及青年运动史）的研究上，被诠释成了国统区的“第二条战线”民主斗争史，这些自由知识分子也被笼统地称为“第三方面”“中间力量”或“中间派”。这种处理方式，将知识分子群体的社会主体性消融在一种宏大叙事中，致使本应看作一个社会群体的知识分子的整体面目模糊不清，从而也无法在更为宏观的视域下为战后知识分子与社会的互动做出合理的解释。

---

① 许纪霖、郑志峰：《我改变不了这个世界，但可以改变我的课堂——著名学者许纪霖教授访谈录》，《历史教学》2005年第5期。

② 许纪霖：《“断裂社会”中的知识分子》（编者序），许纪霖编：《二十世纪中国知识分子史论》，新星出版社，2005年。

③ 许纪霖：《中国自由知识分子的参政（1945—1949）》，《许纪霖自选集》，广西师范大学出版社，1999年，第112页。

事实上，通过分析历史资料可以看出，战后出现的这些知识分子群体，其成员情况之复杂远远超出人们的想象，群体与群体之间的差别也极大。这些知识分子的聚合，是依靠彼此交叉的社会关系网络；促成他们聚合起来的因素如同学、师生、校友、同事、同研（从事相同专业学科研究）、同业（从事相同或相似职业）、同界、教育背景等，各种关系纽带的相互交叉混杂，就构成了知识分子发展的历史脉络。因此，有必要重新检视过往的研究成果，将这些知识分子群体分置于自身的发展脉络中，从群体成员的具体情况中挖掘历史细节，去探究知识分子彼此之间的社会联系，进而重新构建知识分子的群体结构和发展历史。

战后的自由知识分子群体在社会影响上是有差别的，这种差别与群体的规模有关，与群体的内部结构有关，更为重要的是它们各自生产力量的基础不同。各个群体背后的社会关系网络，在很大程度上决定着它们力量的大小。只有将单一群体置于其他群体的参照对比之下，才能清晰看出这个群体的历史演变过程，从一个更为广阔的视野书写1945—1949年间的中国知识分子发展史。如果选择群体个案进行研究，虽然能充分挖掘知识分子社会史和思想史的深层内容，具有典范意义，但也容易出现以偏概全、将知识分子简单归队的现象。

因此，我选择《观察》群体、《时与文》群体、《独立时论》群体、《新路》群体为研究对象。这四个以报刊为阵地聚集起来的知识分子群体，前两个在上海，后两个在北平。北平与上海是战后知识分子最为集中的两个城市，这四个群体几乎集中了全国范围内的知名人物。故将这四个知识分子群体进行比较研究，纵向剖析每一群体的内部结构，又将它们进行横向比较，期望既将每一群体的具体情况描绘出来，又能呈现知识分子的整体图景和演变历程。

二、研究意义

与人物研究不同，知识分子研究在中国是一个新兴学科，它的发展壮大，需要相关学科研究成果的支撑。相较于其他成熟学科，知识分子研究仍显稚嫩，特别是战后即1945—1949年间的自由知识分子研究，研究成果与其重要性不能匹配。现有的相关研究成果，大多为知识分子思想史、政治史研究，知识分子社会史研究则亟待进一步拓展；而就研究对象言，多为知识分子个案，知识分子群体研究则较为薄弱。因此，笔者选择战后的知识分子群体作为研究对象，有着重要的学术价值。

就知识分子发展史而言，1945—1949年承前启后，是一个非常重要的时期。许多研究新中国成立后知识分子的学者，都不得不将时间向前推移，从知识分子的历史脉络中追寻人物的思想轨迹，贺桂梅的《转折的时代：40—50年代作家研究》[①]一书，就是从20世纪40年代开始追根溯源的。对于1949后知识分子思想和态度的逆转，本书研究虽无力于此，然而由于时间上的接承关系，通过研究1945—1949年间的知识分子，或许能发现一些可供参考的线索。

战后是一个独特的历史时期，国共两党由对峙演变成激烈的内战，知识分子处于夹缝之中。他们所面临的各种危机是空前的，一切都使他们陷入无从选择而又不能不选择的境地。本书将竭力揭示在这种无奈彷徨而又不能坐等观望、必须有所作为的历史变革中，知识分子是如何处理自身与国家、与社会的关系的。这对现实也不乏启迪和警示意义。

① 贺桂梅：《转折的时代：40—50年代作家研究》，山东教育出版社，2003年。

第二节　问题意识与研究路径

1905年，科举制度正式废除。自此，士大夫阶级失去了其制度化的再生机制，开始了"士"向近代知识分子的艰难转型。无论是在知识的结构、知识的空间还是职业出路上，近代知识分子与传统的"士"都有很大的不同。知识分子不再向政治中心集结，反而分散于民间，走向社会的各个领域并日益边缘化。"四民社会"中居于社会重心地位的"士"，如今却成为与国家和社会双重断裂的边缘分子。在此困境之下，"我们是谁""我们在社会中处于怎样的位置"，诸如此类的自我追问一直困扰着近代知识分子。

一、问题意识

战后知识分子的议政热潮，有着明确的社会诉求，即为中国树立社会重心。无论是《观察》撰稿人吴世昌宣扬的"中国需要重建权威"①、《时与文》撰稿人施复亮提出的"中间派的政治路线"②，或者《独立时论》精神领袖胡适发表的"争取学术独立的十年计划"③，还是《新路》开列的三十二条社会主张④，都在清晰而坚定地表达出这种渴望。这种渴望的背后，反映了战后的中国知识分子普遍对国民党及其政府的统治丧失了信心。

要重建社会重心，知识分子就必须拥有足够的力量去进行社会动员，

① 参见吴世昌：《中国需要重建权威》，《观察》第1卷第8期，1946年10月19日。

② 参见施复亮：《中间派的政治路线》，《时与文》第1期，1947年3月14日；《中间派在政治上的地位和作用》，《时与文》第1卷第5期，1947年4月11日；《中间路线与挽救时局》，《时与文》第1卷第8期，1947年5月1日。

③ 胡适：《争取学术独立的十年计划》，《独立时论》第一辑，北京大学出版部1948年4月刊行。

④ 《中国社会经济研究会的初步主张》，《新路》创刊号，1948年5月15日。

将社会各阶层势力团结起来，才能扭转因国共内战带来的国家危机。于是，这些知识分子以报刊为阵地联合起来，形成了各种各样的群体。那么，这些知识分子群体是如何聚集起来的？群体成员之间认同的标准是什么？群体内部以及群体之间有着怎样的关系网络？他们是如何进行舆论生产的？这些问题直接关系到群体力量的强弱，关系到他们能否实现重建社会重心的夙愿。

张灏先生指出，从乡村到城市，知识分子失去了与土地的联系，却拥有了崭新的思想文化生产方式和传播途径，即报纸杂志、新式学校及学会等制度性媒介，从而也形成一个新的知识阶层[①]。这些知识分子栖身于大学、新闻出版机构及会（社）等社会组织，不但获得了新的生存空间，也获得了新的力量源泉。在战后，大学已经成为知识分子进行知识生产和知识传播的主要社会机制，社会地位举足轻重，各种各样的社会团体尤其是民主党派非常活跃，新闻出版业也逐渐在抗战胜利后恢复过来，这些都是知识分子群体背后重要的支撑力量。可以说，战后知识分子群体之所以能产生如此大的舆论力量，所依靠的就是通过制度性媒介（社会结构性力量），如大学（包括学术团体、科研机构、基金会等）、报纸杂志（如《观察》《时与文》《独立时论》《新路》等）、会（社）（如欧美同学会、“社经会”、“大教联”、出版社、党派组织等）所形成的多重文化网络。那么，战后这些以报刊为中心聚集起来的知识分子群体，背后各自有着怎样的社会结构性力量的支撑？彼此间有什么不同？它们与大学、会（社）等社会机构是怎样发生联系的？它们是通过怎样的渠道从中汲取力量的？

然而，也正如许多论者指出的，自科举制度废除以后，在新式教育

---

① 张灏：《转型时代在中国近代思想史与文化史上的重要性》，见氏著：《张灏自选集》，上海教育出版社，2002 年，第 109—114 页。

下成长起来的知识分子，各自有着不同的教育背景，其知识来源、知识结构也是各有区别，故彼此之间并没有一致的意识形态基础；另一方面，虽然知识分子公共舆论的生产有以制度性社会媒介形成的文化网络的支撑，但在国共斗争的大背景下，这种社会文化网络是不稳定的，随时面临着网络断裂的可能。加之彼此之间缺乏文化认同，它们所建构起来的群体充满了异质性。当时局越来越危急的时候，它们多元的思想和文化观念就外化为具体政治上的冲突、对立，不断冲击着群体的内部结构，消解着他们自身的力量。同时，不断恶化的国共斗争时局以及由此带来的政治、经济、社会等整体性危机，不断侵蚀着大学、新闻出版业、会（社）的生存基础，战争也使知识分子的生存陷入了危机，当生命都朝不保夕的时候，他们生产力量的物质基础就彻底被瓦解了。于是，重建社会重心的愿望只能是黄粱一梦。那么，这些知识分子群体内部及其背后的支撑力量是怎样一步步被侵蚀的？换句话说，它们重建社会重心的努力是如何失败的？

综上所述，本书的研究对象为1945—1949年间以报刊为中心形成的四个知识分子群体；从“重建社会重心”这一角度切入，主要解决这样三个核心问题：这些知识分子群体是如何生成的？它们的力量是如何生产的？它们的力量是如何被战争一步步侵蚀的？

二、研究路径

对于学术研究而言，方法论至为重要。许纪霖先生曾经在一篇访谈中，对“家法”“学术传统”“社会科学方法论”进行过精彩的分析，强调“注重学术传统其实就是学术自觉的萌生”，“一个优秀的史学家在方法论上一定要有自觉，不管他是否在方法论上作过系统的研究”。[①]

作为知识分子研究的领军人物，许纪霖先生有着相当的理论自觉。在《都市空间视野中的知识分子研究》一文中，许纪霖先生对当下的知识分子研究现状做出了缜密严谨的分析，认为自1980年代中期以来的两个研究向度，即“传统与现代的二元划分”“学术与政治间的社会角色”这两个层面的研究，基本上已经达到了自身的极限，有必要将知识分子研究“纳入到一个重新问题化的框架之中，开辟新的研究论域”。由此，许纪霖先生提出一个外在理路，“即从德国社会学家卡尔·曼海姆开始的知识社会学的角度，重点考察在思想和社会互动关系中的知识分子。研究知识分子在特定的社会语境和关系网络中，如何产生知识分子共同体，如何相互交往，影响和建构社会公共空间和关系网络”。[②]

许纪霖先生吸收了西方知识社会学理论，并将之做了中国语境下的理论阐释和重构，为中国的知识分子研究提供了一个崭新的研究论域和路径。本书即受许纪霖先生的启发和引导，循知识社会学的研究路径，利用网络分析模式，具体分析战后知识分子的聚合过程，及其与国家、社会间复杂的关系网络，以此来探究战后知识分子“重建社会重心”的努力是如何失败的。通过分析知识分子彼此之间的交往网络及其与国家、社会之间复杂的关系网络，描述出知识分子的发展脉络。

从知识社会学角度研究知识分子，在目前的学界仍属于一种崭新的研究尝试。从研究对象来讲，这种方法是可行的。在研究进路上，笔者不再坚持“传统/现代”、“学术/政治”或者知识分子“独立人格”的前提预设，而是从“重建社会重心”这一预设切入。关于这个进路，目前学界只

---

① 许纪霖、郑志峰：《我改变不了这个世界，但可以改变我的课堂——著名学者许纪霖教授访谈录》，《历史教学》2005年第5期。

② 许纪霖：《都市空间视野中的知识分子研究》，《天津社会科学》2004年第3期。

有余英时、王汎森、罗志田、许纪霖等先生做过研究[①]，尚属于一个新论域。笔者将在前辈学者的研究基础之上，沿着这一路径分析战后的知识分子群体，希望获得崭新的认识。

在中国知识分子发展史上，战后即 1945—1949 年是一个研究非常薄弱的阶段。就本书的研究对象而言，虽然《观察》《时与文》《独立时论》《新路》都有相关的研究成果，但大多是对期刊的研究，属于知识分子群体的研究非常少，且留下了大量的课题尚待解决。本书通过对比，研究这四个知识分子群体，希望为这一时期的知识分子研究尽绵薄之力。

第三节　文献来源与研究动态

中国近代史资料号称浩如烟海，但具体到本书所研究的1945－1949年间的知识分子，资料之少却又超乎意料之外。由于本书所研究的知识分子大多为“二线”人物，知识分子自身留下来的第一手资料很少，这给学界的研究带来了很大的不便，故关于这一时期知识分子的研究也非常薄弱；加之历史的原因，他们的资料流散、遗失、焚毁，更增添了研究的难度。

一、文献来源

关于知识分子的研究资料，可分为背景资料、原始资料及二手资料。

① 王汎森：《近代知识分子自我形象的转变》，见氏著：《中国近代思想与学术的系谱》，台湾联经出版事业股份有限公司，2003 年；罗志田：《近代中国社会权势的转移：知识分子的边缘化与边缘知识分子的兴起》，见氏著：《权势转移：近代中国的思想、社会与学术》，湖北人民出版社，1999 年；许纪霖：《重建社会重心：近代中国的“知识人社会”》，《学术月刊》2006 年第 4 期；章清：《“胡适派学人群”与现代中国自由主义》，上海古籍出版社，2004 年。

战后知识分子的背景研究资料非常丰富，这为笔者的写作提供了十分厚实的基础。

背景资料主要包括研究1945—1949年间的政治、经济、教育、思想文化、社会的论文及著作。特别是在1949年后，出现了大量的关于学生运动、青年运动、“第二条战线”民主运动、中共党史、中共统战工作的研究成果，各高校如北京大学、清华大学、北京师范大学、南开大学、复旦大学也都组织人力物力出版了校史或校志。这些是与本书写作关系最密切的背景资料。与历史学相关的如社会学、法学、经济学、文学、哲学、新闻学等学科出版的论著中，也有不少对1945—1949年历史的研究。如研究战后的社会变迁、政治思想、经济思想、文学、哲学、新闻史等成果，对本书的写作也能提供很多结论式的知识和资料线索。特别是随着国内外学术交流的加强，许多学者受交叉学科的启发，采用新的理论对1945—1949年间的中国开展研究，得出了新的结论。这不仅丰富了作者的理论知识，对本书的写作也提供了很好的参照。

原始资料包括知识分子留下来的日记、书信、文集、自传、自述、回忆录、访谈录等。其中，日记和书信较为可靠、真实，其价值要高于自述和回忆录。因为年龄或其他原因，自传、自述和回忆录都有史实、人物、年代错误的情况，也会出现隐讳的现象。

文集对于本书的写作起着很重要的作用。由于资料上的限制，许多知识分子的人生经历至今没有完整的轮廓，只有从他们早年的文章中去搜寻、查找。尤其本书是关于知识分子社会交往网络的研究，往往能从他们的文集中发现一些别处看不到的资料及资料线索，比如，关于储安平的人生简介，虽然从其他研究成果中知道储安平与“新月”群体关系密切，但一直没有确切的史料支撑。笔者在储安平《悼志摩先生》一文中找到了他与徐志摩、梁实秋交往的确切证据。再比如《时与文》的重要人物施复亮，虽然资料相比其他知识分子要丰富一些，但他与《时与文》周刊的关系也没有确证的史料，笔者在其一篇文章中发现了资料，就能证明这一点。

对于资料相对丰富的知识分子，这些原始资料可以参校使用。但是本书所涉及的知识分子大都属于“二线”人物，留下的资料普遍较少，在这种情况下，有时候会利用仅有的资料作为支撑，是为“孤证”，但随着新资料的出现，可能会使我所做出的结论站不住脚。比如关于独立时论社的创办经过，只有当事人张佛泉在悼念崔书琴的一篇文章中曾有描述，如果以后发现了关于独立时论社的新材料，本书的论述就有可能被修正。

在本书所研究的知识分子群体成员中，大部分属于“二线”人物，即在中国历史上声名不是特别响亮，学界不是特别重视，或者由于意识形态原因受到冷落的人物，如吴景超、钱端升、周炳琳、赵迺抟、崔书琴、张佛泉、王聿修、吴恩裕、楼邦彦、杨人楩、龚祥瑞、伍启元、钱清廉、吴世昌、杨西孟、吴之椿、邱椿、陈友松、沈炼之、钱实甫、程博洪、汤德明、张明养、伍丹戈等人。虽然在历史上他们声名不如胡适、傅斯年、潘光旦、费孝通等人响亮，但在战后社会舞台上确是相当活跃。在这些“二线”人物中，又有很大一部分知识分子是“后五四”一代中的后一批。他们虽也大多具有留学经历，但学术生涯正处在上升之中，属于知识分子中的“少壮派”，未达到全盛期即戛然而止，因此，他们留下来的资料相对于五四一代就少得多，回忆文章和研究资料也非常少。1949 年后，这批人大多遭遇政治上的劫难，有些人受迫害致死，没有留下自传、自述、回忆录等资料；即使存活下来的知识分子，他们多年来保存的日记、书信、文稿等资料也大都散落、遗失或焚毁。因此，研究 1945—1949 年间知识分子的史学工作者，往往面临着史料上的难关。

二手资料包括关于知识分子的回忆文章、年谱、传记、文史资料、纪念文集及其他研究成果。年谱是根据知识分子第一手资料，并参照了一些较为可信的回忆性文章编写的，具有较高的价值。回忆文章是作者通过自己的思想重现过去的人物和事件，价值虽不如年谱，但也有很高的利用价值，尤其在一些知识分子缺乏第一手资料的时候，这种回忆性文章就更为可贵，可以当作第一手资料使用，但也存在盲目引用的危险。传记的综合价值比较高，但对于特定时期或特定人物的史实可能会出现严重错误，尤其是传记中所引用的二手资料，再经过著者本人的选择和判断，其可信性就会大打折扣。

就二手资料的现状而言，大多集中在“一线”人物，本书所研究的知识分子中，只有极少数人如胡适、潘光旦、吴晗、费孝通、储安平、施复亮、翦伯赞、蔡尚思等人的资料丰富些，其他许多知识分子至今没有传记、年谱、纪念文集出现，就连回忆文章都少得可怜甚至没有。以四个群体的核心人物为例，就笔者目前掌握的资料来看，《观察》群体中的楼邦彦，《新路》群体中的吴景超，《时与文》群体中的伍丹戈、周天行、汤德明及《独立时论》群体中的张佛泉、王聿修等，都是既没有第一手资料（如日记、书信、自传、自述、回忆录、文集等），也没有传记、年谱、纪念文集等二手资料。

资料的缺乏，或许可以利用网络资源来补充，但许多网络资源并未注明出处，而且有很多文字错误。在不得已的情况下，我将引用一些，并注明网址，比如关于程博洪的一篇回忆（纪念）文章、陈振汉的回忆录等。

二、研究动态

知识分子研究是一个新兴学科，它必须建立在大量的相关研究基础之上，才能产生真正具有价值的学术成果。因此，我将现有的研究成果[①]分为

① 本节内容中出现的著作、论文，其详细的出版信息请参见书后的参考文献。除非特殊需要，本节不再列出其出版信息。

两部分，第一部分是关于近代知识分子的背景研究，第二部分是知识分子研究。第二部分又可以分为两类，一是知识分子研究的理论和方法，二是知识分子的宏观研究、群体研究和个案研究。

（一）知识分子背景研究成果

战后的中国是一个非常独特的历史阶段，社会变化急峻深远。由于历史的原因，加上反映此一时期的资料大都散见于当时出版的各种报纸杂志，搜集整理就很困难，这就使得对1945—1949年的历史进行整体研究颇为艰难，故而很多学者采取了年代史的研究方式。对于本书来讲，最可资参考的是北京大学钱理群先生的《1948：天地玄黄》、复旦大学金冲及先生的《转折年代——中国的1947年》及南京大学张仁善先生所著《1949：中国社会》。钱理群先生的著作可谓经典，他对知识分子在1948年的政治抗争、思想变迁及国共战局压迫下的知识分子的精神、心理、生活等各方面都有精彩的分析，令笔者叹服，特别是对战后知识分子1948年思想上的变动及其政治态度上的变化的分析，对本书的写作启发颇多。金冲及先生的著作以时间为序，以国共军事、政治斗争为主线，兼及当时中国各个阶层的变化和动态分析。对于战后的知识分子而言，1947年是个重要的年份，是知识分子陷入无能为力并自我反思的开始，对于知识分子的选择来说，这一年的时空格局蕴含着丰富的信息。只有在这些背景知识的参照下，才能透析出存在于知识分子身上的诸多可能的转变和选择。张仁善先生的著作则描述了1949年政治大变革来临之前中国社会各阶层的众生相，对于知识分子着力颇多，如对知识分子去与留的取舍、校园与学生、公共传媒与舆论等，有许多新的介绍和分析，并为本书提供了不少资料的线索。

另有很多学者专从政治史切入。比较突出的有美国史家胡素珊所著《中国的内战——1945—1949年的政治斗争》。她将1945—1949年的中国社会一分为二，以国共的政治斗争为主线，来分析国共政权交替的过程，其中著者对于知识分子如何看待国共两党、知识分子与学生运动的分析，由于其西方文化的背景，提出了许多值得重视的观点。邓野所著《联合政府与一党训政——1944—1946 年间国共政争》[①]亦重点论述国共之间的政治斗争，其中对于抗战末期和战后初期的知识分子之思想和行为的分析很有启发性。其他如刘云久的《国民党统治区的民主运动》[②]、胡庆云的《解放战争时期的第二条战线》[③]等著作，虽然意识形态色彩过于浓重，但对于了解此一时期知识分子所栖身的大学和所凭借的公共传媒及其与社会的互动有一定的价值。

（二）知识分子研究

1949 年之前，胡适、钱穆、朱自清、闻一多、吴晗、费孝通、楼邦彦、冯契等人作为历史的参与者，通过梳理知识分子从传统向近代的转型过程，来认识自身在社会中的位置和作用，写下了许多关于“知识阶级”的文章，可以当作史料来利用。20 世纪 80 年代的“文化热”中，知识分子新一轮的反思开始，也引起了学界对知识分子研究的兴趣。知识分子研究在中国大陆的兴起，当以许纪霖先生和郑也夫先生为开路者。其他如萧功秦、沈卫威、罗志田、章清、李辉、谢泳等学者，也有相关成果问世。自 90 年代以来，出现了大量的研究成果，其中包括许多硕、博士论文和专著，代表性的有：章清的《“胡适派学人群”与现代中国自由主义》、张连国的《在理想与现实之间——中国自由主义知识分子的历史命运（1917—1937）》、沈卫威的《自由守望——胡适派文人引论》及《胡适周围》、谢泳的《西南联大与中国现代知识分子》、董国强的《论近代中国自由主义知识分子及其政治思潮》（南京大学博士论文，2002）、马宏的《现代中国知识分子的

① 邓野：《联合政府与一党训政——1944—1946 年间国共政争》，社会科学文献出版社，2003 年。

② 刘云久：《国民党统治区的民主运动》，黑龙江人民出版社，1986 年。

③ 胡庆云、董炜：《解放战争时期的第二条战线》，国防大学出版社，2000 年。

民众主义理论与实践》（中国人民大学博士论文，1996）、刘志一的《1945—1949 年间的自由主义文学思潮》（复旦大学博士论文，2001）、何卓恩的《殷海光与近代中国自由主义》（华中师范大学博士论文，2002）、丁三青的《“中国史境”下的自由主义话语——张君劢与 1946 年中国自由主义的命运》（南京大学博士论文，2003）等。

在中国港台地区和国外，中国近代知识分子研究也是学界的一个热点，有代表性的学者如张灏、林同奇、余英时、周策纵、李欧梵、王汎森、黄克武等人都有知识分子研究成果问世。改革开放以后，美国的“中国学”研究成果也逐渐翻译过来，其中有许多非常有价值的中国近代知识分子研究著作。代表性的有：

[美] 夏绿蒂・弗思：《丁文江：科学与中国新文化》，丁子霖等译，长沙：湖南科学技术出版社，1987。

[美] 格里德：《胡适与中国的文艺复兴——中国革命中的自由主义（1917—1950）》，鲁奇译，南京：江苏人民出版社，1989。

[美] 微拉・施瓦支：《中国的启蒙运动——知识分子与五四遗产》，李国英等译，吴景平校，太原：山西人民出版社，1989。

[美] 魏定熙：《北京大学与中国政治文化》，金安平译，北京：北京大学出版社，1998。

[美] 史景迁：《天安门：知识分子与中国革命》，尹庆军等译，北京：中央编译出版社，1998。

[美] 萧邦奇：《血路：革命中国中的沈定一（玄庐）传奇》，周武彪译，南京：江苏人民出版社，2002。

[美] 杰罗姆・B.格里德尔：《知识分子与现代中国》，单正平译，天津：南开大学出版社，2002。

[美] 艾恺：《最后的儒家——梁漱溟与中国现代化的两难》，王宗显等译，南京：江苏人民出版社，2003。

[美] 周明之：《胡适与中国现代知识分子的选择》，雷颐译，桂林：广西师范大学出版社，2005。

这些著作视角独特，研究方法新颖，给我以很大的启发。

上面简单回顾了国内外关于中国近代知识分子的研究概况，下面我将研究成果分为几个部分，分别加以具体分析。

1.知识分子研究的理论和方法

从学科角度而言，单纯的知识分子研究是很难有出路的，它必须与其他学科结合，形成跨学科的方法和视野，才能推陈出新。这一点在西方学术界表现得最为突出。比如1965年美国社会学者科塞出版的《理念人——一项社会学的考察》，就是运用社会学方法来研究知识分子的发展历史。科塞认为，知识分子的产生离不开一定的社会环境，他借用马克斯·韦伯的“理想型”理论，对知识分子形成的八个制度化社会环境，即沙龙、咖啡馆、科学协会、月刊或季刊、文学市场和出版界、政治派别、波西米亚式的场所和小型文艺杂志、书报审查制度，分别做了典范分析。近代知识分子被称为“自由漂浮者”阶层，他们与社会产生互动，是通过这些建制化的媒介完成的。受科塞的启发，许多学者开始注重探讨知识分子与空间的关系，如美国学者魏定熙的《北京大学与中国政治文化》就是通过分析知识分子与北京大学之间的关系来解释知识分子与社会是如何相互影响的。就本书来说，研究战后知识分子群体，就必须分析他们与各种制度性媒介（如报刊、大学、基金会及其他组织）之间的关系。科塞的研究方法是颇值得借鉴的。

近年来，引用社会学网络分析方法研究知识分子成为知识分子研究的亮点。比如美国学者萧邦奇的《血路：革命中国中的沈定一（玄庐）传奇》一书。通过沈定一在三个不同的地点（衙前、杭州、上海）所建构的社会网络来分析他与时代变革的关系及其被暗杀的原因。杜赞奇的《文化、权力与国家：1900—1942年的华北农村》将文化史、社会史与网络分析方法结合，构建了“权力的文化网络”模型，作为解读国家政权与乡村社会互动的工具，而控制这个工具的是乡村领袖。杜赞奇所提出的“权力的文化网络”模型，对于知识分子研究有很大的意义，可是具体到实际研究却相当困难。

另一个就是由卡尔·曼海姆开创的从知识社会学角度研究思想和社会互动关系中的知识分子。在特定的社会语境中，他们是如何交往并建构个人的交往网络的？是通过怎样的方式形成知识分子共同体的？这方面的理论著作主要有《卡尔·曼海姆精粹》和柯林斯的《哲学的社会学》，而具体的研究以艾尔曼的《从理学到朴学：中华帝国晚期思想与社会变化面面观》和《经学、政治和宗族：中华帝国晚期常州文学派研究》最具代表性。

就国内而言，知识分子研究的理论支撑不够，大都遵循“传统/现代”或“学术/政治”二元划分的路向，虽出现了许多很有价值的研究成果，但路子越走越窄。知识分子研究需要引入新的方法，开辟新的研究论域。许纪霖、杨念群、郑也夫、桑兵、章清等先生都做了这方面的尝试，其中许纪霖先生的探索成绩卓然。

许纪霖先生的研究领域集中于中国近代史，尤其是近代知识分子。他早期比较关注知识分子的独立人格问题，后来由宏观转向微观，从知识分子个案出发，研究知识分子的心态人格，开创“知识分子心态史”的研究路向。近年来，无论是在研究路向还是方法论上，许纪霖先生都逐渐与国际知识分子研究接轨，开始采用知识社会学、新社会文化史等理论为指导来研究知识分子课题，兼及知识分子与都市文化空间的关系，并在微观研究的基础上，致力于适合中国社会的宏观理论建构和方法论的探索，代表性的成果有《都市空间视野中的知识分子研究》及《近代中国城市的公共领域——以上海为例》等文章。

2.知识分子宏观研究

从宏观上论述中国现代知识分子的研究成果比较多，较著名的如美国杰罗姆·B. 格里德尔的《知识分子与现代中国》、张朋园的《知识分子与近代中国的现代化》、许纪霖的《智者的尊严——知识分子与近代文化》、张岱年等编著的《中国知识分子的人文精神》、何晓明的《百年忧患——知识分子命运与中国现代化进程》等。这些著作分别从不同路向切入来研究近代知识分子，如张朋园和何晓明主张“传统/现代”的二元划分，《中国知识分子的人文精神》是一个论文集，重在讨论知识分子的人文精神，纵穿整个中国历史，对于理解现代中国知识分子有很多启发之处。许纪霖先生则从“知识分子的独立人格”角度进入，以“入世与出世”“内圆与外方”“超然与介入”“十字街头与象牙塔”等核心词汇来分析知识分子在传统与现代转承之际的人格呈现和心路历程。张济顺的《中国知识分子的美国观（1943—1953）》选取“知识分子的美国观”这一主题，来分析知识分子对美国的看法是如何变化的，其中包括了知识分子思想中自由主义、民主主义与民族主义的矛盾，理想与现实的冲突，以及知识分子最终选择背后潜在的传统文化因素，对本书的写作亦很有启发。

其他如钱理群的《1948：天地玄黄》，通过个案来分析 1948 这个风云突变的年份里，知识分子的生存状态和思想变化，主要以左派知识分子为主，对自由知识分子也作了一定的分析。傅国涌的《1949：中国知识分子的私人记录》以日记为基本的资料，通过知识分子个体的研究来看 1949 年大变革来临之际，中国近代知识分子的思想变化和个人选择。杨玉圣的《中国人的美国观——一个历史的考察》从“美国观”入手，分析中国人是如何看待美国的，其中包含了中国的各个阶层，主要是知识分子的典型分析。马嘶的《百年冷暖：20世纪中国知识分子生活状况》和陈明远的《文化人的经济生活》从经济角度研究近代知识分子的生存状况。贺桂梅的《转折的时代：40—50年代作家研究》一书则通过沈从文、萧乾、冯至等几人的研究，来分析在大转折时代中国近代作家思想演变的痕迹和新中国成立前的最后抉择，尤其对于沈从文、萧乾、冯至的分析，非常精彩。

另外，还可以从“知识分子边缘化”的角度切入研究中国近代知识分子，这方面的成果仅有几篇文章。这个研究视角，最早是余英时先生在20世纪90年代初提出来的，后来有一些学者受其启发也做了这方面的探讨，但整体看来，这个问题并未引起学术界足够的重视。

余英时在《中国知识分子的边缘化》一文中指出：“四民社会”中的“士”是居于中心位置的，1905年科举制度废除后，他们从中心位置退下来，成了社会学意义上的“自由漂浮”的分子。他认为可以从两个层面来看“知识分子边缘化”的过程：一是政治上的边缘化，二是文化上的边缘化。文化上的边缘化又有三层含义：在19世纪末20世纪初，中国知识分子在精神上已经为西方文化所震慑，开始对自己的文化传统失去信心，这是由“中心”被迫退居“边缘”的无奈之举；而五四对传统文化的大肆批判，是知识分子自动撤出中国文化中心地带的有意行为；其三则为学术上的边缘化，在中国传统中，学术和思想一直被看作是为社会指示方向的，然而1949年后在社会经济决定论的观念支配下，不少知识分子已经开始视文化为经济的寄生物。此时，知识分子就彻底边缘化了。

知识分子发生转型后，其社会身份、地位、谋生方式、思想世界都发生了剧烈的变化，但是在心态上，余英时认为他们仍然无法与传统的“士”发生骤然断裂。故而胡适、梁漱溟、丁文江这些知识分子不复社会的“重心”位置，却依旧持有“当今天下，舍我其谁”的典型的士大夫心态。余英时先生指出，大概到 1940 年代，“士大夫”观念才彻底死亡，并列举出闻一多、吴晗左转后对“士大夫”的批判为佐证。余英时总结道：“这时，知识分子早已经放弃了对中心的幻想并且心甘情愿地居于边缘的位置了。”但是，钱穆先生则认为，虽然由“士”转向了现代知识分子，但他们仍未能与传统彻底决裂。至于从“边缘/中心”的角度如何看待知识分子在国家与社会之间的位置，目前仍是一个尚待进一步深入研究的问题。继余英时先生之后，台湾“中研院”的王汎森、北京大学的罗志田以及华东师范大学的许纪霖等对此问题都有所探讨。

我比较倾向于钱穆先生的看法。知识分子的转型，其生活世界和思想世界都发生了巨大变化，但他们仍旧不能割断与传统的关系。到了 20 世纪 40 年代，虽然闻一多、朱自清、吴晗、许德珩、袁翰青等人对传统士大夫进行批判，但知识分子的“担道”心态仍具有普遍意义。比如，张君劢在战后就曾自责：国家被弄成这个样子，就是因为知识分子太洁身自好，不肯担责任。所以，许纪霖先生认为，战后知识分子参政议政高潮的兴起来自他们的“赎罪”心理[①]。在战后初期，知识分子所谓“我辈不出如苍生何”的主体意识，无论在周鲠生、贺麟、汤用彤、贺昌群、罗常培、张其昀给胡适的书信里，还是在知识分子发表的报刊文章中，都表现得非常突出。这种主体意识与传统士大夫的“担道”意识有关系，但并非简单地回归，而是在近代社会中的创造性转化。

3.知识分子个案研究

知识分子群体的研究必须建立在已有的个案研究的基础之上。本书所及的四个知识分子群体，包括 150 多个知识分子，虽然不可能做到对每一个知识分子的情况都了如指掌，但群体的核心成员以及在报刊上最活跃的

---

① 许纪霖：《中国自由知识分子的参政（1945－1949）》，《许纪霖自选集》，广西师范大学出版社，1999 年，第 109 页。

知识分子的具体情况是必须要深入分析的。从这一点来说，现有的研究成果显然存在着诸多不足之处。

在国内，知识分子的个案研究以许纪霖先生和谢泳先生的成果最多。许纪霖的研究成果大都收入《许纪霖自选集》和《中国知识分子十论》二书，这些文章属于许纪霖的中期作品，集中反映了“知识分子心态史”的研究路向，研究对象包括了胡适、丁文江、翁文灏、梁漱溟、金岳霖、朱自清、闻一多、吴晗等人；另有《无穷的困惑：黄炎培、张君劢与现代中国》一书，是关于黄炎培、张君劢的研究。谢泳的研究成果大都编入《逝去的年代——中国自由知识分子的命运》一书，另有著作《清华三杰》和许多文章问世。

从目前的研究状况来看，知识分子的个案研究非常不平衡，大都集中于“一线”人物，也就是在学术、思想、文化或政治上留下较大声名的人物，比如胡适、傅斯年、沈从文、梁实秋、潘光旦、贺麟、冯至、朱自清、朱光潜、冯友兰、钱锺书、费孝通等，而对于“二线”“三线”人物的研究极为缺乏甚至是空白，如燕树棠、戴世光、翁独健、陈友松、郑林庄、杨人楩、吴恩裕、邱椿、吴之椿等等。从代际上讲，战后自由知识分子的主体由“后五四”一代构成。这一代分为两批，前一批出生于1895—1910年之间，全面抗战前这批人都已卓然成家；后一批出生于1910—1930年之间，在20世纪40年代开始崭露头角。从目前的研究成果来看，对于前一批人，如傅斯年、冯友兰、贺麟、潘光旦、费孝通、朱自清、朱光潜、冯至等的研究比较丰富、深入，而对后一批人的研究相对要薄弱许多，如楼邦彦、龚祥瑞、袁方、刘大中、蒋硕杰、徐毓枬、陈振汉、全慰天、伍启元等人，除了零星的介绍或在研究中提及外，几乎没有任何研究成果。甚至在当时名声较大的胡先骕、任鸿隽、周炳琳、吴景超、曾昭抡、陈达、吴泽霖等人，研究成果也很少，尤其是周炳琳和吴景超二人，是北平知识分子群体中的关键人物，但是研究成果之少，令人惊讶。

本书是关于知识分子的群体研究，因此每一群体的领袖人物都是重点分析对象。下面我分别就四个群体的领袖人物的研究现状做一描述和分析。

《独立时论》群体领袖：胡适

在中国近代知识分子研究中，胡适研究最深入，成果也最丰富。可以列出一个长长的书目。但是，这些研究偏重于全面抗战前的胡适和回台后的胡适，对于1945—1949年之间的胡适的研究是不够的。胡明的《胡适传论》、朱洪的《胡适大传》用编年叙事的方法介绍胡适的人生历程，对于1945—1949年胡适的经历也有较为详细的介绍，可以与《胡适年谱》参照阅读。周明之的《胡适与现代中国知识分子的选择》和余英时的《重寻胡适历程：胡适生平与思想再认识》对于胡适在这一段时期内的思想和行为着墨较多。余英时的分析以胡适的日记为基础，主要讨论胡适的思想变化和行为选择，颇多精彩之处。周明之将胡适作为“典范”，来分析中国近代知识分子在学术、政治、文化、教育、生活等方面的选择，这其中蕴含了一种比较的眼光，对于本书的写作和构思有极大的启发。战后的胡适留下来的资料相对较少，而时局复杂，若不把他置于更大的社会关系网络中，似较难有准确的把握。事实上，战后的胡适经历了一个“神话破灭”的过程，而这个过程，就在以他为核心的群体与其他知识分子群体的交往中展开。四个群体的对比分析将是本书的重点所在。其他研究如李又宁主编《胡适和他的朋友们》和耿云志的《胡适及其友人：1904—1948》，对于了解胡适的社会关系网络多有帮助；沈寂主编《胡适研究》、耿云志的《胡适研究论稿》、耿云志主编《胡适研究丛刊》、颜振吾编《胡适研究丛录》、周海波的《胡适：新派传统的北大教授》、李敖的《胡适与我》等也有参考价值。

《新路》群体的核心人物：吴景超

国外对于吴景超的研究暂时没有见到，国内的研究也非常少，主要是谢泳先生的研究成果。吴景超是清华辛酉级，与梁实秋、闻一多、罗隆基、浦薛凤是同班同学，中国社会学的开拓者之一，在学术界享有很高的声誉。但后世对他的研究成果之少，着实令人遗憾。

谢泳先生在《清华三杰》中，为吴景超单列一章，对吴景超的生平、思想、学术道路进行梳理和分析，对于了解和认识吴景超有很大的参考价值。但这些仍属于初步研究。令我感兴趣的是，谢泳先生为本书提供了许多可资利用和深入研究的线索，比如他谈到吴景超与《新路》和中国社会经济研究会的关系，战后吴景超与胡适关系的变化、国民党资源委员会与中国社会经济研究会的关系，还有中国留英知识分子与资源委员会的关系等。虽然他没有对这些做进一步的分析，但无疑都是很有价值的发现。

台湾《传记文学》有李树青《怀念杰出的社会学家吴景超先生》一文，这是怀念性质的回忆文章，严格来说不能算是研究成果；不过作为学生辈并与吴景超在国民政府经济部的同事，李树青对吴景超的评说是相当有分量的。他认为，战后吴景超的转变与他在国民政府经济部的任职经历有很大关系。这种说法基本可信，他后来与胡适日渐疏远，就在于二人对国民党政权的看法不同，因此，最后也做出了不同的选择。另外《南京大学学报（哲学·人文科学·社会科学版）》2004 年第 5 期有庞绍堂的《吴景超先生的学术思想和学术风格》一文，《东方论坛》2003 年第 1 期有张玉龙的《吴景超工业化思想探析》一文。但到目前为止，没有一本吴景超的传记或年谱。关于吴景超的研究仍有待于进一步深入和拓展。

《观察》灵魂人物：储安平

作为战后知识分子群体中的重量级人物，后世对储安平的研究与其在历史上的位置是很不相称的。汪荣祖在台湾《传记文学》第 60 卷第 4 期发表的《自由主义在战后中国的起落——储安平及〈观察〉撰稿群》，是一篇颇有分量的文章，该文谈到了储安平创办《观察》的一些情况，但研究重点是聚焦《观察》周刊的撰稿人群体，借此讨论自由主义的问题。

大陆介绍储安平较早的应该是戴晴所写的报告文学《储安平 王实味 梁漱溟》，此书出版于 1989 年。1995 年邓加荣出版《寻找储安平》一书，搜集了海峡两岸的一些回忆文章。但到目前为止，关于储安平的研究，空白仍然很多。首先，关于储安平的生平，只有谢泳先生写过一个《储安平传略》（收入谢泳编《储安平：一条河流般的忧郁》），但关于他早年的生活和在英国伦敦政治经济学院留学、在国立蓝田师范学院教书以及在重庆中央政治学校做研究员时期的生活，都是模糊不清，只是有许多传闻，做不得史料。

就现有的研究状况来看，对储安平研究最深的是谢泳先生。首先，他对储安平的生平做了一个粗略的叙述，对储安平在 1945—1949 年之间的主要活动，即创办《客观》《观察》的具体情况做了详细的资料爬梳工作，这对研究者颇有价值。尤其可贵的是，谢泳并未单纯就《观察》来论储安平，而是将《观察》置于当时中国整个知识分子与公共传媒的网络中，对储安平的社会交往做了初步的探究和分析。只是限于资料的缺乏，谢泳对这个问题的研究尚处于起步阶段，且有些结论不够客观。而关于储安平在中国自由主义发展史上的位置，储安平通过《观察》所建构的庞大的社会关系网络及其与社会的互动，则是谢泳尚未触及的论域。谢泳对储安平的研究均收入《逝去的年代——中国自由知识分子的命运》和《储安平与〈观察〉》二书中。

近些年来，关于储安平的研究，数量有所增加，研究范围有所拓展，但由于没有发现新的材料，只能在现有的资料支撑下从不同角度来做分析，即使这样，仍有价值。可供参考的文章如李伟的《“神龙”见首不见尾的储安平》、王明星的《储安平与〈观察〉周刊》、林建华的《储安平自由主义思想评析》、张玉龙的《从“客观”到“观察”：储安平对1947年前后中国政局的观感与析评》、付祥喜与曾历的《从〈观察〉看储安平编辑与出版发行思想》、李静的《从〈观察〉看储安平的编辑思想》、闻文的《没有谜底的谜——“大右派”储安平的传奇人生》、付祥喜的《试论〈观察〉周刊和储安平的独立发言精神》、陈永忠的《试述储安平的时论观》、张仁善的《一个旧中国“自由主义者”的法治心路——试论储安平的法治观》、黄泓的《追寻储安平的心路历程》和《追寻学者生命的痕迹——论储安平的新闻思想和新闻活动》。

《时与文》群体领袖人物：伍丹戈

在本书所研究的四个群体中，从整体上来看，《时与文》群体知识分子的资料最齐全，但就群体的领袖人物来说，以《时与文》群体的领袖人物伍丹戈的资料最贫乏。笔者只在《复旦大学教授录》中找到了关于伍丹戈情况的简单记载，除此之外，没有见到任何资料。这对于群体研究来说，是至为遗憾的。

4.群体研究

研究以报刊为核心的知识分子群体，在近些年是学界通行的做法，这也是由中国近代史的独特性导致的。在中国近代史尤其是1945—1949年之间，知识分子大都通过公共媒介来表述自己的思想和看法，除了个别人（如张东荪、胡适、吴恩裕等）外，大都未出版著作。他们往往以报刊为中心进行组合，形成一个个知识分子群体。因此，对以报刊为中心的知识分子做群体研究，是近代知识分子研究比较理想的方式。

近十几年来，知识分子群体研究有上升的趋势。台湾涌现出多篇以研究《独立评论》和《自由中国》杂志为主题的博士、硕士论文，后由台北联经出版公司1989年出版，如邵铭煌的《抗战前北方学人与〈独立评论〉

（1932—1937）》（政治大学历史研究所硕士论文，1978）、魏诚的《〈自由中国〉半月刊内容演变与政治主张》（政治大学新闻研究所硕士论文，1984）、颜淑芳的《〈自由中国〉半月刊的政党思想》（中国文化大学政治学研究所硕士论文，1989）等。大陆的研究成果主要有沈卫威的《自由守望——胡适派文人引论》（1997）、谢泳的《西南联大与中国现代知识分子》（1998）、高恒文的《京派文人：学院化的风采》（2000）、杨义的《京派海派综论》（2003）、臧明华的《西南联大知识分子心态研究》（2004）、章清的《"胡适派学人群"与现代中国自由主义》（2004）等。

总体而言，关于中国近代知识分子的研究，晚清民初、五四及20世纪30年代的研究较为全面和深入，而40年代尤其是战后的研究要薄弱许多。与本书直接相关的是沈卫威、谢泳和章清三人的著作。

沈卫威和章清都是以胡适派知识分子群体为研究对象，分析在不同历史时期群体的言论和行为，梳理中国近代自由主义知识分子发展的历史脉络。这些不同时期的群体都是以报刊为中心，如《新青年》《努力》《新月》《独立评论》《自由中国》等。

沈卫威将"胡适个人的'超凡魅力'、自由主义信念、历史机遇"作为胡适派文人群体生成的理论预设[①]，对于各个时期胡适派知识分子均具有独到的见解和分析。但是，对于战后胡适派知识分子群体的研究过于单薄，且所做结论有失严谨。一般来讲，胡适派是自由主义知识分子的主体力量，但自由主义者内部在横的方面存在着不同的群落，在纵的方面有不同的发展脉络，尤其是在战后知识分子普遍政治化的大背景下，时局的恶化使他们之间的分化进一步加深。比如吴景超、钱端升、张奚若、潘光旦等人都曾是胡适派知识分子群体的核心成员，而在战后却与胡适渐渐疏远，私下里大家还是好朋友，在公共事务上则不相与言。从自由主义者的谱系来讲，

① 沈卫威：《自由守望——胡适派文人引论》，上海文艺出版社，1997年，第9—76页。

北大和清华有着不同的传统和渊源，吴景超、张奚若、潘光旦等人都属于清华这一序列，与出身北大、同样属于胡适派自由知识分子群体的姚从吾、赵迺抟、傅斯年、汪敬熙等人还是有很大区别的。再如周炳琳，出身北大，且是胡适派群体的核心人物之一，战后他的思想发生了很大变化，开始与清华靠近。《观察》群体领袖储安平，在《新月》时期深受胡适自由主义的影响，也多次试图争取胡适支持《观察》，但胡适对此并没有什么实质性的回应，而储安平与清华的潘光旦、费孝通则始终保持着密切的个人联系，在《观察》的创办过程中，潘光旦和费孝通给予储安平诸多帮助，甚至亲自为《观察》设计栏目和问卷调查方案。当然，沈卫威认为胡适、潘光旦、吴景超、储安平等人都属于自由主义阵营是符合历史的，但如果说后三人是胡适派文人的成员，考虑到1945—1949年间的实际情况，却有点武断了。沈卫威提出的“胡适个人的‘超凡魅力’、自由主义信念、历史机遇”理论预设，其中，胡适的“超凡魅力”或者说胡适的“奇理斯玛”（charisma）气质确实是自由主义知识分子凝聚的一个重要原因，但这种预设的成立必须建立在史料支撑的基础之上；“自由主义的信念”也是一个主因，但是，自由主义仅仅是知识分子可以对话并群聚的一个平台，关于自由主义的理论内涵存在诸多分歧，在如何实现自由主义的政治、经济设计上分歧更大，这一点在战后知识分子选择空间日益狭窄的情况下，就变成一个异常突出的问题。而沈著无疑将胡适派文人群泛化了。

章清先生的《“胡适派学人群”与现代中国自由主义》有很大突破。首先，他建构了一个理论模型，即“学术社会、论述空间和权势网络”。他认为，建构“学术社会”是走出科举时代的知识分子寻求新的角色和身份认同的关键，其目的就是要重返社会重心，“在此基础上拓展的‘论述空间’与‘权势网络’则是知识分子在不同的历史时期对中国问题的思考，以及在学术活动和政治实践中形成的种种关系网络”。[①]这一模型操作性很强，也非常契合中国近代知识分子的实际，更为可贵的是，这个理论模型为研究中国近代知识分子提供了一个崭新的分析模式。对于1945—1949年“胡适派学人群”的情况，章清先生也着墨甚多，并提供了许多资料线索。

谢泳的《西南联大与中国现代知识分子》一书是作者多年来单篇文章的汇编，并没有一个一以贯之的问题意识，也未用什么理论，是对资料的梳理和简单分析。但对于此一时期的研究来说，这个工作是必要且重要的。其中有五篇文章是关于《观察》及《观察》群体的，再结合作者另外一部著作《逝去的年代——中国自由知识分子的命运》中关于《观察》群体的内容，可以看出，谢泳先生对于《观察》群体的用力是很深的，有许多值得参考的地方。但是，很明显的一个问题是，著者对于“自由主义”的问题采取了模糊处理的办法，以至于在具体论述某个知识分子的时候，严格来说是一个民族主义者，也将他归入自由主义者的行列。

---

① 在书末结语部分，章清对“学术社会、论述空间和权势网络”这个知识分子研究的理论模型做了非常精彩的分析。可参见章清：《“胡适派学人群”与现代中国自由主义》，第490—503页。

第二章 《观察》群体

《观察》周刊是中国近代史上最后一份同人刊物，也是抗战后发行量最大、影响最大的刊物。从最初的倡议、筹备到创刊后的征稿、编辑乃至发行，储安平[①]几乎承担了与《观察》相关的所有工作，可以说，《观察》

① 储安平（1909—1966），江苏宜兴人，储氏望族之后。伯父储南强，早年毕业于江阴南菁书院，与黄炎培同学。储安平生下仅6天，母亲去世，由祖母抚养，14岁父亲去世，从此寄养在伯父家中，直到去外地上学。1928年，储安平从光华附中毕业，升入光华大学政法系。大学时期的储安平醉心于文学创作，曾给《北新》《语丝》《真善美》《新月》《流沙》等文艺杂志写稿，同时对社会政治问题亦感兴趣，1931年编过一本论文集《中日问题各家论见》（新月书店1931年出版）。1932年，储安平从光华大学毕业，获文学学士学位，后因健康原因，回家乡养病，旋赴南京。1934年，与同学端木新民成婚，其间曾主编《中央日报·文学周刊》。1935年11月10日，《文学时代》创刊，储安平任编辑。1936年4月出完第6期后离开，刊物随即停办。同年4月，经同学赵家璧联系，由良友出版公司出版短篇小说集《说谎者》。此间同时任《中央日报》社主笔、记者。1936年8月，随中国代表团赴柏林采访奥运会新闻，旋进入英国伦敦大学政治经济学院深造，师从著名的费边主义学者拉斯基教授，1938年离英返国。1939—1940年，任重庆中央政治学校新闻专修班教授，同时给《中央日报》写社论，其间参加“渝社”（一个以中央政治学校教授为主要成员的学术性团体），曾短期任桂林《力报》（创办人为光华大学校友张稚琴）主笔。1940年，接受老师廖世承的邀请，赴湖南蓝田师范学院任教，其间写成《英国采风录》和《英人法人中国人》两本著作。1943年出版《英国与印度》一书（桂林科学出版社）。1945年5月始，兼任《中国晨报》主笔；8月，离开湖南蓝田师范学院，赴重庆。1945年11月11日张稚琴创办《客观》周刊，储安平任主编。1946年3月，离渝赴沪，筹备《观察》周刊的后续工作。1946年9月1日，《观察》创刊，储安平任发行人兼主编，同时任复旦大学政治系教授、中英文化协会副会长。1948年，因入国民党黑名单，于12月12日被迫离沪赴平；12月24日，《观察》被国民政府查封。1949年后，加入民盟和九三学社，任九三学社中央委员、宣传部副部长，并主编学社机关报《社讯》。1949年11月1日，《观察》复刊，储安平任主编，一年后，《观察》改名为《新观察》，离职出任新华书店副总经理。1952年，任出版总署发行局副局长。1954年，当选为第一届全国人大代表，其间作为民主人士代表，前往东北和新疆参观考察，（转下页注）

是储安平个人的事业。在储安平的苦心经营下，《观察》发行量由最初的5000份增加到最后的105000份，创造了民国新闻出版史上的奇迹，甚至有的学者称之为“储安平时代”[①]。

第一节　储安平与《观察》周刊

对于新闻工作，储安平有着近乎着迷的兴趣[②]。抗战胜利不久，储安平应光华大学校友张稚琴之邀，辞去国立大学教授的职务，离开湘西赴重庆主编《客观》周刊。储安平邀请好友吴世昌、陈维稷、钱清廉、张德昌任编辑，请著名经济学家笪移今负责“经济一周”专栏，又亲自向熟识的知识分子约稿，很快令《客观》在重庆立足，影响不断扩大。但随着陪都各单位复员工作的展开，重庆的格局日渐狭小，加之储安平与发行人张稚琴相处并非十分愉快[③]，储安平遂决定离开《客观》，着手另起炉灶。

创办一个新刊物，最困难的莫过于资金，尤其经过抗战，知识分子大

（接上页注）写下《东北参观报告》《新疆新面貌》《玛纳斯河垦区》等著作。1957年4月1日，出任《光明日报》总编辑；6月1日，在中共中央统战部召开的党外人士整风座谈会上，作了《向毛主席、周总理提些意见》的报告，随后被打成“右派”，下放到西山农场放羊；6月8日，向《光明日报》社长章伯钧提出辞呈，不再担任《光明日报》总编辑职务。1966年深秋，在北京西郊青龙桥跳河自杀，未遂，不久，失踪。（资料来源有邓加荣：《寻找储安平》，北京十月文艺出版社，1995年；谢泳：《储安平与〈观察〉》，中国社会科学出版社，2005年；谢泳：《储安平评传》，见谢泳编：《储安平：一条河流般的忧郁》，中国青年出版社，1999年；谢泳、程巢父：《追寻储安平》，广州出版社，1998年；陈永忠：《储安平研究》，南京大学历史学系2003年博士学位论文；刘晓琴：《中国近代留英教育史》，南开大学出版社，2005年。）

① 汪荣祖：《自由主义在战后中国的起落——储安平及〈观察〉的撰稿群》，载《传记文学》（台北）第63卷第4期。

② 冯英子：《风雨故人来》，山东画报出版社，1998年，第18页。

③ 储安平自陈，《客观》“只由我们主编，并非我们主办。我们看到其事之难有前途，所以戛然放手”。参见储安平：《辛勤·忍耐·向前》，《观察》第1卷第24期，1947年2月8日。

都囊中羞涩。[①]储安平邀集几个志同道合的朋友做发起人，共同募集资金；储安平的学生雷伯龄，说服老父亲卖掉家中九亩农田，帮助储安平。1946年9月1日，《观察》在上海创刊，“观察社”宣告成立，发起人为储安平、伍启元和沈昌焕，“创立时实收资本法币一千二百万元，共二百四十股，每股五万元。重要股东所占股额：计储安平及沈昌焕各廿股；伍启元、吴世昌、笪移今、陈铭德、陈维稷等各十股”。[②]吴恩裕、钱清廉等人也纷纷出资入股，成为《观察》的创办人[③]。

需要指出的是，《观察》的发起人和股东（见表2-1）无论是社会身份

表2-1 《观察》的发起人和股东

股　东	发起人	任　职	备　注
储安平	是	复旦大学教授	中英文化协会副会长；“观察社”社长、《观察》主编
伍启元	是		1946年9月赴英；国民党员
吴恩裕	否	北京大学教授	
钱清廉	否		在台湾工作
吴世昌	否	中央大学教授	1948年初赴英讲学
笪移今	否	民治新专教授	中共党员；　九三学社社员
陈维稷	否	交通大学教授	中英文化协会会长、中纺第一印染厂厂长；中共党员、民建会员

① 储安平：《辛勤·忍耐·向前》。

② 上海档案馆藏“《观察》档案”，卷宗号Q06-12-160。另外，给《观察》提供资金资助的还有两个人，一是曾养甫的弟弟曾宪立，一是蒋经国。可参见冯英子：《劲草——冯英子自传》，华东师范大学出版社，1999年，第320页；谢泳：《储安平与〈观察〉》，第24页。

③ 笪移今：《九三学社解放前在上海的斗争》，中共上海市委统战部统战工作史料征集组编：《统战工作史料选辑》第四辑（上海文史资料专辑之四），上海人民出版社，1985年，第96—97页。

（续表）

股　东	发起人	任　职	备　注
沈昌焕	是	国民政府主席办公室兼任秘书、外交部礼宾司司长、行政院新闻局特派局长	国民党员
陈铭德	否	《新民报》总经理	

还是政治立场，都存在较大差异，相互之间也没有多少来往，他们能够聚集起来促成《观察》的诞生，主要是储安平穿针引线的结果。沈昌焕①与储安平为江苏大同乡，二人中学、大学均为校友，并同在光华大学政法系就读，沈昌焕比储安平低一个年级。二人都是才华横溢的校园名人，惺惺相惜，私交颇好。伍启元是储安平留英时的同窗好友，两人同时在伦敦大学政治经济学院就读。吴世昌与储安平则为无话不说的知交。陈维稷是留英学界的前辈，储安平留英返国后与之结识并得到他诸多帮助，二人分别担任中英文化协会的正、副会长。笪移今是著名的经济学者、民主进步人士，深为储安平敬重。陈铭德是新闻界闻人，储安平就职于《中央日报》社时即与之相熟，在业务上颇多往还。《观察》创刊后，几个发起人和股东对刊物的编辑出版事宜概不干涉，全权交由储安平负责。储安平任“观察社”董事长、社长，《观察》主编兼发行人。而储安平除了在复旦大学授课外，谢绝一切活动，全身心投入《观察》的创

① 沈昌焕（1913—1998），江苏吴县（今苏州）人，生于书香世家，中学就读于光华大学附中。1933 年毕业于光华大学政法系，后在北平燕京大学研究所研究两年，1936 年初赴美国密歇根大学深造，1937 年回国后任中山大学教授、校长机要秘书直至 1940 年。1940 年 10 月至 1949 年 1 月，在政府部门就职，先后担任国民政府交通部公路运输总局秘书、军事委员会运输统制局公路总局秘书、国民政府外交部专员、远征军司令部少校参谋、中国驻印度专员公署二等秘书、国民政府主席办公室兼任秘书、国民政府外交部礼宾司司长、行政院新闻局特派局长等职。1949 年去台湾。可参见石之瑜编著：《宁静致远　美丽人生：沈昌焕先生纪念》，台湾联经出版事业股份有限公司，2001 年。

办，从社务管理到策划选题、组稿审稿和编改稿件、每期刊物的封面和排版，直至印刷校对、发行推广，甚至开付稿费，事无巨细，莫不事必躬亲。

在给胡适的信中，储安平写道：“在最近的五个月中，我没有一天不是工作至十二小时之多。一方面稿子不够，一方面要顾到刊物的水准，一个人独立孤苦撑持，以迄于今。”[①]其实，储安平在上海筹备《观察》的时候，就有政府部门的朋友两次邀请他出任“高级公务员”，储安平委婉地拒绝了。处于豪华的大都市里，他寂寞而艰难地做着刊物的筹备工作，“这些日子是黝暗的，但我还有着一盏明亮的灯，这盏灯挂在我的心底里，吹不灭，抢不掉；这盏灯，发射光亮，冲散着周围的昏暗”。[②]

这盏“灯”的光亮来自储安平念兹在兹的理想。对于办报，储安平有着明确目的：“一句话，就是书生论政。他很向往伦敦《泰晤士报》那样的报纸，言论能影响政府的决策。”[③]对于知识分子的言论参政，储安平颇有自信：“一个从事言论的人，假如环境允许他秉其智慧，凭其良心，公平论政，他对国家所能有的贡献，未必即在一个部长之下。”[④]这种认识源于他对国家与社会关系的理解。储安平认为，一个国家固然需要强大的中央政府，但在政府之外，“同时还需要在这一个国家里面有一种可以造成社会安定的力量”。这种力量，“大率寄托在思想开明，拥戴民主，爱好自由，憎恶竞争的有科学头脑的进步分子”[⑤]即中产阶级及与之相联系的自由知识分子身上，“我们应当用种种方法鼓励中间的中产阶级抬头，……

---

① 《储安平致胡适》（1947年1月21日），见中国社会科学院近代史研究所中华民国史组编：《胡适来往书信选》（下），中华书局香港分局，1983年，第168页。

② 储安平：《辛勤·忍耐·向前》。

③ 冯英子：《风雨故人来》，第17页。

④ 储安平：《我们对于美国的感觉》，《观察》第1卷第11期，1946年11月9日。

⑤ 储安平：《中国未来局面中的一个安定因素》，《客观》第3期，1945年11月24日。

应鼓励他们出面说话，建立一个为民主国家所不可缺少的健全的舆论”。[①]这表明，战后的知识分子更加自觉地追求多元社会中的角色认同[②]，同时也是他们政治上觉醒的重要表现。

在创刊号上，储安平公开表达了创办《观察》的企图：第一，对国是发表意见，即论政。中国的“自由思想分子”数量很大，质亦不弱，但过于散漫无足以重视的组织，他们所拥有的力量，是潜在的，只有经过动员才能变成实际力量[③]。这些“自由思想分子”“可以说话，需要说话，应当说话”，他们的意见“对于今日中国的言论界实具有一种稳定的力量，而此种稳定的力量正为今日中国所迫切需要者”。[④]第二，储安平希望《观察》发挥教育的功用，在社会上培植自由主义的风气，使“人人有民主的头脑及有一种民主的思想方法”，如此，中国才能有真正的民主政治。[⑤]储安平希望《观察》上发表的文字，其中包含的看法、态度、气息，能给读者尤其是青年的品性修养和进步有所影响，从而在渐走极端的社会中培养并不断壮大“自由思想分子”的力量，为中国的民主政治奠定更为深厚的基础。故储安平一再强调：“我们的目的乃在替国家培养一点自由思想的种子，因为我们认为替国家培养这种‘种子’，就是替国家培养元气。”[⑥]由此，我们可以看到储安平的良苦用心：他希望通过《观察》将知识分子团结起来，在业已失序的社会中形成一股安定的势力，依靠“自由思想分子”自身在思想文化领域内的巨大影响力，亦即“道德权威的力量”“思想影响和言论影响的力量”[⑦]，吸引和影响社会以培植中产阶级，并使之不断

① 储安平：《中产阶级与自由分子》，《客观》第7期，1945年12月22日。

② 许纪霖：《中国自由知识分子的参政（1945—1949）》，见《许纪霖自选集》，第113页。

③ 储安平：《中国的政局》，《观察》第2卷第2期，1947年3月8日。

④ 储安平：《辛勤·忍耐·向前》。

⑤ 储安平：《民主》，《客观》第7期，1945年12月22日。

⑥ 储安平：《辛勤·忍耐·向前》。

⑦ 储安平：《中国的政局》。

壮大成为社会的中坚从而具有动员社会的能力。概言之，一则制造舆论，澄清政治，朝民主政治的大方向努力；二则重建社会秩序，改变社会风气。储安平说："我们一面争取更大的目标，一面在自身范围内切实奋斗。政治的改革是一方面，社会的充实又是一个方面，两者是并行的，互为辅助的。我们希望各方面的有志之士，大家鼓舞起来，沉住气，在本身的岗位上努力，以充实我们国家的生命。"①

正是基于这样的认识，储安平创办《观察》，充分调动其广博的社会关系，邀请老师、同学、同事、朋友及其他各界名流担任撰稿人，围绕在《观察》周围形成了一个庞大的知识分子群体。

第二节 储安平与《观察》群体

《观察》的基本撰稿人有 78 位（算上储安平，撰稿人共 79 人；撰稿人情况请参见附表 1）。他们中既有赫赫有名的高等学府教授、科研机构的资深专家，又有知识界的名流、新闻界著名人士和政府中的开明分子。这是一个以《观察》为阵地的知识分子的松散集合，他们没有共同的主张，也没有所谓的纲领或者路线，仅仅是一种道义上或者精神上的联合。他们出任《观察》撰稿人，有的是储安平通过朋友关系辗转邀请，有的是储安平慕名函请，但绝大部分与储安平有着或深或浅的渊源。可以说，《观察》群体是以储安平的个人社会关系网络为纽带群聚而成的。

① 储安平：《艰难·风险·沉着》，《观察》第 2 卷第 24 期，1947 年 8 月 9 日。

一、灵魂人物：储安平

在《观察》群体中，作为主编的储安平无疑是灵魂人物。

曾与储安平一起参加瀹社的陈纪滢说储安平“人非常聪明能干，而且头脑清晰”①，冯英子说储安平“才气纵横而骄傲绝顶，万事不肯下人”②，储安平的学生也说储安平“不喜欢主动与学生接近，对学生的态度是客气的，但并不很热情，有距离”，甚至“恃才傲物”③，而张申府言：“据我所知，储安平是以敢言著名的办报人，有很好的操守。”④由此推断，储安平不但才情横溢，有操守，且意志坚定，具有独特的人格魅力。冯英子说：“我同储安平谈不上有什么深厚的交情，只是彼此踽踽独行在人生的道路上，一个偶然的机会在交叉点上碰在一起罢了。我们一起办过报，一起写过文章，可是仅仅这么一点，要忘却他也不容易。他的声音笑貌，好像经常在我眼前，不把他写出来，也好像欠了他一笔债未曾还清一样。”⑤

储安平具有很强的社会活动能力，大学时期曾发起组织宜兴同乡会⑥。大学毕业后，储安平的足迹从南京到伦敦，再到重庆、湘西、桂林，最后又回到上海，尽管他一直辗转在学校、报（刊）社之间，结识的朋友却遍及社会各界，教育界、文艺界、文化界、新闻界、民主人士中甚至政府部门中都有他的许多朋友，其中许多成了《观察》的撰稿人。比如，张东荪、潘光旦、胡适为储安平在光华大学读书时期的老师；伍启元、吴恩裕、楼邦彦、费孝通、鲍觉民、钱歌川、夏炎德、萧乾等人是储安平在伦敦大学

① 陈纪滢：《三十年代作家直接印象记》，商务印书馆，1986年，第102页。

② 冯英子：《风雨故人来》，第18页。

③ 王火：《忆储安平教授》，见谢泳、程巢父：《追寻储安平》，第27页。

④ [美]舒衡哲：《张申府访谈录》，李绍明译，北京图书馆出版社，2001年，第220页。

⑤ 冯英子：《风雨故人来》，第10—11页。

⑥ 陈永忠：《储安平研究》，南京大学历史学系2003年博士学位论文。

的同学；钱锺书、吴世昌、高觉敷为储安在平蓝田师范学院的同事；梁实秋、叶公超、卞之琳、季羡林是储安平所熟识的文艺界人士；许德珩、吕复、笪移今是储安平在重庆结识的民主进步人士；杨人楩、戴文赛、戴镏龄、钱清廉、李浩培、张印堂等则与储安平同为留英派，通过留英同学会相识；赵超构、浦熙修、王芸生、许君远、徐盈夫妇、李纯青则为储安平在新闻界的朋友；而在政府中就职的陈之迈、郭有守、顾翊群等学者型官员，也与储安平颇有私谊，尤其陈之迈，是储安平可以称兄道弟的朋友。他们因为储安平而走到一起，共同支持着《观察》这个事业。

《观察》是一份自由主义的期刊，而储安平被认为是继胡适之后的又一个自由主义的代表人物。在储安平的人生历程中（见表2-2），有两个阶段值得关注：

表2-2 储安平的社会交往网络

光华大学时期	光华大学师生	老师	廖世承、张东荪、潘光旦、胡适、钱基博、王造时、罗隆基
		同学	沈昌焕、赵家璧、沈剑宏、王统元、钱蘋、李唯果
	新月派		徐志摩、叶公超、梁实秋、胡适
	文艺界		田汉、徐志摩、梁实秋
南京与重庆时期	学院派		吴世昌、周子亚、黄正铭、宗白华、柳无忌、吕复、陈瘦竹、沙学浚、萧公权、钱清廉
	文艺界		储安平曾加入中华文协重庆分会，与老舍、张天翼、梁实秋等相熟
	政府部门		程沧波、张道藩、沈昌焕、张德昌、陈之迈、顾翊群、王世杰、笪移今
	其他		许德珩、陈维稷、周东郊
	新闻界	《大公报》	王芸生、徐盈、许君远、李纯青
		《新民报》	陈铭德、赵超构、浦熙修

（续表）

	《客观》周刊	编辑：吴世昌、陈维稷、张德昌、钱清廉 副刊编辑：聂绀弩；“经济一周”栏目编辑：笪移今 主要撰稿人（参见附表 2）
留英时期	伦敦大学	吴恩裕、伍启元、费孝通、鲍觉民、钱歌川、黄正铭、夏炎德、萧乾、王铁崖、龚祥瑞、吴元黎
	其他院校	杨人楩、楼邦彦、钱锺书、杨绛、戴文赛、李浩培、戴镏龄、徐毓枬
蓝田师院	吴世昌、钱锺书、孟宪承、高觉敷、廖世承、钱蘋、邹文海、谢扶雅、钱基博	
《观察》时期	除与笪移今、张志让、陈维稷、叶圣陶等人有些私人往来外，其活动基本局限在《观察》周刊社内；《观察》后期，储安平的政治态度有很大改变，参加了一些政治性的活动；同时为了应对险恶的时局，与其他一些刊物轮流举办“聚餐会”以交流信息，使刊物继续维持下去	

一个是光华大学时期。储安平于 1928—1932 年在光华大学读书，此时的光华名师云集，自由主义空气浓郁。文学院院长张东荪、中文系主任钱基博、教育系主任廖世承、社会学系主任潘光旦、政法系主任罗隆基，其他或专或兼任教授的如胡适、朱经农、李石岑、颜任光、徐志摩、王造时、彭文应、江问渔、吕思勉、吴梅、蒋维乔、黄任之等均为学界名流，其中一些人更是中国自由主义的代表人物。同时，此时的储安平虽在政法系学习，但却是一个文学青年，与新月派的徐志摩、梁实秋、叶公超颇多来往，被称为新月派的“后起之秀”[①]。可见，储安平成为战后自由主义的领军人物绝非偶然。

另一个是伦敦大学留学时期。1936—1938 年，储安平在伦敦大学政治经济学院深造，两年的留英生活虽然不长，但影响了储安平的一生，无论是其思想意识、为人处事还是生活方式，都带有诸多英国文化的因子。1948

① 陈子善：《“新月派”的后起之秀》，见谢泳、程巢父：《追寻储安平》，第 19 页。

年下半年，储安平致信冯英子，邀请他做“观察社”的经理，“他的信中开列了一系列条件：一，给我以教授待遇；二，如果我同意住亭子间，可一个人住一间；倘住前楼，两个人合住一间；三，每周工作六天，一天休息。大概还有几条，我已记不起来了”。[①]这是典型的欧洲尤其是英国人的做事风格，所能给的待遇一目了然，没有模棱两可的地方，而且言出必行。据储安平所编的《观察》报告书可以得知，对于撰稿人的既定稿酬，他从未打过折扣，而且也从不拖欠，即使对于固定订阅者，也总是及时将刊物送出，偶有例外，也会通过各种可能的方式进行解释，并致歉意，这也是《观察》之所以成功的因素之一。不过，没有国外生活背景的国人对此是不太容易理解的。冯英子因另有他就，不准备接受储安平的邀请，“不料过了几天，储安平自己到了苏州来了。……他到诗巷我家来看我……他又一次希望我和他合作，问我为什么不给他回信，是不是因为条件说得太具体了，有损我的尊严。他说他因受英国留学的影响，做事也像英国人那样，把条件讲得非常清楚，要我原谅”。[②]储安平做事非常讲究效率。他的学生回忆说：“在《观察》杂志社工作的人看样子都尊重他，工作也是严肃认真的。整个编辑部人很少，鸦雀无声，很像资本主义国家的办公室，这是我的感觉。”[③]从政治观念上来讲，储安平师从拉斯基教授并深受其影响，向往英国式的工党政治体制，因此，他的自由主义带有明显的费边主义色彩，这也在一定程度上影响了《观察》的精神特质。

---

① 冯英子：《风雨故人来》，第 14—15 页。

② 冯英子：《风雨故人来》，第 15 页。

③ 方成：《我与储安平的交往》，见谢泳、程巢父：《追寻储安平》，第 32 页。

二、核心成员：留英派知识分子

《观察》的撰稿人可谓阵容庞大，在79位撰稿人中，具有留英背景的有25人之多（见表2-3），他们构成了这一群体的主体力量，其中，差不多与储安平同时留英的知识分子是《观察》群体的核心力量。

这么多的留英派知识分子加盟《观察》，实与中英文化协会和留英同学会两个组织有关。在国内，由于种种原因，留英派知识分子相对于留美人士要少很多，但联系比较密切。王世杰、杭立武、张道藩等留英学界的前辈为了掌握留英学生的相关信息，发起成立了两个留英学生组织。一为1933年10月成立的中英文化协会[①]，主要的任务是延聘英国学者来华讲学，推荐、介绍中国学者赴英讲学并指导国内学生赴英国留学或考察。因此，中英文化协会在社会上特别是知识分子群体中有着较高的地位。另一个组织是1939年成立的留英同学会，宗旨为“研讨学术、联络感情”，会址设在重庆。这两个组织，储安平均参加了。通过留英同学会，储安平结识了大量的留英派人士，而出任中英文化协会副会长一职，无疑增加了他在这些留英自由知识分子中间的威望。

表2-3 《观察》群体中的留英派人士

姓名	生年	国内/大学教育		留学背景		专业	备注
		时间	学校	时间	学校		
储安平	1909	1928—1932	光华大学	1936—1938	伦敦大学政治经济学院	政治学	《客观》主编
伍启元	1912		沪江大学	1934—1937	伦敦大学政治经济学院	经济学	《客观》撰稿人

① 关于中英文化协会的相关资料可参见中国历史第二档案馆编：《中华民国史档案资料汇编》（第5辑第1编“文化”），江苏古籍出版社，1994年，第843—884页。

（续表）

姓名	生年	国内/大学教育		留学背景		专业	备注
		时间	学校	时间	学校		
吴恩裕	1909	1930—1933	清华大学	1936—1939	伦敦大学政治经济学院	政治思想史	《客观》撰稿人
楼邦彦	1912	1936年毕业	清华大学	1936年赴英	伦敦大学政治经济学院	政治学	留学时间几乎与储安平同时
钱清廉					伦敦大学政治经济学院	法学	《客观》编辑
张德昌	1907	1934年毕业[①]	清华大学	1935年左右赴英	英国伦敦某大学	经济史	《客观》编辑
杨人楩	1903	1922—1926	北师大	1934—1937	牛津大学	法国史	《客观》撰稿人
陈维稷	1902	1921—1925	复旦大学	1925—1928	利兹大学	纺织	《客观》编辑
戴文赛	1911	1928—1932	福州协和大学	1937—1941	剑桥大学	天文学	《客观》撰稿人
戴镏龄	1913		武汉大学	1939年归国	爱丁堡大学	英国文学	《客观》撰稿人
鲍觉民	1909	1929—1933	中央大学	1937—1940	伦敦大学政治经济学院	经济学	
费孝通	1910	1930—1933	燕京大学	1936—1939	伦敦大学政治经济学院	社会学	
		1933—1935	清华大学				
钱锺书	1910	1929—1933	清华大学	1935—1937	牛津大学	外国文学	
王赣愚	1906	1925—1929	清华大学	1933年左右	伦敦大学	政治学	
钱歌川	1903	1922—1926	东京高师	1936—1938	伦敦大学政治经济学院听课	外国文学	

① 关于张德昌的资料较为匮乏，笔者只在何炳棣的回忆录中看到零星记录。可参见何炳棣：《读史阅世六十年》，广西师范大学出版社，2005年，第69页。

（续表）

姓名	生年	国内/大学教育		留学背景		专业	备注
		时间	学校	时间	学校		
吴世昌	1908	1928—1935	燕京大学	1948年初	赴英国牛津大学讲学	文学	《客观》编辑
杨　绛	1911	1928—1932	东南大学	1935—1937	牛津大学听课	文学	
		1932—1935	清华大学				
黄正铭	1901	1924—1928	东南大学	1933—1936	伦敦大学政治经济学院	政治学	
李浩培	1906	1924—1928	东吴大学	1936 1939	伦敦大学政治经济学院	法学	《客观》撰稿人
夏炎德	1911	1931—1935	暨南大学	1938年毕业	伦敦大学政治经济学院	经济学	
叶公超	1904	1917—1920	南开中学	1925—1926	剑桥大学	外国文学	
张印堂	1902		燕京大学	1930年代初	利物浦大学	地理学	
卞之琳	1910	1929—1933	北京大学	1948	赴英讲学	文学	
萧　乾	1910	1931—1935	燕京大学	1939—1942	伦敦大学东方学院讲师	外国文学	
程希孟	1901	1918—1922	北京高师	1930—1933	伦敦大学政治经济学院	经济学	

通过上表可以发现，当1946年《观察》创刊时，这些留英的知识分子大都处于33—45岁之间的青壮年时期，而其中34—38岁之间的人占了绝大部分。从留学时间上讲，储安平、伍启元、张德昌、杨人楩、吴恩裕、戴文赛、戴镏龄、鲍觉民、费孝通、钱歌川、楼邦彦、钱锺书、杨绛、李浩培、萧乾等人差不多同时在英国留学（或听课）。就所读院校而言，除张

德昌情况不明外，储安平、伍启元、吴恩裕、钱清廉、楼邦彦、鲍觉民、费孝通、李浩培、钱歌川、夏炎德、黄正铭、萧乾都在英国伦敦大学，其中储安平、吴恩裕、伍启元、钱清廉、楼邦彦、鲍觉民、费孝通、钱歌川、夏炎德、程希孟等又都在伦敦大学政治经济学院。伍启元、杨人楩、钱锺书、吴恩裕、李浩培、鲍觉民、戴文赛七人均为中英庚款留学生；伍启元、杨人楩同届，鲍觉民、戴文赛同届。就他们所接受的国内教育而言，有三人曾就读于燕京大学，六人为清华大学出身，其他也都毕业于国内著名高校，均接受了系统的知识训练；除陈维稷、戴文赛、张印堂三人外，其余诸人所学专业都为社会科学。因此，这些留英的知识分子无论从国内教育还是留学教育上，都具备很大的可拟性，拥有较强的对话能力。这一群体的核心成员如储安平、伍启元、吴世昌、吴恩裕、楼邦彦、杨人楩、费孝通均为“后五四”一代[①]知识分子，他们深受新文化运动思潮和五四运动的影响。从人生经历上来说，他们在学生时代就面临日本侵略的威胁，共同经历过抗战，因此，对于国家前途和时局具有大致相似的认知。国外的学习生活，不但让他们获得了专业化的知识，也使他们亲身感受了原典式的自由主义传统。相对于未出国的知识分子来说，他们对于自由、民主有着深刻体悟与直观认识，同时，在现实中也更加自觉地持有自由主义的思维方式、工作风格和生活习惯。在全面内战爆发、教授们的生活陷入窘迫境地时，吴恩裕还在课堂上幽默自嘲：“自己已经没落成了无产阶级，偏要保留一点中产阶级的心情！”[②]留学英国是这些知识分子的“家族徽记”，相似的求学历程、生活习惯、审美观念和品味等等，都是他们回国后实现认同的重

① 许纪霖先生将20世纪中国的知识分子分为六代。以1949年作为中界，可以分为前三代和后三代，即晚清一代（大都生于1865—1880年之间）、五四一代（生于1880—1895年之间）、“后五四”一代（生于1895—1930年）、“十七年”一代（生于1930—1945年）、“文革”一代（生于1945—1960年）和“后文革”一代（生于1960年之后）。可参见《许纪霖自选集·自序》，第2—4页。

② 尹颖默：《一个学生看大学教授》，《时与文》第2卷第20期，1948年2月20日。

要参数，而《观察》无疑为此提供了一个平台。

在这些具有留英背景的人当中，值得特别关注的是吴世昌、伍启元、吴恩裕、费孝通、杨人楩、楼邦彦等几个核心人物。他们不但与储安平有着密切的关系，同时也是《观察》周刊最有分量的撰稿人。

吴世昌与储安平无论在人生际遇、性情、知识的兴趣还是在精神气质、思想倾向上都有诸多相似之处。吴世昌八岁丧母，十岁丧父，靠亲戚朋友的接济生活。吴世昌所学专业为英国语言文学，但真正感兴趣的是中国文史，多次在《新月》上发表文章。《新月》健将徐志摩是吴世昌的表兄。而早在1927年，还是高中生的储安平就认识了徐志摩，大学时期，徐志摩又成了储安平的老师，同时也是储安平走上文学道路的引路人。[①]因此，吴世昌与储安平对徐志摩都有特殊的感情，当徐志摩飞机失事遇难后，吴世昌写下《哭志摩》，储安平写了《悼志摩先生》。吴世昌和储安平的大学时期，正值民族危机重重的危难时刻，两个年轻人都具有强烈的爱国情感，积极参加各种学生抗日活动。储安平和上海的一些青年组成一个团体，欲亲往前线杀敌[②]；吴世昌为逼蒋抗日，则与兄嫂一起绝食，先到顺承王府向张学良请愿，旋赴南京，谒中山陵并在陵前大哭，绝食84小时，经报纸揭载，吴世昌一时名噪京沪。正是因为这些相同的遭遇和记忆，二人在蓝田师范学院认识后，相见恨晚，自此成为莫逆之交，无话不谈。1945年储安平在重庆主编《客观》，同在重庆中央大学任教的吴世昌慨然允任编辑，储安平离开后，吴世昌接手主编《客观》，并保持了以往的特色和水准。在《观察》时期，吴世昌更是倾力支持，不但出资入股，还介绍撰稿人、代约稿件，“并在各方面协助，以迄于今”[③]，如杨刚就是由吴世昌介绍的。

---

① 储安平在一篇悼念徐志摩的文章中说：“我写散文多少是受着他的影响的。”见储安平：《悼志摩先生》，张新颖编：《储安平文集》（上），东方出版中心，1998年，第200页。

② 陈永忠：《储安平研究》，南京大学历史学系2003年博士学位论文。

③ 储安平：《辛勤·忍耐·向前》。

1947年7月，储安平因事离沪，拟请吴世昌暂代主编之职。作为《观察》的撰稿人，吴世昌也是写稿较多的几位之一，其中最重要的是《中国需要重建权威》一文。在此文中，吴世昌认为中国之所以内战不止、社会混乱，根本原因是中国已经失去了权威力量，因此要重建公正合理的社会秩序，就必须重建权威，对此，知识分子责无旁贷。[①]虽然说法不同，但其主旨观点与储安平“充实社会”的主张不谋而合，从而成为《观察》周刊上最有代表性的文章之一。

伍启元、吴恩裕、费孝通、楼邦彦与储安平均为伦敦大学政治经济学院同学，吴恩裕与储安平一起师从拉斯基教授，是同门师兄弟，杨人楩也是在英国留学时期与储安平认识的。伍启元、费孝通为西南联大同事，多次共同发表宣言，是西南联大少壮派的代表人物；吴恩裕、楼邦彦、杨人楩则同在北京大学任教，杨在历史系，吴、楼同在政治系。他们与《观察》均有密切的关系，如伍启元是《观察》的七大股东之一，积极为《观察》代约稿件、介绍撰稿人（张德昌、杨西孟就是通过他而担任撰稿人的）[②]；费孝通帮忙设计栏目和调查问卷[③]；吴恩裕则多次在途经上海时参与编辑工作。在《观察》的作者群当中，伍启元是经济学方面的代表人物；费孝通是笔头最勤、写稿最多的一个；吴恩裕则善于从哲学角度分析民主、自由等问题，又化名“负生”主持“负生偶记”小栏目，点评《石头记》、中国文史和古诗词，颇具特色；杨人楩撰写的关于“自由主义”和“自由主义者”的文章最多，是《观察》自由主义精神的代表；楼邦彦则是储安平之外对国民政府批评最为严厉的知识分子，且擅长从政治学、法学的角度做专业性的分析。更为重要的是，这些核心人物除吴世昌外均留学英国，且大多

---

① 吴世昌：《中国需要重建权威》，《观察》第1卷第8期，1946年10月19日。

② 储安平：《辛勤·忍耐·向前》。

③ 参见潘光旦：《存人书屋日记》，潘光旦著，潘乃穆、潘乃和编：《潘光旦文集》(11)，北京大学出版社，2000年，第278页。

在伦敦大学政治经济学院求学，不同程度地受到费边主义的影响。在《观察》上，这些留英派知识分子多次撰文或译介、评论拉斯基的文章及其学说，或表达对于社会主义的某种赞赏。他们要求政治民主，也同样注重经济民主，在民主政治模式的选择上倾向于英国式的工党政治体制。

三、《观察》群体的支持性力量

从代际上讲，储安平与几个核心人物均为“后五四”一代，是知识界正在成长中的少壮派。若要《观察》健康发展，还得取得前辈学者的帮助以壮声势。在《观察》群体中，胡适、张东荪、陈衡哲夫妇、吕复、胡先骕、潘光旦、傅斯年、冯友兰、钱端升、许德珩等人，均为名扬海内外的大家。他们的加盟，大大增强了《观察》的吸引力和影响力，其中，潘光旦、陈衡哲、钱端升、许德珩是几个重要人物。

储安平在光华大学就读时期，潘光旦任社会学系主任。自光华大学毕业后，储安平与潘光旦始终保持着良好的师生关系，在某种意义上甚至是朋友。《观察》创刊前，储安平在上海继续未了的筹备工作，潘光旦和费孝通恰在苏州浒墅关“避风”（因“李闻惨案”），储安平前往聆听教诲，潘光旦提出了不少建议。《观察》开始出版后，潘光旦积极撰稿，并帮助储安平为《观察》设计民意测验试题。[①]

储安平如何结识任鸿隽、陈衡哲夫妇无从查考，但根据储安平自己的说法，在上一辈学人中，“比较了解我亦最鼓励我的”是陈衡哲先生[②]。1949年陈衡哲夫妇从美国归来时，储安平曾设家宴为其洗尘[③]，可见他们之间交

① 参见潘光旦：《存人书屋日记》，《潘光旦文集》（11），第278页。

② 《储安平致胡适》（1947年1月21日），《胡适来往书信选》（下），第169页。

③ 杨绛：《杨绛文集》第2卷，人民出版社，2004年，第76页。

谊不错。在《观察》时期，陈衡哲不但写稿，而且经常从美国寄信给储安平，提供了很多建议，尤其是关于自由主义的问题。另外，通过陈衡哲介绍，八位留美学生在《观察》第3卷第3期发表了《为中国的农业试探一条出路》一文，从而在《观察》上引起了一场不大不小的讨论，产生了广泛影响。

许德珩是储安平在重庆时期结识的民主人士前辈。1946年政治协商会议结束后不久，许德珩组织一批知识分子在复旦举办座谈会，储安平应邀前往并做发言。储安平对许德珩很尊重，《观察》被查封后，储安平逃往北平，曾得到许德珩的帮助，在北京府学胡同许德珩家中躲过了国民政府的追捕。新中国成立后，许德珩邀请储安平加入九三学社，储安平不仅参加而且担任要职①。

四、储安平的权势网络

冯英子说储安平“特别喜欢跑政治新闻”。有一次，储安平对他谈起：一个好记者要有一支笔、一架照相机、一辆汽车，“他认为有了汽车，可以结交许多重要的人物，得到许多独门消息”。②事实上，在南京和重庆时期，储安平有许多在政界任职的朋友，如沈昌焕、王家域、沈剑虹、陈之迈、郭有守、程沧波、张道藩、王世杰、杭立武、顾翊群、端木恺等，其中不乏国民政府的高级官员。

王家域、沈剑虹与储安平都是光华壬申级同学，据沈剑宏回忆说，光华壬申级是一个特殊的群体③，非常团结，张华联也说“壬申级在校内外向

① 邓加荣：《寻找储安平》，见谢泳、程巢父：《追寻储安平》，第89—90页。

② 冯英子：《风雨故人来》，第18页。

③ 沈剑虹：《“六三”忆光华并回顾我中学的历程》，见氏著：《半生忧患：沈剑虹回忆录》，台湾联经出版事业股份有限公司，1979年，第22页。

来公认有健全的组织”[1]。因此，即使大学毕业后，储安平与同学应该也有比较通畅的联系渠道。战后，王家域和沈剑虹同在行政院新闻局任处长。而沈昌焕与储安平的关系更为密切。

沈昌焕，江苏吴县人，储安平的大同乡，比储安平小四岁，与储安平中学、大学都是校友，大学时同在政治系，但晚一年毕业。二人都是同学中的名人。大学时期的储安平经常在《新月》《语丝》《真善美》等刊物上发表文章，沈昌焕则在华东区各校举办的中英文演讲比赛中获得英文类第一名、中文类第二名，能言善辩，大出风头[2]。二人的女朋友都有“校花”的美誉，储安平的女朋友即后来的妻子端木新民（英文名 Lucy）也是江苏吴县人，与沈昌焕同乡。虽然当时二人知识上的兴趣不同（储安平醉心于文艺方面，沈昌焕热衷于政治方面），但惺惺相惜，建立了深厚的友谊。1940 年，两人在重庆再次聚首，一起参加了渝社[3]。当储安平主编《客观》并非十分愉快、想另办一个刊物时，沈昌焕积极支持，不但做发起人，而且是出资最多的股东。

在储安平与政府的关系网络中，程沧波是一个非常关键的人物。

程沧波，1903 年生，浙江武进人。早年就读于圣约翰大学文科，1925 年复旦大学毕业，1930 年赴英留学，翌年毕业于政治经济学院。回国后任国民议会秘书，1932 年担任国民党《中央日报》社第一任社长；1937 年，程沧波再次赴英，入伦敦大学政治经济学院攻读历史及英国文学，归国后任复旦大学新闻系教授兼系主任、政治大学教授、东吴大学教授，重庆《中央日报》社社长等职。

---

① 张华联：《壬申级近况》，《光华通讯》（上海版）第 3 期，1948 年 6 月，第 6 页。

② 关于沈昌焕早年的情况可参见石之瑜编著《宁静致远　美丽人生：沈昌焕先生纪念》一书。

③ 可参见陈纪滢：《三十年代作家印象记》，第 102 页。

储安平与程沧波结识在1932年。储安平大学毕业后，赴南京寻职，通过光华大学同学的介绍认识了程沧波，此时，程沧波任《中央日报》社社长，于是他介绍储安平加入《中央日报》社编辑副刊。对于储安平的干练和才能，程沧波很是欣赏，从各方面予以照顾。在程沧波的有意提携下，储安平认识了很多政府中的留英派学者官员。储安平受程沧波的影响也很大，他两次进入《中央日报》社，后来留学英国伦敦大学政治经济学院师从费边社会主义著名学者拉斯基教授，都是受了程沧波的影响。可以说，程沧波是储安平学术上及社会关系上的引路人。但是，因为私人情感的恶化，储安平最终与程沧波决裂，并离开《中央日报》社，也因此对国民政府的学者官僚渐生恶感。

储安平与政府建立关系网络的渠道，还有中英文化协会及留英同学会这两个留英知识分子团体。这两个团体的官方气味很浓，特别是中英文化协会接受教育部、外交部和中英庚款的资助，是个半官方性质的组织，王世杰、杭立武、张道藩等政府中的留英派人士实际上控制了这两个组织。储安平与王世杰、杭立武、张道藩等人熟稔，从战后担任中英文化协会副会长这点来看，若不是与这些留英学界的政府权要有密切的关系，储安平不可能出任此职。当时，国内的留英知识分子数量不多，因此王世杰、杭立武、张道藩等留英学界前辈很重视拉拢这些留学英国的知识分子，比如伍启元在回国前已应西南联大聘，但到了广州接到王世杰的电报，“说清华大学在南迁中，一时无法上课，已请武汉大学聘我在武汉大学经济系任教授两年”[①]。在储安平与程沧波交恶愤而离开《中央日报》后，是张道藩介绍他去中央政治学校任教的。1946年5月当储安平在上海筹备《观察》的时候，还有政府中的朋友数次邀请他出任“高级公务员”[②]。因此，可以

① 伍启元：《抗战期间的教学生涯》，《传记文学》（台北）第65卷第6期，第52页。

② 储安平：《辛勤·忍耐·向前》。

说储安平与政府中的留英群体有着广泛而紧密的联系，只是储安平无意于仕途，遂逐渐从这些权势网络中脱离出来，走上了知识分子议政的道路。

第三节 “中国需要重建权威”

中国的知识分子历来有着浓郁的“担道”精神，关注国家命运与社会民生，是古已有之的思想文化传统。即使是从事学术研究，也以经世致用为宗旨，少有为学术而学术的追求。比如乾嘉史学以考据学名于后世，著名学者赵翼却对考据学颇有微词，公开标榜史学应该“经世致用”，主张学术应该关注国计民生，故“撑肠五千卷，纵目廿二史。复将三寸毛锥尖，妄拟一柱中流砥”[①]。

抗战胜利后，栖身中国各大高校的教授们，面对日益复杂的国际形势、日趋严峻的国内局势，既饱受生活窘迫、事业湮灭之痛苦，又深陷于社会经济惨淡、国家前途未明之煎熬，从而激发出强大的社会参与与政治参与动力。

1945 年 8 月 15 日，日本宣布无条件投降。国家有了新的希望，只要能够避免国共内战，国家就能进入正常的发展轨道，“从此振古未有之大变局，得此千载一时的良机，我们的国家若仍旧爬不起来，站不住脚，那不止是民族的羞辱，简直是人类文明的大耻”。[②]面对国共军事对峙、战争一触即发的危险局面，贺昌群认为：“今日中国为一不学无术之国家……此吾国学术界居今日所以不宜妄自菲薄，责无旁贷之事。非此，无以挽救此历史之危机。”[③]罗常培则放言：“我觉得战后的中国，确是‘我辈不出

① 赵翼：《放歌》，见氏著：《瓯北集》卷四十一，上海古籍出版社，1997 年。
② 《丁声树致胡适》（1945 年 9 月 19 日），《胡适来往书信选》（下），第 38 页。
③ 《贺昌群致胡适》（1946 年 8 月 17 日），《胡适来往书信选》（下），第 121 页。

当如苍生何！’”[①]但是，他们所担忧的内战还是未能避免。1946年1月31日，重庆政治协商会议闭幕，各党派达成五项协议；3月1日至17日，国民党召开六届二中全会，推翻政协协议；5月23日，国民党军队开进长春，内战硝烟顿起；8月10日，马歇尔和司徒雷登发表联合声明，承认“调处”失败；11月12日至25日，国民党单方面召集国民大会，通过宪法；1947年1月8日，马歇尔悄然离华返美，和平之门从此关闭。虽然此后又有过断断续续的和谈，但“伴着枪声的和谈，谁都知道是政党间的‘交际性拜访’，不会有什么作用的”。[②]国共战争愈演愈烈，大半个国家陷入炮火之中。高宗武虽自谓“久已忘情于政治”，但也忍不住浩然长叹：“中国今日的局面，似乎尚远不及一九三七年，这胜利声中的亡国现象，真的令我人忧心如焚。”[③]于是，反对内战，呼吁和平，一时成为报刊舆论上最强的声音。但是，手无寸铁的知识分子面对有枪阶级的锋镝，“只有望风而逃，还有说话的余地吗？”[④]知识分子的乐观情绪开始慢慢消退，他们开始认真思考，到底该如何挽救危局。

许多党派都说为人民，其实都丝毫不为人民，“人民如有力量，老早已叫他们都下来了”。[⑤]因此，“自由思想分子”必须站出来代表人民发言，在很大程度上成为当时知识分子的共识。他们认为，抗战以来的知识分子已是一贫如洗，和穷苦大众没有什么差别；环顾当前，只有知识分子才能够真正代表人民，并表达他们的希望和要求。但是，在如何进行斗争的问题上，知识分子陷入了困境。虽然都主张和平、自由、民主，但他们对于时局的看法以及关于民主、自由的理解，见仁见智，大有出入。按照张灏

① 耿云志编：《胡适年谱》，四川人民出版社，1989年，第319—320页。

② 吴世昌：《和谈一年》，《观察》第1卷第24期，1947年2月8日。

③ 《高宗武致胡适》（1946年5月2日），《胡适来往书信选》（下），第108页。

④ 杨人楩：《关于“中共往何处去？”》，《观察》第3卷第10期，1947年11月1日。

⑤ 谢扶雅：《敬告社会贤达》，《观察》第1卷第24期，1947年2月8日。

先生的说法，他们缺乏“文化认同”[①]。他们也认识到了这一点，而且也看到中国知识分子对组织向来没有太大的兴趣，尤其是一个论政的组织，“如何才能够将他们结集在一个庞大而严密的组织中，是个颇费推敲的问题”[②]。不过，杨人楩坚持，知识分子并非一定要凭借组织才能展示其力量，他们斗争所执之武器为口与笔，为世人所看重的是那种不屈不挠的坚强人格，“果能坚守此人格而不辞口笔之劳，自能表现其力量”。[③]因此，在《观察》周刊上，杨人楩呼吁和平的言论最为有力，“自由主义者的和平呼吁可能很脆弱，可能被堵住，但在不会被堵住之时，必须喊出”。[④]

事实上，随着时局的逐步恶化，知识分子对于呼吁和平的努力已渐渐失去信心，“武人只知武力足恃，不惜诉诸战争以解决内政纠纷。在此局势中，号称主人翁之人民呼吁无灵，而智识分子尤可怜”。[⑤]明知呼吁无灵却不能保持沉默，否则“导演者因此有了理由，至少你们都是默认这场好戏的”。[⑥]在看似热烈的舆论背后，知识分子掩饰了太多时代带来的负重与迷茫。

在这个问题上，储安平和吴世昌的认识更为成熟和深刻。早在《客观》时期，储安平曾多次撰文指出：“人民虽然反对内战，而舍呼吁一途外，竟无他路可循，呼吁始终是呼吁而不是命令。今日中国人民还没有力量可以命令要打内战的人停止内战！”[⑦]储安平承认，人人反对内战是没有问题的，人人希望停止内战，也是没有问题的，问题在于如何让内战在人民的反对、人民的压力下停止下来，这是中国政治里最最现实的一个问题。“这

① 张灏：《张灏自选集》，第114—120页。
② 杨人楩：《自由主义往何处去？》，《观察》第2卷第11期，1947年5月10日。
③ 杨人楩：《自由主义往何处去？》。
④ 杨人楩：《论内战》，《观察》第4卷第4期，1948年3月20日。
⑤《周炳琳致胡适》（1946年7月9日），《胡适来往书信选》（下），第112页。
⑥ 吴世昌：《写在“五四”前夕》，《观察》第2卷第10期，1947年5月3日。
⑦ 储安平：《内战解决得了一切吗？》，《客观》第2期，1945年11月17日。

个问题如其有办法，几乎也就可以说中国的政治有了办法。”[①]但储安平也明白，现在人民的力量远远达不到那个程度，“我不相信现在，人民说不要内战，要内战的人就会听命停止内战。但我们必须终有一日，这个日子越早越好，人民的公意能发生其有效的力量，我认为要达到这一目的的最重要的一个条件就是‘组织’，没有组织的呼喊只是呼喊，不是力量，不是命令”。[②]可是要将人民组织起来，目前也是最不现实的，唯一可行的就是首先鼓励知识分子抬头，让他们出来说话。

储安平认为，国家安定，固然“需要一个强有力足以统一全国的中央政府，同时还需要一个国家里面有一种可以造成社会安定的力量”。这种力量，在储安平看来，就是那些“思想开明，拥戴民主，爱好自由，憎恶竞争的有科学头脑的进步分子”[③]。储安平接着指出：“无论是美国，其他友邦，或中国国内，都应当认清：未来中国的安定和希望，实多少系于今日中国这一批进步的中产阶级知识分子身上。”[④]所以“我们应当用种种方法鼓励中间的中产阶级抬头，成为民主政治的干部。其中特别对于自由思想的大学教授及著作家等，应鼓励他们出面说话，建立一个为民主国家所不可缺少的健全的舆论”。[⑤]国家有了这样一个代表公意的社会中坚力量，必定能对政治发生强有力的影响，即使政府更迭而终能保持社会的大体安定。

到《观察》时期，储安平关于如何造就社会中坚力量的认识更为清晰，《观察》的创办，就是为此目的所做的一次努力。他指出，在当前国共军事冲突百呼不止的情况下，知识分子出来说话责无旁贷，他们的意见对于今日

---

① 储安平：《组织与力量》，《客观》第 1 期，1945 年 11 月 11 日。

② 储安平：《组织与力量》。

③ 储安平：《中国未来局面中的一个安定因素》，《客观》第 3 期，1945 年 11 月 24 日。

④ 储安平：《中国未来局面中的一个安定因素》。

⑤ 储安平：《中产阶级与自由分子》，《客观》第 7 期，1945 年 12 月 22 日。

中国起着一种稳定社会的作用，这种力量也是今日中国迫切需要的。《观察》就是要为这些“自由思想分子”提供一个发言的空间，同时，创办《观察》并不仅仅为发表政论，还要在社会上培植自由主义的风气和力量，担负起教育的功能。“抗战虽然胜利，大局愈见混乱。政治激荡，经济凋敝，整个社会，已步近崩溃的边缘；全国人民，无不限于苦闷忧惧之境。”[①]尤其是青年，是国家希望之所系，但他们在多年的烦闷中，“意志软弱的，渐渐趋入麻痹、消沉及自我享乐的道路；刚强的则流于偏激。今日大多数青年，不是偏狭冲动，厉气凌人，就是混混沌沌，莫知其前程何在！我们瞻念国家，中心忧惧，莫此为甚！”[②]于此情景之下，“自由思想分子”必须“对于一般青年的进步和品性的修养，能够有所贡献”。[③]他希望《观察》上发表的文字，所包含的看法、态度、气息，能给读者尤其是青年以有益的影响，培养他们理性的情感、自由的思想、健康的人生态度、现代化的头脑，从而在渐走极端的社会中培养并壮大不偏不倚的公正的力量。

在这个问题上，吴世昌与储安平有着大致相似的看法，而且说得更为直接些：“目前万事莫急于停止内战，而人民则同有此心而都无办法。”[④]因为中国社会已经没有权威。因此，中国必须重建权威。那么，吴世昌所指的“权威”是什么呢？他认为，所谓权威指的是“某一社会中人群所同意信守的生活方式和原则——几颗思想上的大柱子，顶住了这个社会（或国家）的组织机构。一般人称这个机构为社会制度或政治制度。这几颗大柱子有的时候叫做三纲五常，有的时候叫做四维八德，有的地方叫做民治思想，有的地方叫做共产主义。不管叫它什么，重要的是在这社会中的人群必须能同意支持这些柱子、这些原则，否则整个机构垮下来必酿成极大

---

① 储安平：《我们的志趣和态度》，载《观察》1946年创刊号。

② 储安平：《我们的志趣和态度》。

③ 储安平：《我们的志趣和态度》。

④ 吴世昌：《谁能替人民说话》，《观察》第1卷第4期，1946年9月21日。

的灾害”。[①]要重建社会权威，必须有人来领导，然谁堪此重任？

吴世昌指出，“国民党已失去领导国人重建权威的资格，不足以成为权威的主持者，其党员之滥、之偏、之驯良，也不足以成为支持者”[②]，“共产党当然也颇想领导重建权威……但在客观条件上，似乎更不如国民党。……此外别的党派都有与国共两党类似之点，而其通病之一是太注意党派利益而忽略人民利益”。[③]只有无党无派的人士，才能真正代表人民利益，不受私己利益的限制。但是，在这个“天下不归于杨即归于墨”的混沌社会中，到哪里去找无党无派的人士？而且这些人愿意站出来且有团结起来的愿望，足以代表人民并让人民自然信任他们，而且一俟他们团结起来，各党派不得不顾忌、不得不尊重。吴世昌认为，这样的无党无派人士就是今日无党籍的大学教授。在《谁能替人民说话》一文中，吴世昌深入分析了中国社会的各个群体，认为真正能代表人民替人民说话、无党无派而有资格表示国是意见的，就只有大学教授了[④]。他认为“学者不旁骛，不谈政治，原是好事；但有一个先决条件，必须国家政治上轨道”。[⑤]然而，今日的中国正是困难重重的危险时刻，“如果像大学教授这样的智识分子，依然可以熟视无睹，这个民族的命运真是可以预卜了”。[⑥]因此，吴世昌大声疾呼，大学教授们必须出头，“国家兴亡，匹夫有责”，难道国家政治腐败，匹夫就无责了吗？不过，在他看来，重建中国权威比澄清政治更为根本，更为重要，“只要权威能建立得起来，澄清政治倒是其余事了”。[⑦]

由此，储安平和他的朋友“重建社会重心”的主张已是呼之欲出。《观

---

① 吴世昌：《中国需要重建权威》。

② 吴世昌：《中国需要重建权威》。

③ 吴世昌：《中国需要重建权威》。

④ 吴世昌：《谁能替人民说话》。

⑤ 吴世昌：《谁能替人民说话》。

⑥ 吴世昌：《谁能替人民说话》。

⑦ 吴世昌：《中国需要重建权威》。

察》时期的知识分子，已不再单纯呼吁停止内战，对国民党的希望值也在逐渐降低。如果说抗战胜利后储安平承认国民党国家政治重心的地位[①]，到《观察》时期，他则避开这个问题不谈。除了对国民政府进行严厉的批评之外，储安平最为关心的是如何造就一股社会的稳定力量，并使之不断壮大，成为社会的重心。这种思想背后隐含了这样一种期待：必须改变在决定中国前途命运问题上“进步的自由思想分子”被排除在外的状况。换句话说，在决定中国命运的事情上，自由思想分子必须拥有同样重要的发言权。《观察》群体对于重庆政治协商会议的反思，就明显表达了这种期待。

钱端升指出，政治协商会议之所以失败，并非政协方案欠佳，而是因为人民大众没有代表参加政协，“政协会员三十八人虽国共只有十五人，然而其余二十三人多半是国共的附庸，而极少真正能代表国共以外的势力”。[②]所以，当政协协议遭到破坏时，只看到国共两党的相互指责，反而听不到人民大众的声音。他认为，假使今后的和平仍须走政协之路，则参加政协的代表，必须吸纳大量可以代表非国非共不附国亦不附共的“中立分子”。如果“中立分子”的力量强大，就“可以监督决议的执行，可以指斥破坏者的责任，则中立者纵无武力为后盾，亦总可借舆论以自雄，而舆论也因有所寄托而飞腾”。[③]吴世昌则更进一步指出，那种认为“和谈条件内容必须为国共双方所能共同接受。这是一个绝大错误，必须予以纠正”。在他看来，政治协议是各党派利益折中的产物，并不能代表广大人民的意见，所以，假使和谈能够恢复，吴世昌认为：“则其条件内容，决不能以国共双方均能接受为标准，亦不能以参加政协的一切党派均能接受为标准，而必须以真正无党派的人民代表能接受为标准”，“中国若不培养自由主

---

① 可参见储安平：《一团糟的责任问题》《国民党的病症》《进步与刺戟》《共产党与中国政治上的需要》，见《客观》第1期、第2期。

② 钱端升：《唯和平可以统一论》，《观察》第2卷第4期，1947年3月22日。

③ 钱端升：《唯和平可以统一论》。

义者抬头，政治前途是没有希望的”。①

需要特别指出的是，无论是钱端升所说的“中立分子”（“中立者”）、储安平所说的“自由思想分子”、吴世昌所说的“无党无派人士”还是杨人楩所说的“自由主义者”，在某种程度上更偏向于指称大学教授这一群体。储安平在《客观》时期就多次表达了对于具有自由思想的大学教授和著作家的殷切希望；吴世昌则专门撰文《谁替人民说话》，认为只有无党派的大学教授，才能真正代表人民；钱端升写下《教师与进步》一文，认为当前只有教师最有资格来说明进步、提倡进步，“如果他们不拿起进步的旗帜，目前国内将更无人能负起这重担”。②而杨人楩则针对施复亮提出的“中间派的政治路线”，认为“自由主义并非中间路线，自由主义者也不是居间取巧的第三种人”。③这实际上已经将国共之外的其他党派置于“自由主义”者的行列之外。储安平和他的朋友们的这种看法并非偏执狭隘，事实上，经过政治协商会议以及之后的反思，他们对民盟的表现并不满意，而民社党、青年党两党之参加国大，更让他们倒足了胃口。至于除此之外的非国非共的社会贤达，也恰如周炳琳所讽刺的，“若干时下所称为社会贤达者，良心应尚未泯，而竟偏阿成了御用的宝贝”④。如此，他们也只有将希望寄之于大学里的教授了。

第四节 想象的共同体

储安平创办《观察》是有明确诉求的，即将知识分子团结起来，鼓

① 吴世昌：《论和平问题》，《观察》第2卷16期，1947年6月14日。

② 钱端升：《教师与进步》，《观察》第2卷第1期，1947年3月1日。

③ 杨人楩：《关于“中共往何处去？”》。

④ 《周炳琳致胡适》（1946年7月9日），《胡适来往书信选》（下），第112页。

励他们说话，利用强大的舆论力量规范政府行为以澄清政治，培植自由主义精神以充实社会，从而树立起一种能够稳定社会的权威势力。舆论的产生离不开作者、编者与读者，只有三方实现有效互动，才有可能达到这个目的。

《观察》获得了大批知识分子的支持，基本撰稿人78位，实际写稿的作者远远不止这些。对于《观察》周刊，他们具有相当的认同感，不仅积极撰稿，还代约稿件、推介撰稿人、介绍订户，或者为《观察》的编辑计划、内容设计出谋划策，或者来函给予鼓励，从道义上进行支持。

对《观察》的阅读对象，储安平在刊物创办之初就给出了清晰的定位："本刊是一种高级刊物，是给高级知识分子看的。"①《观察》阅读群主要分布在学界（包括青年学生和教育界）、政界、工商银行界②。《观察》的创刊，犹如混沌世界中的一缕清风，其透彻的剖析、理性的态度和不畏强权的勇气，赢得越来越多的读者的肯定和赞赏。南京一读者说："在全国进步的报纸书刊几乎全被扼杀的今日，《观察》已俨然成为广大读者群精神的旗帜。"③随着《观察》影响力的不断扩大，销售量也在不断上升，阅读群也逐渐扩展到社会各阶层，日益深入社会④。

为了增强作者与读者之间的沟通和了解，储安平设置"作者·读者·编者"及"通信"不定期栏目，刊登作者和编者之间的通信，又不时地以"编者后记"的方式对撰稿人进行言简意赅的介绍和评价。储安平还做过一次

① 储安平：《辛勤·忍耐·向前》。

② 可参见储安平：《辛勤·忍耐·向前》《艰难·风险·沉着》《风浪·熬炼·撑住》《吃重·奋斗·尽心》，分别载《观察》第1卷第24期、第2卷第24期、第3卷第24期、第4卷第23与24合期。

③ 文继武：《士大夫的考验》，《观察》之"读者投书"，《观察》第2卷第16期，1947年6月14日。

④ 随着国共内战带来的全国性经济危机，《观察》的经营也越来越困难，但《观察》的销售量却呈不断上升的态势。其读者群也不限于青年学生（包括教育界）、公务员（包括军界）及工商银行界人士，而是向社会各阶层延伸。参见储安平：《吃重·苦斗·尽心》。

“读者意见”的调查，内容涉及读者信息、读者对《观察》的意见、读者对作者的意见等，并及时将调查结果登出。最有特色的莫过于储安平为每一卷所做的“报告书”，将《观察》的编辑、出版情况详细地向读者汇报，希望加强读者对于《观察》的认同感：他们不仅仅是读者，还是《观察》的一分子。储安平将《观察》喻为一只船：“编者只是一个舵手，这只船的前进，要靠大家撑持，大家努力。”[①]结果证明，储安平的做法是卓有成效的。报告书对《观察》遭遇的经济困难和“政治危机”的陈述，激起了读者同仇敌忾之心和责任担当欲望：“我购阅其他书报，觉得花了代价，无所用感谢，但对贵刊却不然。阅读贵刊，在精神上是一种高尚的享受，这种享受决非区区订费——代价所可抵偿。”[②]当《观察》遭遇政治上的危机时，读者纷纷来信表达对刊物前途的关切，甚至忧虑储安平的个人安危[③]。他们积极为《观察》介绍新订户，希望与储安平一起努力使《观察》渡过难关[④]。香港一读者认为《观察》的一切困难，都应该由读者共同分担[⑤]。对于《观察》，他们不仅仅是花钱购买刊物的消费者，还是思想文化传播的受众，更希望成为《观察》成长的扶助者和保护者。他们认为《观察》给了读者“心灵的滋补”，读者愿意捐款报之以酬偿，即使生活再困难，

① 储安平：《323位读者意见的分析与解释》，《观察》第2卷第12期，1947年5月17日。

② 《读者的盛意》（一），《观察》第4卷第3期，1948年3月13日。

③ 《本刊暂时不收读者捐款》，《观察》之“读者投书”，《观察》第3卷第11期，1947年11月8日。

③ 张志高、胡文山：《不要消极》，《观察》第4卷第21期，1948年7月24日。

④ 美国社会学家科塞曾就报刊与政府之间的关系做过精微的研究。他以报刊审查制度为例指出，政府对于报纸杂志的压迫，在很大程度上加强了报刊作者之间的团结，作者将这种负面情绪通过文字传递给读者，激起了读者的同仇敌忾情绪，从而又进一步加强了彼此间的感情联系。“同审查当局的冲突使作者们有了一项集体的事业，……它加强了集体意识，使他们意识到一个现实和理想利益的共同体的存在，它超越了使他们造成分裂的各种分歧。……审查制度……启动了自由事业与智力活动的现代联盟。”“他们不得不忍受斥责和污蔑，对他们的自尊心、使命感和个人正义感的无数次打击累积在一起，使他们更加远离旧制度。……这些知识分子又把他们的异化情绪传递给读者。”见[美]刘易斯·科塞：《理念人——一项社会学的考察》，郭方等译，中央编译出版社，2004年，第96、51页。

⑤ 《本刊暂时不收读者捐款》，《观察》之“读者投书”，《观察》第3卷第11期，1947年11月8日。

"除非到饿死的阶段，一切的消费，可以尽量节省，而起码的一碗饭与一本杂志，是不可缺少的"。在他们看来，《观察》名义上为储安平主编，"但如从远的大的方面看，它却是属于广大群众的，应该让群众合力维护支持"。读者对《观察》的这种强烈的认同感，激发了他们与《观察》共患难的责任意识："我建议先生在贵刊经费感到捉襟见肘必然会影响到刊物本身时，先生应不拘小节，毫不迟疑，先向读者提出。"他们希望在编者与读者的共同努力下，《观察》永远保持"特有的作风，特有的重量，开灿烂的花，结辉煌的果"，"这一点我不敢说是代表所有读者的意见，但我相信多数读者必定具有同感"。[①]

撰稿人、读者的倾力支持，为储安平的《观察》事业提供了不尽的力量来源。而"读者投书"栏目的设置，在一定意义上真正实现了作者、编者与读者之间的互动。在这里，读者可以就作者提出的问题进行评论，或赞扬、或补充、或批评，可以对编者的工作提出意见，可以与其他读者进行沟通和交流；编者也将与刊物有关的各种信息及时地告知读者，以方便他们的选择；《观察》的作者亦可以读者的身份投书《观察》。这样，作者、编者和读者发生了角色上的融合，作者变成了读者，读者变成了作者，编者既是作者也是读者，由此有效促成了三者之间的互动。他们群聚在《观察》周围，以刊物为核心，以文字为联系纽带，形成了一个知识、思想和信息共享的阅读共同体[②]，从而具有了进行社会动员的能力。

在储安平、吴世昌、杨人楩等人发出知识分子抬头的呼吁后，许多读者都来信表达了相同的看法。杭州一读者希望储安平出来领导，"负起将散沙集合起来的责任。譬如说，组织一个会，或一个社"。[③]厦门读者来信，

---

① 《读者的盛意》（一）。

② 可参见[德]卡尔·曼海姆：《重建时代的人与社会：现代社会结构的研究》，张旅平译，生活·读书·新知三联书店，2002年，第80—81页。

③ 储伟：《散沙要集合起来》，《观察》之"读者投书"，《观察》第2卷第7期，1947年4月12日。

认为只有在组织中获得公共的生活，建立共同的信仰，才能产生改造社会的力量[①]。无锡读者蒋锡昌提出组织“互助会”的建议，互助会“由一而十，由十而百，由百而千；以此转变风气”。储安平积极回应，鼓励读者“再拟一点具体办法出来”[②]。不久，蒋锡昌再次致信《观察》，附寄互助会规则六条，储安平趁机发起倡议：“读者对于蒋先生所拟的办法，如有修正或补充者，本刊乐于发表。”[③]上海读者任九皋来信，指出“凡是没有组织，没有团结，则虽有‘量’而仍没有‘力’，产生不出‘中间（坚）力量’”，提出成立一个“观察读者联谊会”，并拟定了八条规则[④]。接着，更多的读者、作者加入讨论。

可以看出，社会上的分散力量都有着要“团结”“组织起来”的强烈愿望。然而，无论“互助会”也好，“观察读者联谊会”也罢，最后都不了了之。虽然作者、编者与读者之间通过《观察》实现了互动，产生了巨大的舆论，但是，他们散布在社会上的不同职业领域，分属于不同的社会阶层，除了《观察》之外，他们之间缺乏其他更有效的组织性联系，仅仅是一个通过文字形成的阅读共同体。无论是作者、编者还是读者，他们之间没有面对面的交往，是共同的话题将全国各地的陌生人凝合在一起。他们之所以认为自己属于《观察》的一分子，是基于精神上的、道义上的认同，是一种想象，是一种无形的而非实际的社会结构性联系。这个以《观察》为纽带的“想象的公共体”[⑤]自然很难承担起动员社会的功能。再则，如若

---

① 田菊安：《组织·生活·信仰》，《观察》之“读者投书”，《观察》第2卷第6期，1947年4月5日。

② 蒋锡昌：《互助会》，《观察》之“读者投书”，《观察》第2卷第1期，1947年3月1日。

③ 蒋锡昌：《互助会的办法》，《观察》之“读者投书”，《观察》第2卷第3期，1947年3月15日。

④ 任九皋：《一个“联谊会”的建议》，《观察》之“读者投书”，《观察》第2卷第7期，1947年4月12日。

⑤ 可参见 Charles Taylor, *Modern Social Imaginaries*. Durham and London: Duke University Press, 2004。

进行社会动员，首先必须在社会上形成一股核心的领导力量，即重建社会重心，这也正是储安平创办《观察》的目的。然而时势异矣，战后的知识分子已经没有了往昔的力量。比如，与1930年代的《独立评论》相比，《观察》群体就有很大的不同。

《独立评论》群体的核心成员大多为北平的教授、学者，除了刊物这一联系途径外，还有着更为广泛的交往渠道，比如大学、各种学术性的委员会、基金会、欧美同学会、各式各样的聚餐会等。在交往中经由同事、师生、同学、校友、会友、私交、同乡等关系的勾连纵横，他们逐渐形成了一个庞大的以北大、清华、燕京各高校教授为主体的，具有欧美教育背景的自由知识分子的交往网络。蒋廷黻回忆："虽然《独立评论》同寅间都了解彼此见解不同，但外界却把我们看成是一体的。有些人甚至认为我们正在成立一个新政党。这种看法当然是毫无根据的。但外界人士却认为我们的立场是一致的。"[①]《观察》群体并未给读者以这样的感觉，许多读者来信说"我们的文章各言其是，无统一的论调"[②]，傅斯年也批评《观察》因语调"缺乏共同性"而减少发言力量[③]。

事实的确如此。仔细考察《观察》群体，可以发现，其成员的情况颇为复杂。就社会身份而言，《观察》撰稿人中既有各大学的著名教授、科研院所的专家学者，也有各大报刊的知名记者、编辑，又有文化界、艺术界名流，还有政府（包括国民政府驻外单位）部门的官员。从政治身份而言，有国民党员，如伍启元、冯友兰、钱端升、黄正铭、沙学浚、陈之迈、顾翊群、郭有守等；有九三学社社员，如许德珩、笪移今等；有民盟盟员，

① 蒋廷黻：《蒋廷黻回忆录》，台湾传记文学出版社，1979年，第145页。

② 储安平：《辛勤·忍耐·向前》。

③ 《储安平致傅斯年》（1947年1月13日），见王汎森、杜正胜编：《傅斯年文物资料选辑》，台湾"中央研究院"历史语言研究所印行，1995年12月16日初版，转引自谢泳编：《储安平：一条河流般的忧郁》，第279页。

如潘光旦、费孝通、曾昭抡、王赣愚等；有民进成员，如马叙伦、傅雷等；有民建会员，如陈维稷、夏炎德等；有中共地下党员，如笪移今、陈维稷、李纯青、杨刚、徐盈等人。从政治立场上看，在国共斗争的大背景下，中共地下党员自然站在共产党一方，民主党派知识分子也逐渐倒向了共产党方面，即使像钱端升、冯友兰、郭有守等国民党员，随着时局的发展也慢慢向共产党靠拢并在1949年最终选择留在了大陆，而胡适、傅斯年、顾翊群、陈之迈、沙学浚等人则成为坚定的反共人士最后逃往台湾或流亡国外。从他们的政治主张、经济思想、对美苏的态度等方面来看，情况就更为复杂。因此，在面对连绵不断的社会突发事件如“沈崇事件”、学潮、民盟被解散、“反美扶日”运动等重大问题的时候，这些知识分子就发出了不同的声音，观点相左甚至彼此对立。

而对于依靠“阅读共同体”这个虚拟的社会文化网络支撑生产舆论的《观察》而言，更为严重的问题是撰稿人分散在全国各地，即使刊物的发起人、群体的核心成员也是七零八散（见表2-4）。他们之间并不存在一个共同的交往网络，仅仅通过储安平和刊物联系，也就是说，当作者为《观察》撰稿时，他就进入了以《观察》为纽带的阅读共同体，除此之外，他的生活和工作与《观察》没有其他联系。尽管他们给予《观察》以支持，关心它的成长和前途，但《观察》并不是他们共同经营的事业。

表2-4 《观察》周刊股东、发起人、核心成员情况

核心成员	股东	发起人	住地	任　职	备　注
储安平	储安平	储安平	上海	复旦大学	中英文化协会副会长；“观察社”社长、《观察》主编
伍启元	伍启元	伍启元	英国		国民党员；1946年9月赴英讲学

（续表）

核心成员	股东	发起人	住地	任　职	备　注
吴世昌	吴世昌		南京	中央大学	1948年初赴英讲学
笪移今	笪移今		上海	民治新专	中共党员、九三学社社员
陈维稷	陈维稷		上海	交通大学	中共党员；中英文化协会会长、中纺第一印染厂厂长
吴恩裕	吴恩裕		北平	北京大学	
费孝通			北平	清华大学	民盟盟员；1946年11月赴英访问，1947年2月回国
杨人楩			北平	北京大学	
楼邦彦			北平	北京大学	
	沈昌焕	沈昌焕	南京	国民政府主席办公室兼任秘书、外交部礼宾司司长、行政院新闻局特派局长	国民党员
戴文赛			北平	燕京大学	
	陈铭德		南京	《新民报》总经理	

自由知识分子如若发生力量，不仅需要“组织”，“经费”也是不可或缺的，知识分子的言论事业与工商界联系起来，才能产生实质性的力量[①]。因此储安平将《观察》置于中产阶级最为发达的上海出版。但直至《观察》被查封，储安平始终未能与工商界建立起通畅的联络渠道，《观察》所建构起来的文化网络自然也就无法得到他们的支持。在上海，储安平也有许多相熟的朋友，如陈维稷、张志让、笪移今、陈望道、赵家璧、赵超构、萧乾等

① 储安平：《知识分子、工商阶级、民主运动》，《客观》第12期，1946年1月26日。

人都是文化界名流，是当时上海各界茶话会、座谈会、聚餐会[①]上的活跃分子。换句话说，储安平在上海拥有许多进入本地知识分子网络的渠道（如表2-5 所示），但无论从意识形态还是人脉关系上来讲，储安平与上海的知识分子团体（如开明书店、商务印书馆、《文汇报》、《时与文》、“大学教授联谊会”、“上海人民团体联合会”、“中国科学工作者协会”等）是比较疏离的，即使在他执教的复旦大学，既有《观察》的撰稿人（如夏炎德、萧乾、章靳以等），也有其他相熟的朋友（如陈望道、张志让、周谷城等），但他并未将这种以学校为纽带生成的同事关系带入《观察》所建构的文化网络中，《观察》也就无法得到复旦大学这一学术社群的力量支持。这种情况在《观察》后期有所改变[②]，不过，直至《观察》被查封，储安平始终未能使

① 迫于国民政府的威压，尤其是民盟总部被强制解散以后，上海各界通常以茶话、座谈、聚餐等隐蔽方式联络。新闻出版界有《文汇报》“星期客谈”、《中国建设》座谈会、开明同人叙餐会等，教育界有“大教联”座谈会，工商银行界组织的“星二叙餐会”、“星五叙餐会”、“双周座谈会”、浦东同乡会聚餐会、“枝鸟叙餐会”等，民进等民主党派也有许多座谈会、叙餐会，在亚尔培路（今陕西南路）还有一个各界人士参加的综合性的叙餐会，既有工商界人士，又有教育界人士，也有国民党党政人员，还有中共地下党员参加。可参见金学成：《解放前夕的工商界叙餐会》，中国人民政治协商会议上海市委员会文史资料工作委员会编：《文史资料选辑——上海解放三十周年专辑》（中），上海人民出版社，1979 年，第 268—269 页。

② 随着国民党在战场上的不断失利，大后方的言论空气越来越紧张，《观察》也日益面临越来越严重的政治危机，甚至储安平的个人安危都受到了威胁。在这种情况下，储安平开始主动加强与上海知识界的联系，在茅盾的日记中即有相关记录。（参见商金林编：《叶圣陶年谱》，江苏教育出版社，1986 年，第 318 页）范泉也回忆说：“到上海将近解放前的一段时间，白色恐怖更加严重，几个进步期刊的编辑人，经常到星期六晚上，轮流充当东道主，每次约在跟上次不同的地点，秘密聚餐，相互交换一些有关解放战争和文化艺术界意外遭遇的信息。参加秘密聚餐的，有《小学生》编辑叶圣陶、徐调孚，《世界知识》编辑冯宾符，《观察》编辑储安平，《文艺复兴》编辑郑振铎、李健吾等。我是《文艺春秋》月刊的编辑，也参加了聚餐。”（参见范泉：《丏翁和叶老》，中国出版工作者协会编：《我与开明（1926—1985）》，中国青年出版社，1985 年，第 30—31 页）为了保持《观察》的民间论政立场，储安平宣称不参加任何公开的政治性的集会或活动，但还是接受学生邀请出席了 1948 年 6 月 26 日在上海交通大学体育馆举办的“反美扶日公断会”。1948 年后半年，储安平与上海各界的联系明显增加，其中，张志让起到了关键的作用。（参见李正文：《党的亲密朋友——张志让同志》，中国人民政治协商会议全国委员会文史资料研究委员会编：《文史资料选辑》第八十五辑，文史资料出版社，1983 年，第 141—142 页）

上海的各种社会文化网络成为《观察》舆论生产的支持性资源。也就是说，《观察》与大学没有关系，与学会也没有关系。《观察》的舆论来自《观察》本身，缺乏更大的社会结构性网络的支撑，即使是中英文化协会和留英同学会，由于战后几乎停止活动且实际由政界人士控制，也仅是《观察》群体得以群聚的一个参考量，与《观察》舆论的生产无涉。

表 2-5 储安平在上海的人际关系网络

姓名	任 职	与储安平关系	社会职务	业界联系
笪移今	民治新专	与储安平一起编辑《客观》周刊，《观察》股东、撰稿人	中共党员、九二学社理事、九三学社上海分社理事会理事兼秘书、上海银行经济研究专员	教育界、金融界、民主党派
陈维稷	交通大学纺织工程系主任	与储安平同为留英派，一起编辑《客观》周刊，共事于中英文化协会，《观察》股东、撰稿人	中共党员，中国纺织建设公司总工程师，中纺第一印染厂厂长，中国科学工作者协会会员	教育界、科技界、实业界
张志让	复旦大学法学院院长	储安平所尊敬的长辈学者；储安平执教复旦即为应张志让之邀；在《观察》遇到政治危机时得到张志让的诸多帮助；1948 年 12 月储安平飞赴北平避难时曾将《观察》托付张志让照拂	“大教联”实际负责人，“救国会”成员	教育界、法律界、金融界、实业界、新闻界、民主党派
赵家璧	晨光出版公司总经理	与储安平为光华大学同学		新闻出版界、文艺界
陈望道	复旦大学新闻系主任	在重庆时期即与储安平相识，邀请储安平在新闻系兼课		教育界、“开明”同人
萧 乾	复旦大学教授	为储安平留英时的同学	《大公报》记者	新闻界、文艺界
赵超构	上海《新民报》主笔	与储安平在南京时即相识，在重庆时期有很多往来		新闻界

如果说国统区不断恶化的经济形势如釜底抽薪，不断侵蚀着《观察》赖以产生舆论力量的社会基础，那么国民党的政治压迫则如夺命之索，让《观察》的舆论空间不断萎缩最终窒息了其所有的生命力。

《观察》的舆论生产来自三个方面，即撰稿人、读者和编者。首先，战后的知识分子在经济上整体没落了。经过艰苦卓绝的抗日战争，知识分子已经变得一贫如洗，随之而来的内战，则将他们彻底抛向了饥饿的边缘。北大教授裴文中作了一个生动的比较：

> 我的资格是留学的博士，又继续研究工作有二十年之久。我现在每月所得是八百九十二万元，折合廿六年到廿七年的法币，只有廿二元六毛；折合白面，只有四袋多，相当于战前一个门房。以我现在收入，按照国家银行放款利息计算，国家只要有三千多万元放在库里，所得利息就可以长期供养开支我的薪俸……也就是说国家只要有了三千多万元就可以买我这一个人为他工作到死。三千多万元，折合实物，等于一辆多三轮车，等于一匹马，等于十八袋面粉……[①]

即使储安平、吴世昌、钱端升、杨人楩等一再呼吁知识分子站出来说话，但他们也不得不承认，让知识分子抬头是非常困难的。他们的剩余精力全部消耗在油盐柴米的琐事上、妻号儿啼的愁苦中，“人人谋生之不暇，那有工夫管国家大事？”[②]

其次是读者群的不断贫困化。《观察》的最大读者群分布在学界（青

① 裴文中：《生活安定与学术研究》，北京大学四院学生自治会编：《四月风暴》，第 44 页，1948 年 4 月 5 日，转载自萧超然等：《北京大学校史（1898—1949）》，上海教育出版社，1981 年，第 291—292 页。

② 吴世昌：《谁能替人民说话》。

年学生和教育界），《观察》出到第2卷的时候，储安平曾委托撰稿人在大学发展学生订户，结果却“全面的惨败”，“我相信，要他们拿出几万元来订一份刊物，已近乎一种奢望”。[①]这对于将读者定位于“高级知识分子”、希冀对青年学生的修养和精神培养有所贡献的《观察》而言，是个致命的打击。

最后，《观察》的编辑出版发行业务也受到极重的创害。内战带来的邮政业务的不畅、邮资的一涨再涨、刊物定价的不断提高、撰稿人稿费的增加，使《观察》每一期的出版都经历严峻的考验，几乎无法维持正常的营业。

作为编者的储安平，创办《观察》一直坚持民间论政立场：“干政”非“执政”，是“思想影响”的工作而非实际的政治运动。但是，随着内战的日益激烈，大后方的言论空间逐渐狭窄，战前那种自由主义的、建设性的“舆论气候”不见了，取而代之的是“不归于杨即归于墨”的以政治立场画线的分野。“在这个社会中，只要你批评国民党一句，大家便说你‘左倾’了；要是你批评苏联或者共产党一句，大家便说你‘右倾’了。整个社会已陷入一种严重的神经错乱程度。”[②]《观察》处于国共夹缝中，两面不讨好。1947年10月，储安平发表了《评蒲立特的偏私的、不健康的访华报告》，公然怒骂国民政府是“缺德的统治”，令国民党大为光火。《观察》被国民党及其政府公开警告，储安平也遭特务跟踪且特务光临其家中，几乎所有的国民党报刊都展开了对《观察》的围攻[③]。1948年3月，《观察》又受到国民政府内政部的警告：“言论偏激。歪曲事实。为匪张目”，同时，又有谣传说《观察》和政府有“勾结”，甚至说储安平已将《观察》

① 储安平：《艰难·风险·沉着》。

② 储安平：《风浪·熬炼·撑住》，《观察》第3卷第24期，1948年2月7日。

③ 唐宝璋：《民主杂志〈观察〉封闭前后》，见谢泳、程巢父：《追寻储安平》，第52—53页。

出卖给了“CC”[①]。1948 年 10 月，《观察》发表了张申府的《呼吁和平》一文，立刻招致了共产党的舆论批评，解放区将之作为反面教材，即使是自居“中间派”的一些上海民主人士，也纷纷发表意见批评《观察》。

面对激烈的国共内战以及由此引发的经济危机和政治上的困难，知识分子消沉了，一种无力感蔓延开来。《观察》本是以专论为主的政论刊物，却因稿件的缺乏不得已将重心转移到了“观察通信”上，“原因是现在大家对于写政论文章，已经没有什么兴趣”。[②]即使是作为主编的储安平，也无可奈何地感叹道：“我们平日的职司，就是议论政事，然而处此危局，几乎无政可论，无政足论；仰望长空，废笔三叹！”[③]因此，当 1948 年 12 月 25 日《观察》周刊被国民政府以“攻击政府，讥评国事，为匪宣传，扰乱人心，实已违反动员戡乱政策”[④]为由勒令永久停刊后，悬浮在社会上空、缺乏根基的《观察》群体也随之云散，不复存在了。

---

① 储安平：《吃重・苦斗・尽心》，《观察》第 4 卷第 23、24 合期，1948 年 8 月 7 日。

② 储安平：《吃重・苦斗・尽心》。

③ 储安平：《政治失常》，《观察》第 5 卷第 13 期，1948 年 11 月 20 日。

④ 林元：《碎布集》，文化艺术出版社，1991 年，第 401—402 页。

第三章　《时与文》群体

《观察》是一个全国性的刊物，虽在上海出版，却与上海没有多少关系。真正汇集上海本地自由知识分子的是《时与文》[①]周刊。

《时与文》是由程博洪发起创办的，他是国民党元老程潜的长子。早在抗战末期，程博洪与几个朋友已经在商量如何筹措资金，创办一个可以发声的刊物了。抗战胜利后，几个负责人在重庆、长沙、上海、昆明之间以通信的方式，确定了刊物的名称、宗旨及撰稿人的范围等事项。父亲程潜资助了程博洪五百美元，其他几个负责人也分别出资或向人募捐，终于解决了刊物的创办经费问题。因为程博洪身份特殊，遂决定由他出面负责刊物的一切事宜。1946 年 3 月 14 日，程博洪向上海市社会局递交了登记申请表，准备于 1946 年 12 月 1 日出版创刊号，由于迟迟未得到当局批准，创办工作不得已推迟到第二年[②]。1947 年 3 月 14 日，《时与文》在上海创刊，同时成立“时与文”周刊社；周刊社下设经理、编辑两部，并成立五

---

① 《时与文》，综合性周刊，每逢星期六出版，1947 年 3 月 14 日在上海创刊，1948 年 9 月 24 日被国民政府以“屡作歪曲事实言论为匪宣传，动摇人心，意图破坏公共秩序”为由给予永久停刊处分。共出完 3 卷，第 1、2 卷每卷 24 期，第 3 卷 23 期。《时与文》周刊是同人刊物，资金完全由负责人和部分撰稿人共同募集而来。

② 据上海档案馆藏“《时与文》档案”，卷宗号 Q6-12-93。

人社务委员会[①]。

《时与文》以宣传“中间道路”闻名，坚持“进步、独立、理性、坚定”的言论立场，宣称“进步”是刊物的第一要著。上海是进步知识分子的聚集地，也是战后民主势力最强大的城市。《时与文》创刊后，很快成为上海民主人士一个重要的发言阵地，从而形成了以《时与文》为中心的自由知识分子群体[②]。

第一节 《时与文》群体的形成

一、《时与文》周刊的负责人

《时与文》周刊的主要负责人为程博洪、汤德明、周天行[③]三人，程博洪任《时与文》主编、发行人、周刊社总经理，汤德明、周天行参加编辑工作，周天行并协助处理发行事宜。

程博洪，1917 年生，湖南醴陵人，国民党元老程潜长子。1938 年考入西南联大政治学系[④]，1942 年毕业后入中央政治学校参加国民党训练团，随即进入军事委员会国际问题研究所做研究员[⑤]。抗战胜利后，受张志让邀请任教上海复旦大学，同时创办《时与文》周刊，吸引了一大批

---

① 据上海档案馆藏“《时与文》档案”，卷宗号 Q6-12-93。

② 具体可参见郑志峰：《〈时与文〉群体研究》，《宁夏大学学报（人文社会科学版）》2008 年第 2 期。

③ 值得注意的是，此处的周天行并非周予同先生。周予同，原名周毓懋，学名周豫桐、周蘧，字予同，笔名天行，1898 年生，浙江瑞安人。有的研究者认为周天行即为周予同，此说不确。周予同从未参加《时与文》的编辑工作，也未给《时与文》写过文章。

④ 可参见西南联合大学北京校友会编：《国立西南联合大学校史——一九三七至一九四六年的北大、清华、南开》，北京大学出版社，1996 年，第 623 页。

⑤ 参见《时与文》的“新闻报纸杂志登记申请书”，上海市档案馆藏档案，卷宗号 Q6-12-93。

知识分子的加盟。1949 年 1 月 14 日毛泽东发表关于时局的声明，要求加强对国民党高级将领的统战工作，程博洪在动员程潜起义一事上做了大量工作[①]。

汤德明，1916 年 7 月生[②]，湖南华容县人。1936 年 9 月入北京大学经济系学习，同年在北大参加中华民族解放先锋队（简称“民先”）。1937 年七七事变后，随校到长沙临时大学、昆明西南联大继续学习。1939 年 5 月加入中国共产党（介绍人王亚文[③]），曾任西南联大地下党支部书记。1940 年毕业后，为掩护身份加入国民党，任职于设在重庆的行政院侨务委员会。抗战胜利后，任教于上海立信会计学校，同时参加《时与文》周刊的编辑工作，加入上海市大学教授联谊会（简称“大教联”）。新中国成立前后，在上海市军管会、华东高教局上海市委担任室副主任、处长；随后调入上海财经学院任教。[④]

周天行（周绵钧），1915 年生，上海市人。1936 年考入南开大学经济系，同年 3 月参加民先。1938 年到 1941 年 1 月在西南联大法商学院经济系、商学系学习，曾任群社副社长、社长。1940 年 8 月在西南联大加入中

---

① 程星龄：《参与程潜起义活动的回忆》，中国人民政治协商会议湖南省委员会文史资料研究委员会编：《湖南文史资料选辑》第十二辑，湖南人民出版社，1980 年，第 25 页。

② 关于汤德明的生年有两种说法。上海档案馆藏档案《时与文》“新闻报纸杂志登记申请书”（1946 年）记载汤德明为 35 岁，即汤德明出生于 1911 年；但王效挺、黄文一主编的《战斗在北大的共产党人（1920. 10—1949. 2 北大地下党概况）》一书为汤德明所作简介中，认为汤德明生于 1916 年。考虑到汤德明与周天行、程博洪同时在西南联大就读，笔者认为汤德明生于 1916 年的说法更可信。

③ 王亚文，1910 年生，湖南醴陵人。1924 年入团，1935 年在渌江中学入党，1937 年参加秋收起义，1933 年考入北大经济系，1935 年参加一二·九运动，1935—1937 年在朝阳大学学习。1937 年七七事变后到长沙，协助蔡鸿钧成立长沙临时市委，后成立临时省委及临时军委，任军委总干事。1938 年 11 月，受长江局指示，以青年特派员身份到昆明开展党的工作，入西南联大经济系四年级学习，并在西南联大建立了党支部。1939 年 7 月，从西南联大毕业后接受党组织命令回南方局工作，从事国民党上层人士的统战工作。抗战胜利后，到上海，任中共上海局策反工作组长，曾任起义部队（陆军战车防御炮教导总队）政委。参见王效挺、黄文一主编：《战斗在北大的共产党人（1920. 10—1949. 2 北大地下党概况）》，北京大学出版社，1991 年，第 199—200 页。

④ 王效挺、黄文一主编：《战斗在北大的共产党人（1920. 10—1949. 2 北大地下党概况）》，第 206 页。

国共产党（介绍人古锡麟，又名古念良）。1941年到1946年，在云南、四川从事地下工作。1946年经云南省工委书记郑伯克批准来到上海，参加《时与文》周刊的编辑和发行工作，同时出任康宁书店[①]上海办事处主任。新中国成立前后任上海军管会新闻出版局、华东出版委员会秘书室主任，出版总署编译局秘书室主任，总署人事科长等职。

从以上的资料可以看出，《时与文》的主要创办者均毕业于西南联大，汤德明与周天行为1936级学生，汤德明在经济系，周天行先在经济系后转商学系，程博洪在政治系，比他们晚两级，但三人均在法商学院。汤德明和周天行均为民先成员，先后加入中国共产党；汤德明的入党介绍人王亚文，亦为西南联大经济系学生，并与程博洪为醴陵同乡，且有亲戚关系。从西南联大毕业后，汤德明通过王亚文的介绍进入国民政府行政院侨务委员会工作，并加入国民党。两年后，程博洪亦毕业来到重庆，后任职于军事委员会国际问题研究所。周天行毕业后，也曾来到四川工作。此一时期，三人来往密切。

《时与文》周刊的创办，学缘是至为关键的联结纽带。但是，程博洪等三人只是初出茅庐的后辈，无论其学识、资历或社会声望，都不足以支撑《时与文》。如若使刊物能够生存并不断发展，必须获得知识界著名人士，特别是上海本地知识分子的鼎力支持。其间就需要一些与上海各界有广泛联系的知识分子来牵线搭桥。

---

① 康宁书店是由中共地下党员孙仲宇和当时尚在西南联大读书的中共党员周天行共同筹划创办的，具体可参见孙晓芬、孙晓云、孙晓静：《康宁书店》，中国人民政治协商会议云南省委员会文史资料研究委员会编：《云南文史资料》第二十四辑，云南人民出版社，1985年。

二、“社务委员会”与《时与文》群体

作为一个时政类刊物，稿源是异常重要的一环。《时与文》数次刊出“本刊稿约”，但在择稿方面，标准甚严，“有人以为本刊在专论方面不常吸收外稿，这倒也是实情，专论较难以达到相当水准，故选稿时不得不略为谨慎而严格”。[①]既然有“外稿”与“内稿”的区别，说明《时与文》周围聚集着一个相对固定的作者群（请参见附表3）。

《时与文》社务委员会负责联系作者，由程博洪、汤德明、周天行、伍丹戈等五人组成[②]。张明养、施复亮、程应镠（流金）、蔡尚思、宦乡等与《时与文》社务委员会关系密切，他们与五位社务委员共同构成群体的核心层。伍丹戈与汤德明都是研究经济学的，二人在重庆时期即相识并多有往来，战后，伍丹戈执教复旦大学经济系，与在该校执教的程博洪又成了同事。张明养与程博洪为复旦大学政治系同事，施复亮与伍丹戈长期共事，且同为民建会员，宦乡则与伍丹戈同为中国工业经济研究所的特约研究员。程应镠毕业于西南联大，与程博洪、汤德明、周天行为校友，特别是与周天行曾共同参加西南联大群社的活动，关系密切。

在《时与文》群体中，伍丹戈、张明养、程应镠的位置至关重要，他们

---

① 《致读者》，《时与文》第2卷第17期，1948年1月30日。

② 《时与文》社务委员会由五人组成。根据目前掌握的资料，确知伍丹戈为社务委员，其余四人不得而知，因资料缺乏亦无法作出确定的考证，只能依据已有的相关资料进行推测。作为《时与文》的主要负责人，程博洪、汤德明和周天行应位列社务委员会。另一位疑为宦乡，即范承祥。抗战期间，宦乡即逐渐向共产党靠拢，曾掩护中共地下党员进入《前线日报》工作，从上饶集中营拯救出多名中共党员并最终于1948年加入共产党，而《时与文》的三位负责人中两人为中共党员。抗战胜利后，在周恩来的提议下，宦乡受徐铸成邀请担任《文汇报》副主笔，而《时与文》群体与《文汇报》的关系非常密切。1947年5月，《文汇报》被勒令停刊，宦乡被列入黑名单，遭到国民政府上海当局的通缉，被迫转入地下。此后以范承祥为化名，在《时与文》周刊上发表了大量的文章（宦乡资料来自中国社会科学院科研局编选：《宦乡年表》，见氏著：《宦乡集》，中国社会科学出版社，2002年，第404—405页）。但推测仅止于此，本书仍依据确切史料分析。

各自联络着一大批知识分子，是这一群体得以群聚的线索式人物。

伍丹戈（1912—1984），著名经济学家，别名康成，江苏常州人。1933年毕业于光华大学政治系。新中国成立前历任光华大学副教授、四川省银行研究处研究员、中国工业经济研究所研究员、复旦大学经济系教授等职；新中国成立后历任上海市人民政府税务局顾问，圣约翰大学、大同大学、立信会计学校、上海财经学院、上海第一医学院教授，上海市经济学会历届理事等。1945年加入中国民主同盟和民主建国会，1946年加入上海“大教联”[①]。

伍丹戈的社会关系主要在教育界、经济学界以及与之密切相关的工商业界、民主人士中。大学时期，伍丹戈开始进入上海的左翼知识界。1932年，还在读大三的伍丹戈参加了左翼社会科学家联盟（简称“社联”）[②]，结识了许多中共党人和社会科学界的左翼知识分子。大学毕业后，伍丹戈与柳湜（中共党员）、艾思奇（中共党员）等为《申报》的“读书指导”专栏撰写文章，后在光华大学任教。从1929年至1937年，伍丹戈一直在上海学习、生活和工作，逐渐融入了上海的知识分子社会交往网络中，逐渐在知识界崭露头角。全面抗战时期，伍丹戈来到重庆，就职于四川省银行研究处，又受中国工业研究所[③]邀请担任该所研究员。

① 可参见王增藩主编：《复旦大学教授录》，复旦大学出版社，1992年，第542页。

② 左翼社会科学家联盟，简称“社联”，1930年5月20日在上海成立，是以中共地下党员为主发起创办的一个以翻译、宣传和研究马克思主义理论为主的带有政治色彩的组织，1936年解散。

③ 中国工业经济研究所成立于1943年9月，是章乃器、胡厥文、吴蕴初等工商银行界人士为了挽救民族经济而创办的一个研究机构，日常工作以调查研究为工业发展提供政策咨询为主，没有多少政治色彩。研究所特约研究经费和日常开支由组成董事会的会员工厂按月缴纳。抗战胜利后，中国工业经济研究所迁至上海，因受内战影响，研究所的组织形式和研究内容也有所变化，主要是邀请地下党员中的经济研究工作者参加工作，并征求他们的意见，同时注意组织社会力量，建立特约研究员制度，以补研究力量之不足。特邀的研究员有宦乡、陈维稷、张锡昌、秦柳方、吴清友、勇龙桂、季崇威、伍丹戈、周有光、阮觉施等30多人。无论是抗战时期还是战后，中国工业经济研究所与工商银行界尤其是上层人士关系异常紧密。在重庆时期，研究所以聚餐会的形势举行会议，凡董事以下包括所长、研究人员在内的所有成员均参加，每周一次。战后，研究所继续保持和工业界人士的（转下页注）

在全面抗战时期，重庆是知识分子三大聚集地之一，原来在上海工作、生活的知识分子纷纷来渝避难，与全国各地流亡至此的知识分子汇合交融，逐渐形成了崭新的交往格局。其中，工商界、社会科学界进步人士和民主人士规模庞大且往来密切。对于伍丹戈而言，重庆的生活经历极为重要。以原在上海的社会关系为基础，以四川省银行研究处和中国工业经济研究所为平台，伍丹戈不但与工商界人士建立了多渠道的联系，也逐渐在经济学界崭露头角，成为经济学界的新锐人物。任职于四川省银行研究处期间，伍丹戈在施复亮的直接领导下工作，由他引荐和推介，伍丹戈迅速进入重庆民主人士的交往圈，并由施复亮介绍于1945年加入了中国民主同盟和民主建国会，曾担任民主建国会初创时期青年部的负责人。复员后，伍丹戈接受复旦大学法学院院长张志让、新闻系主任陈望道的邀请，到复旦大学经济系任教，同时兼任中国工业研究所的特约研究员。

作为《时与文》的社务委员，伍丹戈充分调动自己的人际网络，主要通过由学校、学会（研究所）、党派等联络渠道，将一大批知识分子团结在《时与文》周围。如漆琪生（经济系主任）、周伯棣（银行系主任）、张明养（政治系教授）均执教复旦大学；樊弘亦曾执教复旦大学，他在重庆时期即与伍丹戈相识。施复亮与伍丹戈长期共事于四川省银行研究处，与《时与文》关系相当密切。宦乡、吴清友和伍丹戈则同为中国工业经济研究所的特约研究员，通过这层关系，伍丹戈也为《时与文》约得秦柳芳的稿件。在伍丹戈的社会关系网络中，党派是一重要的联结纽带。如漆琪生、施复亮、杨卫玉与伍丹戈同为民主建国会成员，施复亮且为伍丹戈的入党介绍人；沈钧儒、孟宪章、沈志远、石啸冲、施复亮、张西曼等与伍丹戈

（接上页注）密切联系，特别是加强与进步民族工商业者的联系，联系形式多样，如通过“星五聚餐会”“银行俱乐部”定期召开座谈会等。1950年8月，中国工业经济研究所由华东财经委员会接管，结束了它作为民办研究机构的研究活动。

又同为民盟盟员，在重庆时期一起出席民盟盟务会议，参加各种政治性集会，从事民主活动。在经济学界，伍丹戈也有着广泛的人事联系。如王亚南和郭大力虽远在厦门大学执教，但均为伍丹戈所尊敬的经济学界的前辈，全面抗战前在上海时期即相识。特别是王亚南，成为《时与文》撰稿最多的作者之一。

在《时与文》群体中，张明养是另外一个关键人物。

张明养（1906—1991），著名的国际问题专家。原名良辅，笔名张弼等。早年就读于南京东南大学附中、上海法政大学。1929 年毕业于复旦大学，获法学学士学位。1925 年在南京参加社会主义青年团。1926 年在上海参加中国共产党，后失去联系。1935 年参加上海文化界救国会。全面抗战期间，在香港参加国际新闻社和《华商报》的工作；战后参加上海“大教联”，一度任干事会干事。新中国成立前历任商务印书馆编译所《东方杂志》编辑，《学生杂志》主编，《世界知识》、香港国际新闻社、《华商报》编委会委员，复旦大学政治系教授，《文摘》杂志编委会委员，《中学生》《进步青年》主编等[①]。

程博洪与张明养同为研究国际问题的学者，在重庆时即相识，复员后又共同执教复旦大学政治系，程博洪创办《时与文》得到张明养的大力支持和帮助，他充分利用出版社、报刊、学校、学会、党派的关系纽带，将许多知识分子团结起来。

从 1930 年至 1942 年，张明养在商务印书馆工作了近 13 年之久。20 世纪 30 年代，商务印书馆是上海知识分子云集的中心，与上海的知识界有着千丝万缕的联系，后来创办的出版机构如中华、世界、大东、开明，其骨

① 参见中国国际问题研究所：《张明养同志生平》，戴文葆、张之一编：《张明养同志纪念集》，开明出版社，1993 年，第 1—3 页。

干大多是从商务印书馆出来的[①]。在商务印书馆，张明养不但结识了胡愈之、周建人、章锡琛、郑振铎、周予同、叶圣陶、茅盾等一大批商务同人（其中不少后来成为开明书店的骨干），尤其通过《东方杂志》，张明养很快融入上海的社会科学界并迅速崛起。以商务印书馆为核心，张明养的社会交往范围逐渐拓展，其中，离不开胡愈之[②]对他的帮助和提携[③]。1933 年，张明养在胡愈之介绍下参加苏联之友社[④]，与胡愈之、沈志远、毕云程、金仲华、钱亦石、张仲实、王纪元、曹亮、章乃器等人经常聚会，讨论国际问题。1934 年，以苏联之友社为基础，张明养协助胡愈之发起创办了《世界知识》杂志，自始至终担任刊物的编委[⑤]，与邹韬奋的生活书店关系亦相当密切。全面抗战期间，张明养随商务印书馆迁至香港，应胡愈之邀请担

---

① 叶圣陶：《我与商务印书馆》，转引自戴文葆：《集专家教授编辑于一身——张明养编辑生涯述略》，戴文葆、张之一编：《张明养同志纪念集》，第 95 页。

② 胡愈之（1896—1986），著名的社会活动家。原名学愚，字子如，笔名伏生，浙江上虞人。1911 年入绍兴府中学堂学习，1914 年进上海商务印书馆编译所当练习生。五四运动时，在《东方杂志》连续撰文，提倡科学与民主。1920 年和沈雁冰、郑振铎共同发起成立文学研究会。四一二政变后被迫流亡法国，入巴黎大学国际法学院学习。1931 年初回国任商务印书馆《东方杂志》主编。九一八事变后，与邹韬奋共同主持《生活周刊》，主编《东方杂志》等刊物。1933 年初加入中国民权保障同盟，同年加入中国共产党。先后筹办《世界知识》《妇女生活》等杂志。1935 年与沈钧儒等共同发起成立上海文化界救国会。1936 年协助邹韬奋在香港创办《生活日报》。抗日战争全面爆发后，任上海文化界救亡协会国际宣传委员会主任，主持出版《团结》《上海人报》《集纳》《译报》等报刊，进行抗日救亡宣传。1938 年在武汉主管抗日宣传工作，武汉沦陷后到桂林出版《国民公论》半月刊，组织国际新闻社、文化供应社。1940 年赴新加坡帮助陈嘉庚办《南洋商报》，后流亡苏门答腊。抗战胜利后创办新南洋出版社，在新加坡创办《南侨日报》、《风下》周刊、《新妇女》杂志。可参见陈荣力：《大道之行——胡愈之传》，浙江人民出版社，2005 年。

③ 张明养在一篇回忆胡愈之的文章中说："在他的领导下工作，我不仅在编辑业务上学到了许多东西，而且在政治上、思想上更得到他热诚帮助，获得很大收获。"戴文葆：《集专家教授编辑于一身——张明养编辑生涯述略》，戴文葆、张之一编：《张明养同志纪念集》，第 96 页。

④ 苏联之友社成立于 1933 年秋，是一个由中共地下党员发起成立，以研究和介绍社会主义、批判资本主义为主要活动内容的团体，是中共的一个外围组织，主要由中共党员和社会各界的左翼人士组成，如胡愈之、钱亦石、钱俊瑞、金仲华、沈志远、张仲实、张明养、毕云程、王纪元、曹亮、章乃器、聂耳、柳湜、艾思奇等。

⑤ 戴文葆：《集专家教授编辑于一身——张明养编辑生涯述略》，戴文葆、张之一编：《张明养同志纪念集》，第 102 页。

任国际新闻社和《华商报》的编委。太平洋战事爆发后，张明养于 1942 年应复旦大学法学院院长张志让和新闻系主任陈望道邀请，离港赴渝，回母校任政治系教授，兼任《文摘》编委。由此张明养与教育界人士广泛接触，特别是“谷风”事件[①]，让他一举成为教育界著名的民主教授，与复旦大学进步教授如张志让、陈望道、周谷城、洪深等一起活跃在民主运动中。抗战胜利后，张明养随复旦大学复员回到上海，继续任教于政治系，兼《文摘》编委，担任复旦大学政治系学生社团“政治科学研究会”的指导教师，积极支持学生运动。1946 年，张明养协助张志让等发起组织“大教联”，并一度担任干事，与教育界的进步人士广泛联系起来。依靠在新闻出版界的影响力，张明养又与中国民主促进会（简称“民进”）关系密切，与民进的骨干成员如周建人、郑振铎、李平心、冯宾符、董秋思等人有很深的私交[②]。

就来源地而言，《时与文》群体由三股人组成（见表 3-1），在由昆明进入上海的知识分子中，程应镠是一个关键人物。程应镠与周天行（经济系）、郭森麒（经济系）、冯契（清华研究所）为西南联大校友，与楚图南、冯契为同事，又与夏康农、楚图南同为民盟盟员。抗战全面爆发后，程应镠曾赴延安参加抗日工作，与已在延安的冯契相识，不久，二人先后

---

① 1945 年抗日战争胜利后，因苏联拆走东北机器设备和撤兵问题，重庆发生了“反苏大游行”。在围绕要不要游行的问题上，国共两党通过各自在高校的势力展开了激烈的斗争。复旦大学泰国侨生庄明三创办壁报《谷风》，反对“反苏游行”。三青团学生将壁报撕下，强行拖走庄明三，并强迫其跪在校门口的国旗旗杆下。刚刚上完课的洪深教授见状怒不可遏，喝止了这一残暴行径，却遭致暴徒学生的殴打。张明养正好下课路过，一边怒斥暴徒一边赶忙将洪深教授护送到教师休息室。“谷风”事件在重庆教育界和民主人士中引起了极大的震动。事件发生后，张明养挺身而出，在教授之间奔走联系，其妻娄朗怀亦在教授家属之间进行串连，征得几位进步教授的同意，要求学校召开教授会，决议发表宣言抗议少数学生的暴行、惩办凶手、向洪深教授道歉。经过张明养的积极活动和教授会的努力，“谷风”事件顺利解决。参见吴佟：《怀念明养老师》，戴文葆、张之一编：《张明养同志纪念集》，第 51—52 页。

② 葛志成：《深深的缅怀》，戴文葆、张之一编：《张明养同志纪念集》，第 8 页。

回昆明入西南联大就读。在学校里，程应镠是校园文学中的活跃分子，参与创办联大的第一张壁报，与学生社团群社关系密切，而周天行曾任群社社长，两人颇为熟稔。1944 年夏秋之际，程应镠进入云南大学文史系任助教，适逢冯契毕业亦来此任教，系主任即为楚图南。程应镠与冯契又同在昆明私立天祥中学兼课，交往颇为相得，尤其是在 1946 年天祥中学迁校过程中，二人配合默契。此一时期，程应镠与民盟往来较多，曾受吴晗邀请数次参加民盟邀集的座谈会。《民主周刊》发行后，程应镠写过《一二・九回忆》和《一个十九岁的上等兵》等文章，交给闻一多拿去发表[①]。1946 年，程应镠兼任天祥中学的训育主任，邀请闻一多来演讲并在他家进餐。1946 年 4 月，程应镠在闻一多介绍下加入中国民主同盟。闻一多被暗杀后，有传言程应镠也上了黑名单，于是他匆匆逃离，于 1947 年 2 月到达上海，任教于上海市立师范专科学校。

表 3-1　《时与文》群体成员的来源地

<table>
<tr><th>来源地</th><th colspan="2">人　员</th></tr>
<tr><td>昆　明</td><td colspan="2">周天行、楚图南、夏康农、程应镠、郭森麒、冯契</td></tr>
<tr><td rowspan="2">重　庆</td><td>复员回上海</td><td>伍丹戈、张明养、周谷城、漆琪生、施复亮、周伯棣、林焕平、沈志远、石啸冲、孟宪章、杨卫玉</td></tr>
<tr><td>新进入上海</td><td>程博洪、汤德明、陈旭麓、翦伯赞、吴泽、杨晦、沈钧儒、臧克家、林沧白</td></tr>
<tr><td>留守上海</td><td colspan="2">马叙伦、周建人、蔡尚思</td></tr>
</table>

在《时与文》群体当中，绝大部分人都有长期居住上海或曾有上海工作的经历，也就是说，在抗战胜利复员之前他们之间就有频繁的往来。至

① 虞云国、严耀中、范荧：《晚于青史识苍凉——程应镠传》，姜义华主编：《史魂：上海十大史学家》，上海辞书出版社，2002 年，第 286 页。

于那些新进入上海的知识分子，通过全面抗战时期桂林、昆明或重庆时期的交会融合，也与来自上海的各界人士发生了密切的联系。

长期居住上海的如施复亮、周伯棣、周谷城、伍丹戈、张明养、周建人、蔡尚思、林焕平、沈志远、石啸冲、孟宪章、杨卫玉等人，在全面抗战前即有多方面的接触，特别是在九一八事变之后的抗日民主运动中，时常会面，密切合作。抗战全面爆发后，一些知识分子滞留上海，如周建人、蔡尚思、郭绍虞等人，面对险恶局势，他们通过各种方式互通消息，相互扶持，并肩作战，如参加中共创办的上海社会科学讲习所①、参加秘密出版团体复社及其聚餐会等，还常与开明书店同人相聚，“以大饼或生煎馒头或烘山芋当午饭。仿佛又恢复了学生时代的生活”，“彼此苦笑，但也并不以为苦”，相濡以沫，结下了深厚的患难情谊②。

1938 年 11 月长沙“文夕大火”后，一大批文化界进步人士如张志让、胡愈之、夏衍、杨东莼、秦柳芳、千家驹、范长江、漆琪生、周伯棣、林焕平、钱实甫、张铁生、宋云彬等群聚桂林，桂林一时有“文化城”之称。沈钧儒亦曾来到桂林，创办了救国会机关报，由张志让、胡愈之、张铁生、千家驹四人轮流任主编，周伯棣、漆琪生与千家驹又一起编辑《新工商》月刊，而千家驹、张志让、张铁生、漆琪生、林焕平等人同时在广西大学任教，钱实甫则在广西教育研究所任教。他们经常聚会，彼此往来颇多。

全面抗战时的重庆是知识分子群聚的中心，专家毕聚，学者云集。他

① 上海社会科学讲习所成立于 1938 年初，是中共为了适应深入开展抗日救亡运动的需要而创办的一个教育性质的社会组织，主要负责人为中共地下党员，邀请滞留上海的各界知名学者担任教员，如周谷城、周建人、吴清友、郭绍虞等，培养抗战人才，被称为上海的“抗大”。它实际上是中共干部训练班，也是中共统战工作的一个重要方式。讲习所共举办四期，后来由于局势恶化，于 1939 年 8、9 月间停办。参见徐达：《孤岛时期的上海社会科学讲习所》，上海历史研究所教师运动史组编：《上海教师运动回忆录》，上海人民出版社出版，1984 年，第 92—98 页。

② 可参见陈福康编：《郑振铎年谱》，书目文献出版社，1988 年，第 333 页；郑尔康：《星陨高秋：郑振铎传》，京华出版社，2001 年，第 256 页；陈福康：《郑振铎传》，北京十月文艺出版社，1993 年，第 376 页。

们通过高校（以复旦大学为代表）、学会（以中国工业经济研究会、中苏文化协会为代表）、党派（以民盟为代表）、新闻出版机构（如生活书店）等社会组织为纽带搭建了庞大的社会关系网络，在生活和工作中来往频繁[①]。如翦伯赞，他的正式身份是郭沫若领导的“文工会”的专任委员，同时又是“中苏文协”理事兼其机关报《中苏文化》月刊副主编，1946 年政协时期还曾担任民盟代表团顾问。作为历史学者，翦伯赞活跃在民主人士中、社会科学界，与教育界的进步人士亦联系紧密，如应复旦大学教授周谷城邀请在复旦演讲，应陶行知之邀在育才学校授课，与邓初民、侯外庐帮助陶行知创办夜大学等。他们在重庆建立起来的联系随着战后的复员，也带到了上海。

无论是来自重庆、昆明还是留守上海，《时与文》的作者之间有着多重联络渠道，相互之间渊源极深。从学缘上说，周谷城、楚图南、夏康农、孟宪章、沈炼之为北师大（北京高师）校友；程博洪、汤德明、周天行、郭森麒、程应镠、冯契均毕业于西南联合大学；蔡尚思、石啸冲为北京大学校友；施复亮、周伯棣则为浙江一师同学。就职业关系而言，程博洪、周予同、周谷城、伍丹戈、周伯棣、漆琪生为复旦大学同事；钱实甫、郭绍虞、冯契共同执教同济大学；吴泽、陈旭麓、石啸冲、林焕平、翦伯赞、郭森麒则一起

① 在重庆市区，有三个地方成为文化界进步人士的活动中心：张家花园 65 号的“文协”、官府巷 4 号郭沫若的家和 7 号他所领导的文化工作委员会（简称“文工会”）、中一路 101 号的中苏文化协会（简称“中苏文协”），且相距很近。从张家花园登上百十蹬台阶左转不远，就是中苏文化协会，黄炎培主持的中华职业教育社（简称“职教社”）也在张家花园。在重庆郊区，自由知识分子则以北碚为中心形成另外一个比较密集的交往群落。北碚位于重庆市郊，附近有复旦大学等高校和其他许多文化机构，专家学者很多。距此不远为赖家桥，是文工会在乡驻地，每年夏天郭沫若从城内来此地消暑，住在这儿的还有郑伯奇、杜守素和白薇；歇马场亦在左近，乃翦伯赞的居所，章伯钧、邓初民为之邻，朝阳大学、乡村教育学院也在歇马场；王昆仑、曹孟君夫妇和侯外庐全家则住在二三华里之外的白鹤林；陶行知的育才学校也距此不远。可参见章诒和：《心坎里别是一般疼痛——忆父亲与翦伯赞的交往》，《社会科学论坛》2004 年第 7 期；张传玺：《翦伯赞传》，北京大学出版社，1998 年，第 78—79 页。

在大夏大学任教，且吴泽、翦伯赞、陈旭麓同在历史系，吴泽为历史系主任；孟宪章、笪移今任教于民治新闻专科学校，沈钧儒、楚图南在上海法学院，夏康农、杨晦在上海市立幼稚师范学校，郭森麒、汤德明在立信会计，蔡尚思、徐中玉则在沪江大学。他们在上海各大高校任教，除了上课时可以碰面外，住在校内的同事还可以互相探望，颇多私人往来，如夏康农与杨晦都住在上海幼师，且是左右邻居，时相往来。就社会身份而言，《时与文》群体中的大部分成员都有党派背景，如汤德明、周天行、冯契、翦伯赞、许杰、郑伯奇、吴泽、宦乡为中共党员，翦伯赞为吴泽的入党介绍人；沈志远、施复亮、张明养、漆琪生、林焕平均有中共经历；沈钧儒、施复亮、孟宪章、沈志远、夏康农、伍丹戈、沈炼之、程应镠为民盟盟员，施复亮、漆琪生、伍丹戈、杨卫玉又为民建会员，孟宪章又是九三学社社员，而马叙伦、周建人、张西曼、蔡尚思则为民主促进会会员。同时，他们又是其他团体的成员，如翦伯赞、蔡尚思、张西曼为中苏文化协会会员，伍丹戈、宦乡、吴清友同为中国工业经济研究所的特约研究员，马叙伦、翦伯赞、周建人、蔡尚思为全国学术工作者协会上海分会会员。而《时与文》群体中一半都是“大教联”的会员。可见，《时与文》群体之间既有社会结构性的联络方式，也有由此衍生出的无形的联结纽带，既有公共的社会交往，同时也存在频繁的私人往来，从而形成了一个相对稳固的知识分子群体。

三、施复亮：《时与文》群体的精神领袖

在《时与文》群体当中，施复亮是另一个值得关注的重要人物。

施复亮（1899—1970），原名施存统，浙江金华人，著名的经济学家、政治活动家。早年就读于浙江第一师范学校，与傅彬然、周伯棣、沈乃熙（夏衍）、宣中华等同学。五四运动中，以《非孝》一文惹怒政府当局，被

学校开除。1920年与陈独秀等组织上海共产党早期组织，随后赴日求学，回国后参加社会主义青年团的重建工作，被选为团中央书记，后被党组织派往上海大学任教；1927年宣布退党。先后任教于上海大学、广州中山大学、上海大陆大学、北京师范大学、民国大学、广西大学。抗战全面爆发后辗转来到重庆，经朋友介绍任职于四川银行经济研究处，任处长；抗战胜利后回到上海，因受国民政府迫害，以写稿谋生。1945年参与创建民主建国会，任民主建国会常务理事。[①]

从施复亮的人生经历可以看出，他留学日本，曾加入中共，虽退党但一直作为民主人士在奋斗，·边在大学任教，对共产党的革命有着很强烈的同情，创建民建，又是民盟成员。施复亮的经历与《时与文》群体的许多成员都相似，可以说施复亮是《时与文》群体的一个缩影。在中国近代史上，《时与文》以提倡“中间路线”而闻名，施复亮是主张“中间路线”的领军人物，因此，可将施复亮看作是《时与文》群体的精神领袖。

施复亮是著名民主人士。虽然大革命后退出了共产党，但不久亦同国民党决裂，从而开始了中间道路的艰难探索[②]。经过多年的思考和实践，特别是在重庆政治协商会议失败、国共全面内战爆发以后，施复亮迫切感到广大中间派民主人士必须行动起来，在国共之外寻求新的道路。由此，“中间路线”的提出也就成了历史的必然。《时与文》创刊前不久的2月份，国民党驱赶了中共驻北平、上海的代表团人员，和平之门从此彻底关闭，国家陷入无边的硝烟和炮火当中。1947年3月14日，施复亮在《时与文》创刊号上撰文，提出了“中间派的政治路线”，从新民主主义政治、新民

① 关于施复亮的生平资料可参考王水湘：《施复亮传》，金华县政协教文体与文史资料委员会编：《纪念施复亮百岁华诞专辑》（金华县文史资料第十辑），1999年。

② 关于施复亮早年对中间道路的思考和实践可参见宋亚文：《施复亮政治思想研究（1919—1949）》，人民出版社，2006年，第226—235页。

主主义经济以及阶级和党派关系上进行了概括和阐述[①]。张东荪随即在《时与文》上发表了《和平何以会死了》（同时在《观察》周刊发表了《一个中间性的政治路线》），与之相呼应，进行声援。马叙伦、伍丹戈等作为反对派，对中间路线提出质疑。由此，一场关于“中间路线”的争论在民主党派人士之间展开。

施复亮将“中间路线”概括为“调和国共”“兼亲美苏”和建立“联合政府”三个方面[②]，并从政治、经济和阶级关系三个方面阐述了“中间派的政治路线”。他认为，中间派所主张的政治、经济都是新民主主义的；在阶级关系上，工人应与贫农合作，共同反抗官僚买办资本家和大地主的压迫；在党派关系上，主张跟左翼党派合作，共同制止右翼党派的反动政策，但必须保持自己独立的政治立场，不可无原则地附和左翼党派的主张。[③]他特别提醒广大中间派的知识分子，实践“中间路线”的前提是和平的国内环境，因此，中间派坚决地反对内战，但是，要区别对待内战双方，谁站在人民的立场，谁站在反人民的立场，谁是进步的，谁是反动的，要保持清醒的认识。[④]

“中间路线”的提出，表明以各民主党派为主体的广大中间派民主人士在政治上逐渐走向成熟，他们不满国民政府的腐败统治，与共产党的纲领、路线也有很大差异，因此，在国共争斗不止的危难时刻，提出中间派人士联合起来共同领导中国前途的呼吁，从而委婉地表达了重返政治中心的愿望。

---

① 施复亮：《中间派的政治路线》，《时与文》创刊号，1947年3月14日。

② 施复亮：《中间路线与挽救危局》，《时与文》第1卷8期，1947年5月1日。

③ 施复亮：《中间派的政治路线》。

④ 施复亮：《中间派在政治上的地位和作用》，《时与文》第1卷5期，1947年4月11日。

第二节 《时与文》群体与“大教联”

在战后上海的民主运动中，《时与文》群体表现出了巨大的力量。其影响力不仅仅依托于《时与文》周刊这一舆论媒介，更为重要的是其背后存在着繁复而绵密的社会文化网络，《时与文》群体能够与上海各界人士实现联合与互动，最为重要的联系渠道即为“大教联”[①]。

“大教联”是上海市各大高校进步教授联合而成的一个民间团体，它属于中共外围组织，在中共上海市委文化工作委员会的领导下展开工作。

一、“大教联”的成立及组织状况

抗战胜利后，以张志让[②]为代表的上海自由知识分子为了更好地开展民

---

① 关于“大教联”有不同的名称，如“上海各大学教授联合会”“上海大学民主教授联谊会”“上海大学教授联谊会”等。准确的名称应为“上海大学教授联谊会”。可参见蔡尚思：《上海大教联与信史实录》，《复旦学报（社会科学版）》1984 年第 2 期。另外，战后的上海还有两个教授组织，一为上海大学教授联合会（简称“联合会”），是由国民党上海市党部文化工作委员会领导的，会员大部分为具有国民党身份的教授，也有不少不明真相误入的；另一个是以“超然派”相号召的上海大学教授会（简称“教授会”）。可参见蔡尚思：《上海大教联的组织状况和斗争方式》，上海历史研究所教师运动史组编：《上海教师运动回忆录》，第 388 页。

② 张志让（1893—1978），号季龙（幼时号季隆），江苏常州人，毕业于哥伦比亚大学法律系，早年曾在北洋政府部门任职并在北京大学法律系兼课。1927 年受大革命形势吸引奔赴武汉，因其堂弟张太雷之介，入武汉国民政府最高法院工作。国民党叛变革命后，毅然离开武汉回到上海，以律师行世。从 1932 年春开始，入复旦大学担任法律系主任，后兼任法学院院长。1936 年曾为“七君子事件”律师团首席辩护律师。七七事变后应蒋介石之邀参加庐山谈话会。太平洋战争爆发后，离沪赴汉，任武汉军委政治部第三厅宣传处科长，后转到广西，任桂林行营政治部宣传组长，并受聘担任广西省政府高等顾问，又因千家驹之介在广西大学兼课。1941 年冬，离开桂林回迁至重庆的复旦大学，任法学院院长并兼任校办刊物《文摘》的总编辑。1944 年与黄炎培、杨卫玉共同创办《宪政》月刊，任总编辑，并主持月刊社每月一次举办的“宪政座谈会”。1946 年夏随校迁返上海，与蔡尚思、周予同、沈体兰一起发起创立上海大学教授联谊会，积极投身民主运动。1949 年参加新政协会议（转下页注）

主运动，反对国民党的黑暗统治以保护自身权益，计划将上海各大高校的教授团结起来，成立一个民间团体。张志让回忆说：

> 我在重庆时就常想到，各高等院校的左派和态度居中的教授，组织起来，也是一股力量，可以发生一定作用，编辑《宪政》月刊时就曾有意识地实行这种联系。但由于当时各大学散处各地，联系须用通讯方式，发展进度不大。抗战胜利后，上海高等院校林立，我一回到上海就认为联系各院校教授的工作可以开始进行，想向其他院校找一个大体上保持原来面貌的教授来共同发起。这样我就找了圣约翰大学的教授沈体兰，他也欣然同意。我们另邀了几个院校的教授聚餐谈话，商定了第一步联系的教授名单，分别约请于一九四六年九月间举行第一次教授聚餐座谈会。大家商定每月举行聚餐，座谈当前时事问题。商定之后，就开始按月举行，后来称为教授联谊会（简称大教联）。①

张志让首先找到了沈体兰②商议“大教联”创办事宜。两人商定邀请周

（接上页注）筹备会，不久当选为复旦大学校务委员会主任。新中国成立后，任最高人民法院副院长、中国政治法律学会副会长、第一至四届全国人大代表、第五届全国政协委员。可参见张志让：《张志让自传》，中国人民政治协商会议全国委员会文史资料研究委员会编：《文史资料选辑》第八十五辑，文史资料出版社，1983 年，第 94—119 页。

① 张志让：《张志让自传》，《文史资料选辑》第八十五辑，第 110 页。

② 沈体兰（1899—1976），又名流芬，江苏吴县人。1923 年毕业于苏州东吴大学，毕业后任上海青年协会学校组干事。1928 年赴英留学，在牛津大学教育研究所读研究生，学成归国返回上海，1931 年 9 月任上海麦伦中学（英国教会创办）校长。抗战全面爆发后，麦伦中学迁入租界继续办学，1938—1939 年赴印度、英国、美国宣传中国的抗日斗争，争取国际支持。1941 年辞去麦伦中学校长职务，赴内地办学，出任迁至广东韶关的东吴大学文学院院长之职，继而代理校长，后随校迁至重庆。1944 年应燕京大学校长梅贻宝之邀任该校教授兼秘书长。战后回到上海，继续担任麦伦中学校长，兼任圣约翰大学教授。1949 年初，应邀参加新政协筹备工作，任全国第一届政治协商会议副秘书长。1950 年任华东军政委员会教育部副部长。1953 年调任华东体育委员会主任。1955 年起任上海（转下页注）

予同、蔡尚思、郑振铎一起做发起人。蔡尚思回忆说，沈体兰是基督教界著名的爱国人士，他的社会地位“便于公开做进步的政治活动而不会引起反动派的注意。周予同、郑振铎两人在社会上的地位比较高，影响比较大。张志让是从事民主运动的，也是对法律很有研究的专家。我是由于较早和中共地下党员有联系。因此，五个人在大教联未正式成立前就结合在一起了”，但郑振铎因故未能参与此事，后来也未加入“大教联”。[①]由沈体兰召集，几个发起人首先在八仙桥青年会开了个碰头会，“在聚餐时，我们反复讨论了当时的政治形势，一致认为有成立大教联投入斗争的必要，并商定了一批发起人名单，以便对外发表。大教联就由这个小会秘密讨论而半公开地成立起来了”。[②]

经过短暂的筹备，1946 年 10 月 18 日[③]，“大教联”在八仙桥青年会西餐厅假借庆祝“国庆节日”聚餐举行成立大会，发起人为张志让、沈体

（接上页注）市体委主任。1958 年起任上海市政协副主席。还曾先后担任全国人大代表和上海市人大代表、市人民委员会委员、全国政协委员、中国民主同盟中央委员、上海市委常委、民主促进会上海市委常务理事等职。参见陈一鸣、陈承融：《沈体兰先生传略》，吴汉民主编：《20 世纪上海文史资料文库》（8），上海书店出版社，1999 年，第 128—134 页。

① 蔡尚思：《上海大教联的组织状况和斗争方式》，《上海教师运动回忆录》，第 389 页。

② 蔡尚思：《上海大教联的组织状况和斗争方式》，《上海教师运动回忆录》，第 389 页。

③ “大教联”正式成立的时间有 1946 年秋（参见蔡尚思《上海大教联的组织状况和斗争方式》，《上海教师运动回忆录》第 388 页），1947 年（参见郭绍虞《回忆大教联》，中国人民政治协商会议上海市委员会文史资料工作委员会编：《文史资料选辑——上海解放三十周年专辑》下，上海人民出版社 1979 年，第 192 页），1946 年八、九月间（参见沈体兰《我所了解的大教联》，《上海教师运动回忆录》第 394 页）等多种模糊且不同的说法。1984 年，蔡尚思先生著文考证“大教联”，指出“大教联”成立于 1946 年的秋初 9 月，这个时间应为“大教联”非正式筹备小组成立的时间，即由沈体兰召集，张志让、沈体兰、蔡尚思、周予同、郑振铎等几人第一次就“大教联”事宜开始聚餐商谈的日子，因为在其回忆文章中，有“因此，五个人在大教联未正式成立前就结合在一起了”之语（参见蔡尚思《上海大教联的组织状况和斗争方式》，《上海教师运动回忆录》第 389 页）。漆琪生先生的回忆文章则给出了“大教联”成立的确定日期，从漆琪生的先生文章可以看出，他的回忆细致，行文严谨，特别是在涉及时间的叙述上，富有条理且表述清晰，似以日记为基础做出的回忆。同时，漆琪生与张志让同执教复旦大学，来往密切，张志让筹备“大教联”所召集的一些活动他基本均参加了。因此，笔者采取漆琪生先生的说法。

兰、蔡尚思和周予同。漆琪生回忆说：

当时推举张志让为会长，沈体兰为副会长，工作共分三组：一为财务组，由张志让、彭文应负责，财务来源除临时按人摊派外，遇有紧急需用，则由张在经管的《文摘》经费内临时借支；二为联络事务，由沈体兰、曹未风负责；三为文书记录，由潘震亚、洪深负责，在潘未到前，由我暂代。并推举刘佛年负责联系大夏大学教授，王国秀负责联系沪江大学。同时还决定对外联系地点为培成女中，因曹未风的姐姐任该校校长；对内联系地点为北京路的中一大楼"复旦文摘社"。至此大教联遂正式成立，复旦教授占半数。①

参加成立大会的有张志让、曹未风、沈体兰、蔡尚思、章靳以、方令孺、陈子展、马宗融、张明养、周谷城、周予同、卢于道、张孟闻、刘佛年、吴泽、王国秀、陈仁炳、林举岱、漆琪生等约20人，这就是"大教联"最早的会员。以后随着时局的发展，加入"大教联"的教授越来越多，会员最多时达到109人（请参见附表4）②。特别是在中共党员李正文加入后，"大教联"的工作和管理基本稳定下来。

"大教联"的组织机构有全体会员大会和干事会。会员大会一般由沈体兰负责召集，主要通过联谊聚餐的方式进行。刚开始是一周一次，后来改为两周一次③。会议地点一般在八仙桥青年会西餐厅、浦东清华同学会，历次会议场所均由沈体兰接洽。李正文回忆道：

---

① 漆琪生：《大教联民主斗争概略》，中国人民政治协商会议上海市委员会文史资料工作委员会编：《文史资料选辑——上海解放三十周年专辑》下，第185页。

② 蔡尚思：《上海大教联与信史实录》，《复旦学报（社会科学版）》1984年第2期。

③ 沈体兰：《我所了解的大教联》，《上海教师运动回忆录》，第397页。

> 会议的程序，一般先由沈体兰宣布开会，然后分析当前形势，大多由我用第三者口吻，采取讲消息的形式，传达我党对国内外形势的看法以及党的任务、政策；接下来是其他同志介绍自己所了解的有关上海各进步组织的活动情况和对国民党反动活动的所见所闻。经过分析、研究，由张志让提出结论性的意见，或应该采取的某种行动。[①]

蔡尚思也在回忆中提到："每次大会，多半由沈体兰出面当主席。张志让兼会计。李正文兼秘书，李走后，由曹未风兼。秘书等丁是大教联的书记。"[②]在聚餐会上，会员们针对时局热烈发言，相互启发教育；李正文等地下党员作有关时局和解放区的报告，鼓励会员英勇斗争；有时还在共产党员的带领下，集体学习一些共产党的政策文件，如毛泽东的《论文艺问题》[③]。不过，会员大会从来没有全体会员出席过，人数多的时候有三四十人，少的时候二三十人。

干事会是"大教联"的最高组织，干事会干事则为"大教联"的核心成员。干事的产生由会员大会选举，一般为 7 人，最多不超过 9 人。关于"大教联"干事会的组成情况（请参见附表 5），"大教联"中的关键人物李正文回忆说：

> 干事会有过几次人员的变动，基本上是沈体兰（名义上是大

① 李正文：《战斗在第二战线上的一支高级知识分子队伍——记上海大教联》，中共上海市委统战部统战工作史料征集组编：《统战工作史料选辑》第四辑（上海文史资料专辑之四），上海人民出版社，1985 年，第 65 页。

② 蔡尚思：《上海大教联的组织状况和斗争方式》，《上海教师运动回忆录》，第 389 页。

③ 可参见蔡尚思：《上海大教联的组织状况和斗争方式》，《上海教师运动回忆录》，第 391 页；许玄：《绵长清溪水——许杰纪传》，山西人民出版社，1999 年，第 157 页。

> 教联主席，分工管接洽会场和主持会餐会）、张志让（实际上的领导人，在会员中最有威望，重要决策都由他决定）、李正文（主要管组织、掌握会员名册，有秘书瞿康祖同志，和会员联系，传递消息）、郑太朴、蔡尚思、曹未风等组成的。[①]

其他如孙大雨、周谷城、许杰、张明养、夏康农、吴泽、郭绍虞等，均担任过干事[②]。与全体会员大会不同，干事会会议带较高的秘密性，参加人员均为“大教联”干事以及其他核心会员，召开会议的地点也比较隐秘以确保安全。一般在培成女中（校长是“大教联”干事曹未风的姐姐）、麦伦中学（校长为沈体兰）或红棉酒家（工商界爱国民主人士盛丕华开办）等处[③]。

“大教联”还附设一个文化研究所（简称“文研”），常委有张志让、沈体兰、曹未风、郑太朴、蔡尚思，委员有李正文、蒯伯赞、萧子风、许杰、吴逸民、孙大雨等[④]（请参见附表6）。

“大教联”开展民主运动的方式主要有发表联合宣言、召开座谈会或学习会、会员以个人名义发表文章、参加学生发起的各种社会活动（如座谈会、演讲会、示威游行等）等。针对国民党单方面召开国民大会、与美国签订《中美商约》、颁布《维持社会秩序临时办法》以及“沈崇事件”“特种刑事法庭”等重大事件，“大教联”均及时召集会员大会，发表联合宣言，抗议国民党的腐败统治，并在“五·二〇”运动、“反美扶日”等运动中，与上海各界密切配合，给予道义支持和舆论声援。可以说，在战

① 李正文：《党的亲密朋友——张志让同志》，中国人民政治协商会议全国委员会文史资料研究委员会编：《文史资料选辑》第八十五辑，第137页。

② 蔡尚思：《上海大教联的组织状况和斗争方式》，《上海教师运动回忆录》，第389页。

③ 蔡尚思：《上海大教联的组织状况和斗争方式》，《上海教师运动回忆录》，第391页。

④ 蔡尚思：《上海大教联的组织状况和斗争方式》，《上海教师运动回忆录》，第393页。

后上海的民主运动中，“大教联”起到了相当大的作用。

值得注意的是，“大教联”虽为民间组织，但在工作上接受中共的领导。成立之初，“大教联”与中共地下党员唐守愚建立了紧密的联系；后来李正文受党组织委派参加“大教联”工作，并在张志让、沈体兰以及“大教联”中党员会员的支持下进入干事会，成为中共领导该团体的代表人物（李正文离开上海后，由中共地下党员曹未风接替其工作）。李正文认为，尽管“大教联”内部有些争论，“基本上还是在党的领导下，做了不少进步的、民主的，甚至是马克思主义的宣传工作”。①“大教联”的发起人之一沈体兰也说：“大教联实际上是接受中国共产党领导的。”②因此，“大教联”民主运动实际构成了共产党第二条战线的重要组成部分，“大教联的性质，可以说是中国共产党领导下的爱国民主运动的统一战线组织”。③而“大教联”之所以能担当这种角色并产生巨大影响，最主要的是由于“大教联”与上海社会各界存在着复杂而通畅的沟通渠道，从而在民主运动中将社会各界密切联合起来，在舆论上批评国民党，支持共产党。在这一过程中，“大教联”的灵魂人物张志让起到了不可替代的作用。

二、张志让与“大教联”

在“大教联”中，张志让与沈体兰是最为重要的两个人物。他们是“大教联”的发起人，一直担任干事会干事。沈体兰为“大教联”召集人，他不仅主持大教联的所有会议，而且两周一次的全体会员会议的场所，亦由

---

① 李正文：《党领导大教联的情况》，《上海教师运动回忆录》，第 384 页。

② 沈体兰：《我所了解的大教联》，《上海教师运动回忆录》，第 397 页。

③ 李正文：《战斗在第二战线上的一支高级知识分子队伍——记上海大教联》，中共上海市委统战部统战工作史料征集组编：《统战工作史料选辑》第四辑（上海文史资料专辑之四），上海人民出版社，1985 年，第 64 页。

他设法解决。李正文回忆：

> 大教联的领导机构是由七人组成的干事会，并没有“主席”一职的设置，但在社会上却认为沈体兰是主席，因此，在我们会员的思想上也就自然地公认他是没有主席名义的“主席”。而“大教联”的每次会议，毫无例外都是由他主持。这样，沈先生便成了名无实存的主席。
>
> ……
>
> 沈体兰利用自己的广泛社会关系和社会地位，都按期准备好安全场所，从未受到“不速之客”（国民党特务）的“光顾”，使我们得以顺利地讨论革命形势。[①]

沈体兰虽然是宗教界人士，但在政治上却追求进步，倾向共产党，具有鲜明的民族主义气质。李正文称呼他为“党的亲密战友”，“他在‘大教联’时期的一切政治主张，都有力地配合了我们党的民族民主革命的方针政策，从未有过跟党的主张不一致的言论”。[②]

在张志让与沈体兰的密切配合下，“大教联”隐隐成为上海知识分子民主运动的一面旗帜。其中，张志让在“大教联”中的位置及作用更为重要。

在上海知识界，张志让是一位颇具影响力的著名进步人士。他是最早的南社社员，是柳亚子先生所称的“十九筹好汉”之一[③]；他是留美学界的

---

① 李正文：《沈体兰在上海“大教联”》，中国人民政治协商会议上海市委员会文史资料工作委员会、中共上海市委统战部统战工作史料征集组编：《上海文史资料选辑——统战工作史料专辑（六）》，上海人民出版社，1986年，第136页。

② 李正文：《沈体兰在上海“大教联”》，《上海文史资料选辑——统战工作史料专辑（六）》，第137页。

③ 冯和法：《〈张志让自传〉读后记》，《文史资料选辑》第八十五辑，第122页。

前辈，在留学欧美的知识分子中间很有影响；他是上海律师界的著名律师，与法律界人士关系密切；他是复旦大学老教授、法学院院长，“不少复旦大学的学生都把他看作‘圣人’”[①]，学生弟子遍布上海各界；他是著名的民主爱国人士，与各民主团体有着广泛而密切的联系。在上海，张志让的社会联系遍及社会各界，可以说，其广而深的社会交往网络是他发起创立“大教联”最为重要的支撑。

身为复旦大学法学院院长的张志让，又被人亲切地尊称为“张律师”，“但他这个律师同别的律师非常不同，他是专为进步人士、革命者和一般贫苦人民尽力而不要报酬的律师”。[②]1936 年 11 月“七君子事件”发生后，张志让挺身而出，担任“七君子”辩护团首席律师，从而与救国会诸多领袖建立起了长达一生的友谊。通过救国会这一组织，张志让在民主人士中的影响力迅速提升，结识了更多的民主人士。无论是在全面抗战时期的桂林还是重庆，或者战后回到上海，与救国会成员的密切联系成为他社会网络中的重要人际脉络。

长沙“文夕大火”后，大批救国会人士群聚桂林，张志让时任桂林行营政治部宣传组长，他与救国会的朋友如千家驹、胡愈之、张铁生轮流主编救国会机关刊物《国民公论》，“每人一期，四个月轮流一次。……我们……经常商量组稿、写稿的问题，几个人的接触便更多了”。[③]为了联系方便，他们还搞了一个聚餐会，据千家驹回忆，“每礼拜一次，地点在桂林阳桥的‘天然酒家’。经常出席聚餐会的有胡愈之、张志让、张铁生、姜君辰、陈此生、杨东莼和我。陈劭先和李任仁也偶尔参加。我们互相交换对抗战形势的情况和意见”。[④]他们还一起参加了广西当局成立的广西建

① 冯和法：《〈张志让自传〉读后记》，《文史资料选辑》第八十五辑，第 122 页。
② 冯和法：《〈张志让自传〉读后记》，《文史资料选辑》第八十五辑，第 122 页。
③ 千家驹：《我所知道的张季龙同志》，《文史资料选辑》第八十五辑，第 126—127 页。
④ 千家驹：《我所知道的张季龙同志》，《文史资料选辑》第八十五辑，第 127 页。

设研究会，因千家驹之介，张志让又在广西大学兼课。1941 年冬，张志让离开桂林来到重庆，担任复旦大学法学院院长，与在重庆的救国会成员来往更为频繁。当时复旦大学在距离重庆 80 多公里的北碚对江，张志让经常到重庆与救国会朋友相聚，寒暑假停留时间更长，每逢朋友们在沈钧儒住处举行小型座谈会或其他活动时，张志让总是应邀参加。据尚丁回忆，张志让与救国会领袖沈钧儒志同道合，友情甚笃，他说：

> 季龙先生非常平易近人，修养极好，不论碰到什么难以容忍的情况，从不对人疾言厉色。但是他不苟言笑，举止十分严肃庄重。而十分出乎人们意料的，他竟能唱京戏，而且唱的是青衣花衫，据说还是王瑶卿先生的花衫正宗呢！不过，他平时从来不哼不唱，一年只唱一次，那就是在每年春节时在沈衡老寿日的集会上。为衡老祝寿，季龙先生不待别人提名催促，就会自告奋勇地清唱一出。而且，常常唱衡老所最爱听的《打渔杀家》。每次听了，我都感受极深。此情此景，使人真正体会到什么叫同志深情！季龙先生由衡老两次邀请而参加了救国会；“七君子”被捕，季龙先生第二天就挺身而出宣布担任他们的辩护律师，直到解放后，和衡老一起分任最高人民法院的正副院长。①

即使在“文革”这一特殊时期，被迫赋闲在家的张志让与救国会的章乃器、史良等人仍时常往来、聚谈，还笑称救国会“阴魂不散”②。

因为参加抗日民主运动以及与救国会的渊源，张志让与职教社的黄

① 尚丁：《民主宪政运动的先锋战士张志让与〈宪政〉月刊》，《文史资料选辑》第八十五辑，第 157—158 页。

② 张志让：《张志让自传》，《文史资料选辑》第八十五辑，第 107 页。

炎培、杨卫玉、王艮仲等人也保持着密切的关系。特别是在重庆时期，黄炎培、杨卫玉找张志让商量，共同发起创办《宪政》月刊，彼此间来往更为频繁。在张志让的社会关系网络建构中，《宪政》月刊起着极为重要的作用。

《宪政》月刊1944年1月1日正式创刊，发起人为黄炎培、杨卫玉和张志让等人，同时《宪政》月刊出版股份有限公司宣告成立。在黄炎培的奔走下，《宪政》月刊出版股份有限公司得到包括康心如、杜月笙、刘攻芸、王志莘、卢作孚、潘仰山、吴羹梅、章剑惠等人支持[①]。《宪政》月刊设有编辑委员会，还有一个“发起人、赞助人”名单[②]，几乎包括了当时中国各界所有的上层人士，“这两个名单说明，这个刊物不把自己局限在文化界的小圈子里，它团结和动员到银行界、实业界的代表人物，把民主运动开展到了国民党的后院”。[③] 张志让主编的《宪政》月刊，不只是一个杂志，而是逐渐成为一个推进民主运动的基地。《宪政》创刊后，每月举办一次宪政座谈会，刚开始邀请的是社会各界名流，也邀请国民党方面知名人士如孙科、邵力子、于右任、王世杰、冯玉祥等人参加，以后，座谈会规模一步步扩大，由几十人增加到几百人，乃至成了一二千人参加的群众大会，“从而成为当时重庆的一个很有影响的、为国民党当局侧目的民

---

① 可参见《黄炎培日记摘录》，《中华民国史资料丛稿》增刊第五辑，中华书局，1979年，第44—45页。

② 《宪政》月刊的编辑委员会委员有戴修瓒、褚辅成、杨卫玉、黄炎培、傅斯年、章友江、章行严、陆鸿仪、陈北鸥、祝世康、江问渔、向乃祺、王芸生等人；“发起人、赞助人”名单上除上述编辑委员外，有钱新之、康心如、杜月笙、陈时、卢作孚、刘攻芸、王志莘、潘仰山、吴羹梅、章剑惠、潘序伦、何葆仁、浦心雅、薛明剑、刘航琛等人，以后还陆续补充了王云五、江一平、章乃器、荣尔仁、胡西园、尹致中、杨管北、李叔明、陆绍云、马雄冠、张文晟等人。可参见尚丁：《民主宪政运动的先锋战士张志让与〈宪政〉月刊》，《文史资料选辑》第八十五辑，第149页。

③ 尚丁：《民主宪政运动的先锋战士张志让与〈宪政〉月刊》，《文史资料选辑》第八十五辑，第149页。

主论坛”。[①]座谈会每月一次，连续开了两年多，“季龙先生在每次座谈会前，都作了精心设计和安排，先拟出座谈主题和‘研讨要点’，印发给邀请出席座谈的人士”。[②]在以《宪政》为核心的各种活动中，黄炎培、杨卫玉、张志让与社会各界特别是工商银行界、实业界人士广泛接触、沟通，逐渐在民主运动中联合起来。尚丁回忆说：

> 《宪政》月刊的出版，及其座谈会的发展过程，也正是中国民主建国会酝酿、孕育和创建的过程。那时，每天早晚，黄任老、杨卫玉、孙起孟、俞颂华和我，我们三五个人，要在任老的住所菁园开个碰头会。季龙先生也常参加。我们对每一次座谈会的发言都进行分析研究，找出思想上的共同点，以进一步联系。这也是一种“以文会友”的方式。通过这些活动，把后来成为民主建国会骨干的人士一步步凝聚到一起。章乃器就是这样从一九四五年起列名于《宪政》月刊赞助人名单之上的。章乃器、施复亮等就是经过这些活动汇集到这个民主党派之中的。季龙先生参与了民主建国会的许多筹建活动，对它的方针、路线、斗争策略的研究和推行，都作过贡献。[③]

在主编《宪政》时期，张志让与新闻出版界的联系也日益密切，最具代表性的例子是他领导发起了重庆杂志界联谊会。1944 年 9 月 6 日，张

① 尚丁：《民主宪政运动的先锋战士张志让与〈宪政〉月刊》，《文史资料选辑》第八十五辑，第 153 页。

② 尚丁：《民主宪政运动的先锋战士张志让与〈宪政〉月刊》，《文史资料选辑》第八十五辑，第 152 页。

③ 尚丁：《民主宪政运动的先锋战士张志让与〈宪政〉月刊》，《文史资料选辑》第八十五辑，第 154 页。

志让与黄炎培一起，由《宪政》和《国讯》两个杂志出面，联合《东方杂志》等16家杂志共同发起了重庆杂志界联谊会，以反抗国民政府对新闻出版业的压制。“‘重庆杂志联谊会’没有严密的组织，只推了黄炎培、叶圣陶（开明）和金兆梓（中华）三人为召集人，而真正的灵魂，则是季龙先生。”[①]这个联谊会成立后，短短时间内即有重庆的35家杂志加入，声势不断壮大。在张志让的推动和策划下，这个组织发起了多种社会运动，成了重庆民主运动的另一个重要基地[②]。

通过《宪政》月刊，张志让不仅团结了一大批进步的知识分子，如马寅初、邓初民、陶行知、沈志远、张友渔、施复亮、漆琪生、张明养、伍丹戈、章乃器、孙晓村、史良、周谷城、章伯钧、钱端升、张西曼、刘清扬、曹孟君等人，加强了与他们的联系，更要重要的是，《宪政》月刊为张志让联络社会各界知名人士搭建了一座桥梁，从而使张志让的社会交往迅速扩及至社会各界，尤其是与社会各界中的上层人士建立起了稳定而通畅的联络渠道，同时其声誉和威望在民主人士中也迅速上升，及至复原回到上海后，张志让已经隐隐成为一方领袖，从而为其发起成立“大教联”、开展民主运动奠定了深厚的社会基础。

在“大教联”中，张志让的地位至关重要。他是“大教联”的首倡者和发起人，也是“大教联”实际上的领导者；他长期担任干事会干事兼会计，“大教联”的重大决策一般由他做出；“大教联”发表的联合宣言，多

---

① 尚丁：《民主宪政运动的先锋战士张志让与〈宪政〉月刊》，《文史资料选辑》第八十五辑，第156页。

② 比如针对国民党政府的“图书杂志原稿检查制度”，重庆杂志界联谊会于1945年8月27日讨论发动“拒检运动”，此运动迅速向全国各地蔓延，从而在全国掀起了轰轰烈烈的拒检运动；出版“十大杂志联合增刊”；它和重庆各界23个进步人民团体联合，组成“陪都各界反内战联合会”，相继举行“陪都各界公祭昆明一二·一惨案死难师生大会”、“政治协商会议重庆各界协进后援会”、“沧白堂”事件报告会、“陪都各界庆祝政治协商会议成功大会”、“校场口惨案陪都各界后援会”等。在这一系列的斗争中，重庆杂志界联谊会是其中的骨干。可参见尚丁：《民主宪政运动的先锋战士张志让与〈宪政〉月刊》，《文史资料选辑》第八十五辑，第156页。

半亦由他起草并负责投送各大报刊发表；“大教联”会员之间的分歧，也大多是通过张志让的居间协调而取得一致，从而保证了“大教联”内部之间的团结。[①]曾与张志让共事多年的尚丁说：“季龙先生不是一位口若悬河的演说家，而是一位善于引导的缜密的组织者。”[②]可以说，张志让是“大教联”的灵魂人物。在张志让的联络和组织下，沈体兰、曹未风、蔡尚思、周谷城、孙大雨等人紧密团结起来，他们通过自身的各种关系网络，使“大教联”与上海社会各界都发生了紧密的联系。

凭借与新闻出版界人士在重庆共同从事民主运动建立起来的联系，张志让领导的“大教联”所发表的宣言、抗议书，一般均能在《大公报》《文汇报》《申报》《国讯》《中国建设》等刊物上及时发表，由于张志让与救国会、民主建国会的渊源，工商业界人士举办的聚餐会经常邀请“大教联”会员参加。据曹未风回忆，“大教联”的经费主要由上海工商界人士提供，“盛丕华是一部分，而很大一部分是经过陈叔通先生的关系支援的”。[③]“大教联”会员因从事民主运动，遭政府当局嫉恨而受到跟踪、监视，又或者兼课不足以维持生活，工商界人士均予以支持和援助。特别是在 1947 年夏，“大教联”中的很多教授因支持学生运动被高校当局解聘，生活陷入困境，工商业界知名人士陈叔通请商务印书馆以资助“文化研究社”的名义，对被解聘的教授按月发给生活补助。“这件事，张志让和曹未风同志从中做了有力的推动工作”。[④]其他工商业界人士盛丕华、张炯伯、包达三等人亦纷纷出资，帮助这些教授渡过难关。在“大教联”中，大部分会员都是各民主党派的成员，因此，“大教联”与各民主党派有着天然的联系。

① 李正文：《党领导大教联的情况》，《上海教师运动回忆录》，第 384—387 页。

② 尚丁：《民主宪政运动的先锋战士张志让与〈宪政〉月刊》，《文史资料选辑》第八十五辑，第 152 页。

③ 曹未风：《有关大教联的几件事》，《上海教师运动回忆录》，第 401 页。

④ 李正文：《党的亲密朋友——张志让同志》，《文史资料选辑》第八十五辑，第 140 页。

蔡尚思说："民主党派一二个月举行一次会议，我们也去参加。"[①]张志让是民建会议上的常客，"民建会每次集会，多数是由孙起孟主持，而李正文是有会必到"[②]。此外，在上海，"大教联"自"沈崇事件"起即与上海学联发生了联系，"与中教会的张潮、小教联的葛志成和陈南如，和大、中、小学的教师团体联合会均有联系"[③]。

"大教联"开展的民主运动，与中共的指导是分不开的。而"大教联"之所以能接受中共的指导而成为一个统战机构，最重要的联络人即为张志让。

早在大革命时期，张志让即与中共有过密切的接触和合作。中共早期领导人张太雷是张志让的堂弟，张志让的父亲张赞宸曾为萍乡煤矿总办，张太雷的父亲在萍乡煤矿工作，"那时我还小，两家常有往来，因此我与他很相熟"。[④]1927 年三、四月间，张志让受革命形势吸引离开上海到武汉寻找张太雷，由张太雷之介进入武汉国民政府最高法院工作。在张太雷的影响下，张志让阅读了大量马克思主义书籍，结识了许多中共方面的朋友。国民党"清党"后，张志让毅然拒绝国民党邀其参加南京政府工作的请求，回到上海，1932 年春进入复旦大学任教。不久，张志让在李达家中结识了中共党员张庆孚，从此开始为中共地下工作出力，如提供会议场所、传递消息、掩护人员、搜集情报、以律师身份为中共党员免费出庭辩护等。他还利用复旦大学法学院院长职务的便利，安排潘震亚、洪孟博、周新民、张定夫、宁柏青等中共地下党员及左派教授来复旦兼课，"这些教员都是

---

① 蔡尚思：《上海大教联的组织状况和斗争方式》，《上海教师运动回忆录》，第 395 页。

② 笪移今：《九三学社解放前在上海的斗争》，中共上海市委统战部统战工作史料征集组编：《统战工作史料选辑》第四辑（上海文史资料专辑之四），上海人民出版社，1985 年，第 70 页。

③ 蔡尚思：《上海大教联的组织状况和斗争方式》，《上海教师运动回忆录》，第 394—395 页。

④ 张志让：《张志让自传》，《文史资料选辑》第八十五辑，第 97 页。

由张庆孚提出的”[1]。这一时期，张志让曾提出加入中国共产党，张庆孚认为他留在党外更有利于革命事业，遂作罢。抗战期间在重庆，张志让与中共方面的接触更为频繁，他与中共在渝的领导人董必武、周恩来、林伯渠等均曾做过深入的交谈。在中共特别是周恩来的指导下，张志让以复旦大学教授的身份，积极活跃在社会各界民主运动中，他聘请进步教授樊弘、张明养、吴泽等人来复旦任教，与社会科学界的翦伯赞、周谷城、郑太朴、章伯钧、沈志远、曹亮等人广泛联系，主编《宪政》月刊及主持宪政座谈会。特别是围绕《宪政》月刊展开的民主运动，张志让得到周恩来的直接指导，尚丁回忆："据我所知，这与周恩来副主席的支持分不开。季龙先生和周恩来副主席友谊很笃。在一切重要政治问题上，季龙先生都是先和周恩来副主席商量，并得到他的指示的。”[2]

1946年夏，复旦大学复员前夕，张志让约集复旦的进步教授聚谈，提议回上海后将大学教授们组织起来，成立一个团体，并说“要先向曾家岩汇报然后决定（当时党的办事处在曾家岩，张常往联系）”[3]。张志让的提议得到周恩来的首肯和支持，周恩来建议他回上海后立即展开行动。因此，“大教联”自成立之前即已得到中共的指导。在“大教联”筹备和成立之初，与张志让联系的中共方面代表人物是唐守愚，唐守愚是中共上海文化工作委员会委员，主要任务是做知识界上层人士的统战工作，统战的主要人物有张志让、沈体兰、胡厥文、黄炎培、杨卫玉等人。唐守愚回忆说：

上海局为了加强党对“大教联”工作的领导，一方面把各大

---

① 张志让：《张志让自传》，《文史资料选辑》第八十五辑，第102页。

② 尚丁：《民主宪政运动的先锋战士张志让与〈宪政〉月刊》，《文史资料选辑》第八十五辑，第149页。

③ 漆琪生：《大教联民主斗争概略》，中国人民政治协商会议上海市委员会文史资料工作委员会编：《文史资料选辑——上海解放三十周年专辑》（下），第184页。

学教授中的党员组织关系集中到我的手里，要我亲自去进行个别联系；一方面又要我以党员面目同主持“大教联”工作的张志让先生和沈体兰先生建立经常的直接联系，及时把党对国际国内乃至上海市重大问题的意见告诉他们，并和他们共同商讨如何开展“大教联”的工作。当时和我们经常在一起会面的除张志让、沈体兰先生外，还有吴耀宗先生，他也是“大教联”的成员……我们一般是两个星期相聚一次，会面的地点是轮流在他们三人家里。[①]

1947年，李正文受党组织委派做“大教联”的统战工作，由此使“大教联”与中共发生了更为紧密的联系。

在“大教联”中，李正文因资历浅、教龄短，没有几个人认识他。要使“大教联”在党的领导下开展民主运动，他就必须得当上干事，进入“大教联”的核心领导层。于是张志让、蔡仪、吴泽、郑太朴、蔡尚思、刘笃等中共地下党员及亲共进步人士积极活动，将李正文选入了干事会[②]。虽然李正文的中共党员身份没有公开，但由于同为干事会干事，接触往来较多，不久即被张志让发现了。从此，张志让将李正文当作了中共在“大教联”的代表，遇事即与李正文商量，取得他的同意，遇到疑难问题，就请李正文向党组织请示，李正文回忆说：“党叫做什么，他就做什么”[③]，“从此以后，他虽然不是党员，但实际上为党做了不少工作。……当时，我称他是‘党外布尔什维克’”[④]。于是，在“大教联”内部，又形成了一个以李

① 唐守愚：《高风亮节　平易近人——忆沈体兰先生》，《上海文史资料选辑——统战工作史料专辑（六）》，第141页。

② 李正文：《党领导大教联的情况》，《上海教师运动回忆录》，第383页。

③ 李正文：《党的亲密朋友——张志让同志》，《文史资料选辑》第八十五辑，第138页。

④ 李正文：《党的亲密朋友——张志让同志》，《文史资料选辑》第八十五辑，第138页。

正文为核心，包括张志让、沈体兰、曹未风、郑太朴等人组成的比干事会更为秘密的领导小团体，彼此之间来往十分频繁，合作默契。李正文说，“沈体兰知道我是共产党员，只是心照不宣，他有事常到圣母院路我家来。我的住处当时是不公开的，‘大教联’中知道的只有沈体兰、张志让、曹未风三人”。[①]在李正文、张志让、沈体兰、曹未风等人领导下，“大教联”干事会“在政治上完全能够接受共产党的领导，一切重大问题都是我和张执一或唐守愚研究后处理的”。[②]

三、《时与文》、复旦大学与“大教联”

《时与文》群体与“大教联”都是知识分子的松散联合，并没有提出共同的纲领或者路线。《时与文》群体以报刊为基础生产舆论力量，“大教联”则依托于社会团体，从社会结构内部汲取能量。但二者都是以大学教授为主体形成的知识分子群体，只是规模有差、力量强弱不同而已。通过比较可以发现，《时与文》群体是缩小了的“大教联”，而“大教联”则是《时与文》群体的扩大。《时与文》群体与“大教联”的成员构成涵盖了上海市的各大高校，其中，复旦大学扮演着重要角色。

《时与文》群体的形成与复旦大学有着密切的关系。《时与文》周刊的主编程博洪，任教于复旦大学政治学系，《时与文》周刊社社务委员伍丹戈为复旦大学经济学系的教授，《时与文》群体的线索式人物张明养亦任教于复旦大学政治学系，与程博洪为同事。复旦教授漆琪生、周伯棣、

① 李正文：《沈体兰在上海“大教联”》，《上海文史资料选辑——统战工作史料专辑（六）》，第138页。

② 李正文：《战斗在第二战线上的一支高级知识分子队伍——记上海大教联》，中共上海市委统战部统战工作史料征集组编：《统战工作史料选辑》第四辑（上海文史资料专辑之四），上海人民出版社，1985年，第64页。

周谷城均为《时与文》周刊的固定撰稿人。在上海，复旦大学是教育重镇，聚集了一大批知名知识分子，这为程博洪创办《时与文》周刊提供了丰富的稿源。在《时与文》创办之初，前几期的专论大多出自复旦大学教授之手，如周谷城的《论五十年来中国之政治》、伍丹戈的《经济崩溃与经济政策》、张明养的《论莫斯科会议》、周伯棣的《黄金政策之过去与今后》、漆琪生的《法币将往何处去？》等，其他如洪深、夏炎德等复旦教授也为《时与文》写过文章。

“大教联”与复旦大学的关系更为密切。

“大教联”的四个发起人中，张志让与周予同二人均为复旦大学教授。特别是张志让，自 1932 年春进入复旦大学，除全面抗战期间短暂离开外，一直在复旦任教，且长期担任法学院院长职务，在复旦大学有着非常广泛的联系，具有很高的威望和影响力。全面抗战期间在重庆，张志让与新闻系主任、著名的民主教授陈望道一起努力，将复旦教授中的进步分子如周谷城、张明养、洪深、方令孺、潘震亚、张定夫、章靳以等人团结起来，定期聚会、交流各种信息和看法，共同从事民主运动。漆琪生回忆：

> 一九四六年夏，复旦大学准备由重庆迁回上海，教师分批回沪。当第一批动身前，张志让约部分教师交谈，参加者有潘震亚、章靳以、马宗荣、张定夫和我。谈话时有人提议回上海后，这种联系仍应保持，但希望能够扩大，邀约一些其他大学教授参加，并望能与现实的民主运动相结合。张同意这种提议，但要先向曾家岩汇报然后决定（当时党的办事处在曾家岩，张常往联系）。我与张同船回上海，在船上，张告诉我，曾家岩支持回上海后扩大联系和活动，并嘱须加速进行等等。我们于一九四六年的中秋

> 节前一日抵上海，同住在西藏路的东方饭店。过了四天，即在中秋节后第二日，张邀我同到九江路美商花旗银行楼上原清华同学会附设的西餐厅内午餐，商谈成立“大教联”事。章靳以同志的爱人在该处任会计，为我们布置了一间餐室，便于谈话。参加这次谈话的有沈体兰、曹未风、彭文应、洪深、张志让和我，大家一致赞同尽快成立“上海大学民主教授联谊会”，分头邀约适当朋友参加。这可说是大教联的第一次预备会议。①

回上海后，张志让为了将复旦的教授们联合起来为“大教联”的成立做准备，出面组织了一个“周末纳凉会”，召集复旦教师中的进步分子聚谈②，漆琪生、周谷城、张明养、洪深、章靳以、顾仲彝、方令孺等人均是这个“纳凉会”的积极参与者，从而形成了一个以张志让为核心的进步教授群落，这些人绝大多数成为“大教联”的第一批会员。在“大教联”中，复旦大学的教授占据着非常重要的位置。张志让是“大教联”的实际领导者，除此之外，“大教联”的核心组织是干事会，张志让一直担任干事会干事，其他如潘震亚、孙大雨、卢于道、陈望道、周予同、周谷城等人均曾进入干事会。张明养、张孟闻、章靳以等复旦教授亦曾当选为候补干事，他们在“大教联”民主运动中起了非常重要的作用。在“大教联”108 位会员中，任教于复旦的教授有 40 人，占比高达 37%。因此，无论是从会员的数量还是干事会的组成情况来看，复旦大学与“大教联”都存在着极为密切的联系，甚至可以说，“大教联”是以张志让为核心的复旦大学民主教

---

① 漆琪生：《大教联民主斗争概略》，《文史资料选辑——上海解放三十周年专辑》（下），第 184 页。

② 黎缇维：《纪念〈资本论〉研究者漆琪生同志》，中国人民政治协商会议上海市委员会文史资料委员会、中共上海市委统战部工作史料征集组编：《上海文史资料选辑——统战工作史料专辑（十）》，中共上海市委统战部工作史料征集组，1991 年，第 144 页。

授群落为基础建立起来的[①]。

依托于“大教联”的力量，以张志让为核心的复旦民主教授群在复旦大学的民主运动亦相当活跃。1947 年 5 月，复旦大学的进步教授们联合起来，抗议政府当局深夜包围学生宿舍、抓捕学生的违法行为，要求无条件释放被捕学生，否则立即罢教，还酝酿成立复旦教授会，以与控制学校的“校友会”（支持国民党）对抗，这一举动得到“大教联”的积极支持。5 月 22 日，在以张志让为核心的民主教授群落的倡议、组织下，复旦大学召开全校教授大会，正式成立“教授联合会”，推举潘震亚、洪深、顾仲彝、章靳以和漆琪生为理事（这些人均为“大教联”会员），并一致决议实行全体罢教，营救被捕学生。同时，《时与文》周刊亦连续三期发表专论文章，支持复旦大学师生的正义斗争，如周天行的《学潮压制得了吗？》及尹行六的《“三·一八”的重演》（第 1 卷第 11 期，1947 年 5 月 22 日），蔡尚思的《大学潮与其民意》和吉人的《是谁破坏了社会秩序》（第 1 卷第 12 期，1947 年 5 月 29 日），沈钧儒的《从法律观点看“维持社会秩序临时办法”》与翦伯赞的《学潮评议》、程博洪的《学潮的去和来》（第 1 卷第 13 期，1947 年 6 月 6 日）。在“复旦教授会”的奋力抗争下，政府当局最终被迫让步，满足了复旦教授会的所有要求[②]。但是，这一举动毕竟激怒了国民党当局，当年暑假，校长章益迫于压力，准备执行国民党的命令将 30 多位教授解聘。张志让坚决反对解聘任何一位教授，要求章益向政府当局为之说项，“以撤掉他一个人的法学院长职务代替三十多位教授的解

① 张志让是“大教联”在复旦大学的负责人。据漆琪生回忆，张志让在 1948 年秋离开上海赴香港前，曾邀约复旦大学中的“大教联”会员商谈，商定在他离开后，原来他的各项工作由潘震亚、洪深代理。后洪深因受政府当局监视，行动不便，改推顾仲彝代理，顾则请章靳以帮助。所以后期“大教联”在复旦方面的许多工作，实际上是潘震亚、顾仲彝、章靳以三人主持。参见漆琪生：《大教联民主斗争概略》，《文史资料选辑——上海解放三十周年专辑》（下），第 188—189 页。

② 漆琪生：《大教联民主斗争概略》，《文史资料选辑——上海解放三十周年专辑》（下），第 187 页。

聘。结果达成协议。此事在大教联的会员中传为美谈”。[①]

从上面的分析可以看出，《时与文》群体与“大教联”都与复旦大学有着很深的渊源。《时与文》的主编程博洪与“大教联”的领导人张志让共同任教于复旦大学法学院，程博洪是受张志让邀请入复旦任教的，“时与文”社务委员伍丹戈、线索式人物张明养也是受张志让之邀任教复旦的，因此，他们与张志让都有良好的私人关系；在复旦大学，身为法学院院长的张志让，又是他们的上级领导。且张明养与张志让共同主办《文摘》杂志，彼此之间来往十分频繁。虽然程博洪限于资历，没有加入“大教联”，但在张志让组织的周末纳凉会中，程博洪是积极参与者，通过这一活动，他与“大教联”中的复旦教授间的来往也渐渐多了起来。而《时与文》另一位负责人汤德明为“大教联”会员，《时与文》群体的线索式人物张明养、程应镠均为“大教联”会员。再分析《时与文》群体成员和“大教联”的人员构成，会发现《时与文》群体 43 人中，有 21 人为“大教联”会员，约占了《时与文》群体的一半，如果除去不在上海的郑伯奇、张西曼、樊弘、吴晗、张东荪、曾昭抡、王亚南、郭大力 8 人，所占比例会更高。其中张明养、周谷城、翦伯赞、蔡尚思、许杰、吴泽等人均曾为干事会干事，也是《时与文》群体中非常重要的撰稿人，特别是蔡尚思，是给《时与文》撰稿最多的作者之一。因此，《时与文》周刊成为“大教联”会员以个人名义发表文章的重要舆论阵地，在一定意义上成了“大教联”的会刊。而通过“大教联”这一中介，《时与文》群体亦将其社会联系和影响力不断拓展，深入上海各界。

① 李正文：《党的亲密朋友——张志让同志》，《文史资料选辑》第八十五辑，第 140 页。

第三节　《时与文》群体与上海社会各界

上海不但高校众多、工商银行业发达，同时也是中国新闻出版业的中心、民主党派集中地，各种学术、社会团体和组织众多，相对于其他城市而言，民间社会较为发达。因此，上海的自由知识分子也就拥有了多重身份，很难将他们归入某个社会领域。例如《时与文》群体中的重要成员张明养，他既是复旦大学政治系的教授、中等教育研究会的顾问，也是《文摘》（复旦大学主办）与《世界知识》杂志的编委、多个报刊的撰稿人、“大教联”的干事，与民主促进会也有着千丝万缕的联系，并最终加入了该党派。正是由于《时与文》群体成员有着多重的社会身份，从而将《时与文》群体的社会联系和影响力扩展及上海社会各界，让《时与文》植根于上海社会深层结构中。

一、《时与文》群体与新闻出版界

《时与文》群体与上海新闻出版界的联系最广。许多知识分子不仅是《时与文》的撰稿人，同时也参与编辑其他刊物。如郭绍虞是开明书店的编辑，与叶圣陶共同主编《国文月刊》；翦伯赞为大孚出版公司总编辑，又与夏康农、邓初民主编《大学月刊》；周建人主编《新文化》半月刊，同时也是生活书店的编辑；臧克家为《侨声报》副刊编辑，后来又接替白寿彝主编《文萃》，亦为星群出版社的主持人之一；杨卫玉则主编《展望》并为《国讯》的编委；石啸冲主编《文汇周报》，后与曹汉奇等人创办《求是》杂志，又与钦本立一起负责中华职业教育社主办的《展望》之“一周展望”专栏，分写经济、国际展望；杨晦与许杰等人共同编辑出版不定期文艺刊物《论小资产阶级与文艺》；宦乡为《文汇报》副主笔，又协助友人编辑《新中华》月刊。

在上海新闻出版界，《时与文》与《文汇报》的关系最为密切。

《文汇报》的副主笔宦乡，是给《时与文》撰稿较多的作者之一，尤其在 1947 年 5 月《文汇报》被查封后，宦乡将《时与文》作为最主要的发言阵地。《时与文》的作者杨晦是《文汇报》副刊《新文学》的主编，李平心是《新青年》的主编。《文汇报》副刊《文化街》的主编陈钦源后来成了《时与文》文艺栏目的主持人。另外，《文汇报》自 1946 年元旦改版开始，每周固定举办一次“时事座谈”，以政治、经济、教育、时局等为主题分期举行，“至 1947 年 5 月被迫停刊，不间断地刊出 67 期（共举办了 68 次座谈会，最后一次因停刊未刊出）”。[①]参加座谈的大多为上海各界著名人士，高教界人士占了多数，其中不少人是《时与文》的撰稿人和“大教联”成员，如马寅初、章乃器、沈志远、马叙伦、张志让、漆琪生、邓初民、翦伯赞、周建人、沈体兰、周予同、蔡尚思等人均多次受邀参加。

举办形式各样的座谈会、演讲会是上海各大报刊的通常做法。比如 1948 年 4 月 29 日，《大公报》举办第 20 次时事座谈，题目为“德先生与赛先生”，参加者有蔡尚思、任鸿隽、张志让、周建人、沈体兰、杨晦、夏康农等。新闻出版界举办的座谈会，都是通过一定的联络渠道将知识分子邀请而来，这其中，“大教联”扮演了极为重要的角色，成为关键的联系纽带。

“大教联”是高教界人士最为集中的一个社会团体，因之亦成为各大报刊积极联系、争取的对象。而正如上文所分析的，张志让在上海社会各界拥有异常广泛而深远的社会联系。因此，各大报刊经常通过张志让、沈

① 《记〈文汇报〉的专刊〈星期谈座〉》，金炳华主编：《上海文化界：奋战在“第二条战线”上史料集》，上海人民出版社，1999 年，第 214 页。

体兰、李正文等人邀请“大教联”成员座谈。《中国建设》的创办者王艮仲[①]，曾供职中华职业教育社，与黄炎培、杨卫玉等人有着极深的渊源。通过这层关系，他邀请张志让等“大教联”人士多次参加《中国建设》举办的座谈会[②]，如1947年，《中国建设》邀请“大教联”成员20余人座谈并请他们为该刊撰稿，以后，这二十几位教授就成了《中国建设》的经常撰稿人，《中国建设》也成了“大教联”一个很好的宣传阵地[③]。1948年9月19日，《中国建设》（上海版）举办关于“学生问题”的座谈会并将会议记录全文发表，抗议国民政府，支持学生运动。参加座谈的有夏康农、董每戡、杨晦、焦敏之、许杰、夏炎德、邱汉生、陈仁炳、蔡尚思、李正文、孟宪章、潘震亚、吕玉文、卢于道、张志让、王艮仲、高祖文，未出席而提书面意见者有陈旭麓、周伯棣、吴耀宗、周建人、周谷城、郭绍虞、张文郁。1948年11月21日，《中国建设》又举办“美苏问题”座谈会，出席者有孟宪章、张志让、蔡尚思、张孟闻、娄立斋、陈旭麓、冯宾符、王艮仲等人。这些人绝大多数为“大教联”会员，其中不少人如夏康农、杨晦、许杰、蔡尚思、孟宪章、陈旭麓、周伯棣、周建人、周谷城、郭绍虞等均为《时与文》的撰稿人。

正是因为与新闻媒体存在着复杂而密切的关系，依托于“大教联”这

---

① 王艮仲（1903—2013），江苏南汇（今属上海）人。1924年入苏州东吴大学求学，因参加五卅运动被学校开除，后经黄炎培帮助转学到南京中央大学，1929年毕业。历任江苏省农民银行上海分行经理、省行襄理、国民党政府第三战区司令长官部高级参议、江苏省政府委员兼江南行署政务处处长、国民政府立法委员、中国建设服务社理事长、中国建设出版社社长、上海浦东地区建设公司董事长。新中国成立后，历任政务院参事、国务院参事、民建第二至四届中央常委、中央咨议委员会副主任、中华职业教育社副理事长，是第三至五届全国政协委员，第六、七届全国政协常委。

② 金学成也曾在回忆中说道：“《中国建设》杂志编辑部的姚溱、郑森禹、金大钧等同志（均为共产党员）通过大教联张志让、李正文经常组织各大学教授座谈、叙餐。”可参见金学成：《解放前夕的工商界叙餐会》，中国人民政治协商会议上海市委员会文史资料工作委员会编：《文史资料选辑——上海解放三十周年专辑》（中），第269页。

③ 李正文：《战斗在第二战线上的一支高级知识分子队伍——记上海大教联》，《统战工作史料选辑》第四辑（上海文史资料专辑之四），第67—68页。

一联系纽带，《时与文》群体与新闻出版界实现了更为紧密的联合与互动。每当出现重大社会事件的时候，这些高教界人士就会以各种社会团体的名义（或临时组织起来）发表联合宣言、抗议书，或以个人名义发表文章，各大报刊亦及时组织各种座谈、演讲，对他们的民主斗争给予支持。这样，大学与新闻媒体实现了较为充分而有效的联合，《时与文》群体从而获得了强有力的社会结构性力量支撑。

二、《时与文》与各民主党派

《时与文》群体中的知识分子，大多数具有民主党派身份，甚至有的本身即为民主党派的领导人物，如施复亮、杨卫玉既是民盟盟员，也是民主建国会的常务理事，马叙伦是民进的常务理事等。于是，《时与文》很自然地就与各民主党派发生了联系。民主党派经常邀请一些党外的专家学者举办演讲或座谈，有时也邀请一些人列席党内会议，而《时与文》则成为这些民主党派人士发表政见的地方。比如九三学社发起的“反美扶日”运动，大部分专论文章都是在《时与文》周刊上刊载的；以提倡“中间路线”名于史册的施复亮，其宣扬“中间道路”的文章绝大多数发表在《时与文》周刊上，并由此在《时与文》上展开了一次关于“中间道路”的大争论。

《时与文》群体、“大教联”与民主党派的联系，还通过大学与民主党派的关系建立起来。在战后的上海，各民主党派与高等院校的关系十分密切。1943 年，黄炎培在重庆创办中华工商专科学校，抗战胜利后迁回上海。职教社的领导人黄炎培、杨卫玉、江问渔等人都是民建成员，在他们的主持下，中华工商邀请了一大批进步学者来校任教，如马寅初、杜国庠、李正文、叶圣陶、罗俊、赵景深、江问渔等人[1]，周建人、周谷城、许杰、蔡尚思等进步学者也时常受邀来校演讲，于是，中华工商就成为民建在教育界的一个重要的民主阵地。民治新闻专科学校则是九三学社进行民主运动的一个重要支撑力量。1947年，民治新专校长顾执中在笪移今的介绍下加入了九三学社，“我成为九三学社的成员后，九三的上海组织便经常在我家开会”。顾执中回忆：

> 我既参加了九三，认识了不少九三成员，就陆续请他们到民治新专兼课。除笪移今原在学校教授经济学外，我还请武剑西教政治学，焦敏之教俄文，孟宪章教时事分析，吴藻溪教历史等。在政治上最艰苦的时期，九三成员在教课方面大力帮助了民治新专；民治新专的同学们也在反美扶日等运动上，支援了九三，民治新专跟九三几乎是血肉相联的关系。[2]

笪移今也在回忆中提到，褚辅成1948年病逝后，孟宪章接替其工作成为对日问题座谈会的召集人，“当时我们是通过两点一线进行活动。所谓两点，一是民治新闻专科学校校长顾执中，兼课教师孟宪章、焦敏之和我都是九三成员，彼此见面机会多，对反美扶日和宣传党的方针、政策，易于取得一致的看法”。[3]

通过“大教联”这一联络渠道，各民主党派经常与高教界人士联合

---

① 屠良章：《中华工商专科学校》，中国人民政治协商会议上海市委员会文史资料工作委员会编：《解放前上海的学校》（上海文史资料选辑第五十九辑），上海人民出版社，1988年，第449页。

② 顾执中：《报海杂忆》（下），中国人民政治协商会议北京市委员会文史资料研究委员会编：《文史资料选辑》第二十四辑，北京出版社，1985年，第107页。

③ 笪移今：《九三学社解放前在上海的斗争》，《统战工作史料选辑》第四辑（上海文史资料专辑之四），第79—80页。

开展社会活动，相互配合。如对于国民党单方面召开的“制宪国民大会”及国民党同美国签订的《中美友好通商航海条约》等，“大教联”同民盟、民建、民进等进步民主团体，分别召开座谈会，《时与文》群体成员亦纷纷撰写专论，进行分析、批判。1947年夏，民盟中央曾邀请“大教联”20余位成员举行座谈会，讨论国内政治形势，对于争取和平、反内战反独裁的斗争，取得了一致意见。[①]九三学社发起的“反美扶日”座谈会，参加者也有许多“大教联”成员，座谈会发表的联合宣言在上海主要是通过“大教联”（特别热心的是李正文、张志让、曹未风等先生）来联系签名[②]，比如第五次座谈会发表的《对美国积极助日复兴的抗议》（1948年6月15日《大公报》），这份抗议书上签名的有全国各地高级知识分子282人，其中方令孺、王亚南、石啸冲、周予同、周谷城、吴晗、吴泽、娄立斋、施复亮、曹亨闻、洪深、夏康农、章靳以、陈望道、陈旭麓、陈仁炳、张孟闻、张西曼、张定夫、张明养、彭文应、钦本立、程应镠、杨晦、楚图南、蔡仪、戴望舒、萧乾等人均为《时与文》的作者或“大教联”成员。

三、《时与文》群体与工商业界

在战后的上海民主运动中，工商业界人士（包括经济学界）是一支非常重要的力量。迫于政府当局的压迫，这些工商业界人士无法公开活动，遂以聚餐、座谈的方式进行交流。上海工商业界的各种联谊会、座

---

① 李正文：《战斗在第二战线上的一支高级知识分子队伍——记上海大教联》，《统战工作史料选辑》第四辑（上海文史资料专辑之四），第67页。

② 笪移今：《九三学社解放前在上海的斗争》，《统战工作史料选辑》第四辑（上海文史资料专辑之四），第80页。

谈会、聚餐会名目众多，如“双周聚餐会”“星期聚餐会”[①]“星期学习聚餐会”[②]“枝鸟叙餐会”[③]“星五聚餐会”[④]“星三聚餐会”[⑤]等，且组织方与参与者彼此交叉重叠，形成了一股强大的合力。其中，最重要的一个是“双周聚餐会”。

双周聚餐会，有时也称作“上海民主工商界联谊会”，主要由工商业界知名人士陈叔通、盛丕华、包达三、张絅伯、俞寰澄、沈子槎、邱文奎

① 这是工商业界以职教社同人及与其联系比较紧密的工商业界人士为核心的座谈会。主要参加人有黄炎培、王艮仲、杨卫玉、盛丕华、盛康年、徐永祚、胡子婴等，聚餐会一周一次。参加第一次聚餐的十个人，回去后每人各请一桌。这样由一桌变十桌，很快把工商界组织起来。孙晓村回忆说，这个聚餐会主要议论两件事，一是战局变化，二是共产党的有关工商业的政策。聚餐会很早就同上海中共地下党建立了联系，邀请王纪华、李正文向大家介绍、解释中共的工商业政策。《时与文》撰稿人施复亮、伍丹戈、漆琪生、张明养、宦乡、周建人、周伯棣、马叙伦等人以及“大教联”方面的教授亦常常被邀请参加聚餐，从专业角度对各种他们关注的问题进行分析、讲解。可参见孙晓村：《我的回忆》，《民讯》1994年第8期。

② 新中国成立前夕，在亚尔培路（今陕西南路），还有一个各界人士参加的综合性的叙餐会。这个是由李文杰与王艮仲、张敬礼等人发起成立的，参加聚餐的人员涵盖了社会各界，既有工商界人士（如张敬礼）、教育界人士（如李振翩、夏炎德），又有当时国民党党政人员（如李蒸），还有中共地下党员（如杨显东）等。每星期日中午聚餐一次，约请进步人士黄炎培、俞寰澄、孙晓村等到会讲演，主要内容是宣讲中共的各种方针、政策。可参见李文杰：《提倡国货事业的王性尧》，中国人民政治协商会议上海市委员会文史资料委员会、中共上海市委统战部统战工作史料征集组编：《上海文史资料选辑——统战工作史料专辑（九）》，上海人民出版社，1990年，第71页；金学成：《解放前夕的工商界叙餐会》，中国人民政治协商会议上海市委员会文史资料工作委员会编：《文史资料选辑——上海解放三十周年专辑》（中），第269页。

③ 以王性尧为核心、李文杰为总干事。可参见金学成：《解放前夕的工商界叙餐会》，中国人民政治协商会议上海市委员会文史资料工作委员会编：《文史资料选辑——上海解放三十周年专辑》（中），第267页。

④ 成立于九一八事变后，是国货厂商与金融界的联谊组织，每星期五中午，会员聚餐一次，参加人数由二三桌发展到三四十桌。主要是学习、联谊，了解国内外工商情况。餐前请名流专家作报告。王性尧与潘序伦长期同任总干事，抗战胜利后，“星五聚餐会”重振旗鼓，迁川工厂主返回上海，会员人数激增，主要工作由王性尧、李文杰负责，会员中参加工作的还有陈巳生、徐永祚、陈文麟等。工商界进步人士陈巳生、胡泳麟、孙瑞璜、杨延修等作了些联络工作。可参见李文杰：《提倡国货事业的王性尧》，《上海文史资料选辑——统战工作史料专辑（九）》，第70页。

⑤ 由吴味经、盛康年等人发起成立。可参见李文杰：《提倡国货事业的王性尧》，《上海文史资料选辑——统战工作史料专辑（九）》，第72页。

等七人发起创立，逐渐形成一个稳定的社会交往圈子，并渐渐具备了社会组织的形态。参加的会员绝大多数为工商业界民主人士，如陈巳生、王绍鏊、胡子婴、徐永祚等人，“聚餐会的组织领导，虽无明文规定，但从实际情形来看，他们都从内心里公认陈叔通为‘会长’，‘财政部长’则是盛丕华；‘总部机关’所在地是包达三的公馆；‘行动队长’是邱文奎；‘不管部长’是沈子槎。有钱的出钱，有力的出力，有风的使风，有雨的使雨，各自发挥优势，扬长避短，通力合作”。①李正文曾撰文仔细描绘了聚餐会的情况：

> 我所参加的那一段双周聚餐会，例行议程是：我们都准时到会，没有迟到早退。正式开会前，总是由包达三呼之谓“宝宝”的、他的20来岁的女儿、圣约翰大学学生招呼我们。一开会，几乎毫无例外地总是由陈叔通念念马叙伦的香港来信，其内容是称叔老为师，讲些香港民主人士和共产党的爱国活动，以鼓励上海的工商界爱国人士。接下来就是由我谈谈国内外的政治形势，特别是国共两党的斗争形势。然后大家交流各自听到的关于国民党特务如何逮捕进步学生、镇压群众等情况。再就是研究如何支持上海各进步团体的民主爱国活动。讲得最多的就是沈子槎汇报关于资助进步学生如何逃避国民党特务的追捕，进入解放区一类的事。闭幕词总是陈叔通的一句名言，“一朝权在手，便把令来行”。意思是一有了权，非把万恶的特务抓个干净不可。②

① 李正文：《解放战争时期上海民主工商界的双周聚餐会》，《上海文史资料选辑——统战工作史料专辑（九）》，第82页。

② 李正文：《解放战争时期上海民主工商界的双周聚餐会》，《上海文史资料选辑——统战工作史料专辑（九）》，第82—83页。

“双周座谈会”的七个发起人中，盛丕华、包达三、张䌹伯、俞寰澄、沈子槎、邱文奎六人均为民建成员，俞寰澄并为民建理事会理事。他们经常邀请高教界的民建成员漆琪生、施复亮、伍丹戈、夏炎德、秦柳芳、笪移今、陈维稷等人参加座谈会，其他非民建成员的经济学者马寅初、宦乡、张锡昌、孙晓村、寿进文等亦常常受邀与会。同样属于民建成员的中华职业教育社领导人黄炎培、杨卫玉、孙起孟等人，不但以职教社的名义举办各种座谈、聚餐，也是这个“双周座谈会”上的常客，而盛丕华、包达三、张䌹伯、俞寰澄、沈子槎、邱文奎等工商业界人士也定期去职教社参加民建党务会议。通过张志让与救国会、职教社及民建、工商业界人士之间畅通的联络渠道，“大教联”方面的高教界人士如张志让、曹未风、李正文、蔡尚思、张明养、周伯棣等人亦不时出现在“双周座谈会”上，做主题演讲，成为“不交‘会费’的列席白吃成员”①。

通过各种各样的座谈会、聚餐会，《时与文》群体与“大教联”中的进步教授们与民主党派、工商业界人士产生了非常紧密的联系。这些教授频繁出现在各种形式的聚会上，对工商业界人士的政治态度和选择起到了非常关键的作用。对于以“大教联”为代表的进步教授的民主斗争，工商业界人士也从各方面给予积极支持。包达三的女儿说：

> 为了支持民主运动，父亲变卖了四十多亩地产，取出二百两黄金充作活动经费。他不但自己行动起来，更是通过各种名目的“聚餐会”，发动民族工商业家一起出钱出力，救济被迫害、被通缉的进步教授、学生、工人，掩护、资助他们到解放区去参加斗争，赞助宋庆龄发起的文艺界福利基金，反对国民党一手炮制

① 李正文：《解放战争时期上海民主工商界的双周聚餐会》，《上海文史资料选辑——统战工作史料专辑（九）》，第82页。

的“国大”和“宪法”，反对国民党的“经济紧急措施方案”，一起在《反美扶日宣言》上签名……父亲还利用我哥任飞行员的便利条件，多次让他为中共地下组织运送机密文件和宣传品。①

李正文也回忆说，1947年暑假，“大教联”成员因支持学生运动遭学校当局解聘，有三四十位教授之多，“这些被解聘的教授，失掉了职业，断了经济来源，生活陷于绝境。我在聚餐会上讲了这个情况后，陈叔通就商请张元济支援，由商务印书馆以资助文化团体的名义，每月发给这些教授生活补助费，长达一年”。1948年，工商业界的“双周聚餐会”还曾筹集款项，“盛丕华出钱最多，沈子槎、俞寰澄次之，以资助逃避国民党白色恐怖的民主教授，如张志让、沈体兰等去香港的路费及其留沪家属的生活费用。钱都是邱文奎经手，由其姨妹杨秋白（原名杨均）送去的”。②这个聚餐会对学生运动也给予积极支持，对“学生爱国运动宣传材料，如《学生通讯》、《交大生活》、《学生报》等，都曾给以经济上的支持。多半都是邱文奎请杨秋白把钱转去的”。③

从以上分析可以看出，上海社会各界之间的社会联系繁复而绵密。《时与文》群体与大学、新闻出版业、民主党派有着天然的联系。通过“大教联”这一联络渠道，《时与文》群体与工商业人士也有了密切的往来与合作。各民主党派的构成亦各有特色，如民建成员多为工商业界人士及经济学者，民进会员中则以新闻出版界人士居多，而九三学社社员多集中于科技、教育界。

① 包启亚：《爱国奋斗的工商业家——回忆我的父亲包达三》，宁波市政协文化文史和学习委员会、中国民主建国会宁波市委员会编：《包达三纪念文集》，宁波出版社，2020年，第13页。

② 李正文：《解放战争时期上海民主工商界的双周聚餐会》，《上海文史资料选辑——统战工作史料专辑（九）》，第84页。

③ 李正文：《解放战争时期上海民主工商界的双周聚餐会》，《上海文史资料选辑——统战工作史料专辑（九）》，第84页。

上海高校多为私立，“民族资本主义工商业团体是近代中国私立大学的主要社会基础之一”[①]，中华工商就是一个典型的例子。由此，在教育界、新闻出版界、工商银行界与民主党派之间形成了错综复杂的联系。

《时与文》的作者能够形成一个比较稳固的知识分子群体，与上海这一都市文化空间的独特性密不可分。《时与文》在上海出版，加盟的知识分子亦大多生活在上海，他们共享一个都市文化空间。上海，不仅仅是中国民族资本主义经济最为发达的城市，也是中国教育、学术的重镇，新闻出版业的重心，各民主党派、社会团体、民间组织极为发达，从而为知识分子提供了广阔的活动空间和多重的认同渠道，也使他们彼此之间产生了各种各样的联系。因此，当他们团结在《时与文》周围共同从事民主运动的时候，就能充分调动上海各个方面的力量，以积极而强大的姿态投入大时代变革的洪流中。[②]

在1947年的“五·二〇”运动中，上海的学生游行示威活动遭到了上海当局的残酷镇压，2000多名学生遭到军警毒打，不少学生被捕，上海市市长吴国桢扬言要与交通大学师生“斗法”，这激起了上海各界进步人士的愤怒。他们纷纷发表文章谴责国民党当局，《时与文》周刊连续三期集中发表专论，支持学生运动，各大高校的100多位教授发表罢教宣言，民主人士也通过各种方式声援。“大教联”与工商界、上海学联紧密配合，共同战斗。“大教联”通过曹未风的关系，首先联系到了陈叔通，由陈叔通先生召开座谈会，在陈老先生的联络动员下，交大老校长唐文治、张元济与陈叔通三人联名在《申报》发表了抗议信，号称“三老上书”。又由陈叔通出面邀请张元济，由二人发起，唐文治领衔并征求其他七位颇有声

① 宋秋蓉：《私立大学与近代中国的社会转型》，《华东师范大学学报（哲学社会科学版）》2004年第1期。

② 参见郑志峰：《〈时与文〉群体研究》，《宁夏大学学报（人文社会科学版）》2008年第2期。

望的老人共同签名，联名致函上海市市长吴国桢和淞沪警备司令宣铁吾，要求释放被捕学生，这就是有名的“十老上书”①。蒋介石得知后，大发雷霆，立即把上海市政府、市党部的主要负责人叫到南京去，当面训斥一顿：“连这些被全国人士尊敬的元老也被共产党人争取过去，利用他们反对我们了，我们如此失去人心，这还得了，你们在上海的政治工作做到那里去了，还对得起我么？”②看到这封信后，吴国桢再不敢提与学生斗法的事情了。1948 年，在“反美扶日”运动中，“大教联”在上海地下党组织的支持下，与各界紧密联系，与上海市市长吴国桢针锋相对，一起策划了“反美扶日公断会”③，将上海的民主运动推向另一次高潮。

第四节　《时与文》群体与《观察》群体

《时与文》与《观察》，两者周围都聚集了一大批知识分子，且大多

① 其他七人为叶景揆、陈汉第、李拔可、张乾若、胡藻青、钱自严、项兰生，与唐文治、张元济、陈叔通合称“上海十老”。致吴国桢与宣铁吾信函如下：“吴市长、宣司令同鉴：〇〇等蛰居本市，不问外事。顾学潮汹涌，愈演愈惨，谁非父母，谁无子弟，心所不忍，实有不能已于言者。学潮有远因，有近因，远因至为复杂，姑置不论。近因则不过学校以内问题，亦因有生活高涨，痛至切肤，而推源于内战，此要为尽人所同情。政府调兵派警，如临大敌，更有非兵非警掺杂其间，忽而殴打，忽而逮捕，甚至有公开将逮捕之学生送往中共区域之言，此诚为〇〇等所未解。学生亦人民也，人民犯罪有法庭在，不出于此，而于法外任意处置，似非政府爱民之旨。况中共区域已入战争状态，不知派何人以何种交通工具送往？外间纷纷传说，以前失踪之人，实已置之死地，送往中共区域之说，〇〇等未敢轻信，然办法离奇，令人骇悸。伏望恺恻慈祥，处以镇静，先将被捕学生速行释放，由学校自行开导，其呼吁无悖于理者，亦宜虚衷采纳，则教育前途幸甚，地方幸甚！”可参见方行：《十位爱国老人营救被捕学生》，中国人民政治协商会议上海市委员会文史资料工作委员会编：《上海文史资料选辑》第五十八辑，上海人民出版社，1988 年，第 63 页；李正文：《解放战争时期上海民主工商界的双周聚餐会》，《上海文史资料选辑——统战工作史料专辑（九）》，第 83 页；曹未风：《有关大教联的几件事》，《上海教师运动回忆录》，第 400 页。

② 蔡尚思：《上海大教联的组织状况和斗争方式》，《上海教师运动回忆录》，第 391 页。

③ 关于“反美扶日公断会”的情况，可参见金炳华主编：《上海文化界：奋战在“第二条战线”上史料集》，第 475 页。

为高校的教授。二者都在上海出版，《时与文》周刊的社务委员伍丹戈与《观察》主编储安平均出身光华大学，都就读于政治学系，是先后同学，储是1932级，伍是1933级，二人又都任教于复旦大学。但是，《时与文》群体与《观察》群体无论在发言立场、政治态度，还是成员构成、群体的形成过程或舆论生产方式上，都有着极大的差别。

从发言立场来看，《时与文》与《观察》各有其不同的言论原则。《时与文》坚持"进步、独立、理性、坚定"的言论立场，重点突出"进步"，认为"进步"是刊物的第一要著，"'进步'笼罩、环绕并且撑托着《时与文》。'进步'乃本刊的灵魂以及全部精力所寄，'进步'是我们看事看物发表主张的出发点"。[①]而《观察》则秉持"民主""自由""进步""理性"的基本立场[②]，重点强调"自由"和"理性"。刊物的不同精神面貌吸引了不同类型的知识分子，而不同的言论要求也在筛选不同的知识分子加盟刊物，由此围绕《时与文》与《观察》就形成了精神特质和政治态度迥然不同的两个知识分子群体。

就群体的精神气质而言，《观察》是自由主义的，《观察》的核心成员如储安平、吴世昌、楼邦彦、吴恩裕、杨人楩、潘光旦等人均为自由主义者，储安平宣称："只要无背于本刊发刊词中所陈民主、自由、进步、理性的四个基本原则，本刊将容纳各种意见不同的文字；其观点论见，并非非得编者同意不可。"[③] 而《时与文》虽也宣扬自由、民主，但带有非常浓郁的民族主义情绪，在国共、美苏斗争的国内国际大背景下，可以将之归于民族主义者的行列。这一点从双方围绕"民主国际"的争论得到鲜明展示。

---

① 《停刊告别读者》，《时与文》第3卷第23期，1948年9月24日。

② 储安平：《我们的志趣和态度》。

③ 储安平：《辛勤·忍耐·向前》。

1947年7月19日，《观察》在第2卷第21期上发表了杨光时等十人联合署名的文章《我们对于大局的看法与对策——正告美国》，认为美国今后的外交使命，是寻找一种方式让全世界的自由主义分子及其政党联系起来，这种方式就是“民主国际”；只有通过“民主国际”的方式，美国“大量援助全世界自由主义份子及其政党，始足以真正解除共产主义的威胁”。[①]在《编辑后记》中，《观察》对这篇文章郑重推荐：“我们认为这篇文字所具有的若干观点，无论在国内国外，都没有人提过。我们希望这篇文章能引起各方面广泛的注意。”并说：“我们对于稿件取舍，向无成见。只要文章好，我们一律采用，并给以应有的地位。”[②]此文一经刊出，立即引起了《时与文》群体的反感和批判。从第1卷第21期起，《时与文》连续三期发表了尹其文的《异哉所谓“民主国际”》（《时与文》第1卷第21期，1947年8月1日）、欧阳长虹的《从所谓“民主国际”说起》（《时与文》第1卷第22期，1947年8月8日）、郑伯奇的《伪自由主义者的真面目》（《时与文》第1卷第22期，1947年8月8日）、施复亮的《错误的“看法”与反动的“对策”》（《时与文》第1卷第23期，1947年8月12日）等文章，对储安平及《观察》提出了激烈的批评。当时储安平在北平，《时与文》的批评使《观察》代主编吴世昌大感不快，他给《时与文》投去一文《关于“民主国际”的讨论》（第2卷第3期，1947年9月26日）作为回复，措辞激烈，对《时与文》的编辑态度和标准进行了反讽和反批评。

处于国共斗争的背景下，两个群体的政治态度也有很大不同。《观察》群体反对一切形式的内战，对国共各打五十大板；《时与文》群体亦呼吁

① 杨光时等：《我们对于大局的看法与对策——正告美国》，《观察》第2卷第21期，1947年7月19日。

② 《编辑后记》，《观察》第2卷第21期，1947年7月19日。

和平，但对国共却区别对待，尤其是随着自身生存空间的紧缩及战场上国共力量的消长，他们从最初的反对内战，到后来的理解、同情甚至支持共产党将内战进行到底。而《观察》群体成员，尤其是其核心人物储安平、杨人楩、吴世昌等，始终坚持反对内战的自由主义立场，直到1948年10月中国人民解放军正席卷南下，节节胜利，势如破竹，毛泽东正提出“宜将剩勇追穷寇，不可沽名学霸王”的时候，《观察》还于22日刊载了张申府的《呼吁和平》一文。此文一经刊出，即遭致上海民主派人士的激烈批评。施复亮请笪移今向储安平转达他的意见，笪移今约施复亮与储安平会面长谈，施复亮指出“该文是和共产党政策撞头的”[①]。

《时与文》群体与《观察》群体之所以在发言立场、精神气质和政治态度上存在如此大的差异，与它们各自的成员构成有直接的关系。

从教育背景看，《观察》群体的核心力量如储安平、伍启元、吴世昌、杨人楩、吴恩裕、楼邦彦、费孝通、钱清廉、张德昌等人，大都毕业于清华大学、燕京大学、北京师范大学、光华大学等国内著名高校。北大、清华、燕京都是中国自由主义力量集中的高校，即使私立的光华大学，在储安平就读时期亦是学者云集，胡适、罗隆基、潘光旦、张东荪、王造时、徐志摩等人均在此任教。因此，这些“后五四”一代知识分子，一方面承继了五四以来追求自由、民主的历史传统和记忆，一方面又在大学读书时，直接受到已经留学归来的老师（大多为五四中的学生辈）自由主义精神的熏陶。更为重要的是，这些人除吴世昌外，都具有欧美教育背景，对自由主义的理解和坚持就更进了一步。同时，这些自由主义知识分子接受了完整而系统的学术训练，大都获得了硕士、博士学位。而《时与文》群体成员，虽大多数也在国内接受了规范的高等教育，但在35位（除去不在上海的郑伯奇、张西曼、吴晗、王亚南等8人）作者中，有留学背景的只有13

① 林元：《从〈观察〉到〈新观察〉》，林元：《碎布集》，第399页。

人，其核心成员程博洪、汤德明、周天行、伍丹戈、张明养、程应镠、蔡尚思、周谷城等人均没有留学经历，其他作者即使曾出国学习，也大多接受基本的高等教育，并未进行专门学科的学术训练，其中还有如沈钧儒、马叙伦、施复亮、宦乡等通过听课来深造的留学者，翦伯赞甚而因“厌恶资产阶级教育”愤而从加利福尼亚大学退学。他们在各专业领域有一定建树，大多为自学成才，如周谷城、蔡尚思、施复亮、伍丹戈、张明养、许杰、杨晦、吴泽、楚图南等人。由此就不难理解，《观察》撰稿人多为著名高校特别是北京大学、清华大学、燕京大学、武汉大学等这样的国立大学教授；而《时与文》群体多在上海私立、教会大学任教，即使复旦大学，也是刚刚被批准为国立大学不久，无论声誉还是实力根本无法与北大、清华、燕京相比。

更为重要的是，《观察》群体的核心人物绝大多数留学英国伦敦大学，且以留学政治经济学院为主。伦敦大学是费边主义的大本营。政治经济学院成立于1895年，创办人即为著名的费边社（Fabian Society）社员萧伯纳（George Bernarld Shew）、韦伯夫妇（Sidney and Beatrice Webb）等四人。1926年，费边主义重要的思想家和代表人物哈罗德·拉斯基（Harold J. Laski，1893—1950）进入伦敦大学政治经济学院执教，从而迎来了费边主义的兴盛期。费边社规模虽然不大，但其思想、主张对全世界影响巨大。在20世纪二三十年代，中国知识分子受费边主义吸引去伦敦大学政治经济学院留学、深造或听课的人数之多，可以列出一个长长的名单，《观察》撰稿人即有储安平、伍启元、吴恩裕、楼邦彦、钱清廉、鲍觉民、费孝通、钱歌川、黄正铭、李浩培、夏炎德、萧乾、程西孟、王赣愚、许德珩等，其中吴恩裕、储安平、楼邦彦等人是拉斯基的亲传弟子。费边主义信仰渐进的社会主义，反对暴力革命，在思想史脉络上属于自由主义的范畴。这些留学伦敦大学政治经济学院的知识分子，在思想上深受费边主义的影响，即使不在政治经济学院就读的其他伦敦大学留学生，或者在英国其他大学留学的知识分子，也或多或少地受到费边主义的影响。因此，以留英知识分子为主体构成的《观察》群体，大多保持无党无派的自由身份，希望以学者、教授的身份参与国家改造与建设。他们对社会主义普遍抱有好感，主张政治民主与经济民主齐头并进，在民主政治的设计上，普遍向往英国工党式的宪政民主模式。

而《时与文》群体成员大多为民主党派人士，且有不少人具有中共经历，还包括许多中共地下党员。《时与文》群体 43 个成员中，有 19 人具有国外教育背景，其中 11 人留学日本，占了很大比例。这些留学日本的知识分子身上带有很深的河上肇[①]思想烙印。自 1919 年五四以来，中国的许多知识分子和革命者，或最早通过河上肇的著作接受马克思主义，或读河上肇的著作受到影响而走上革命道路，“伴随着这些人物的学术或革命活动，河上肇的马克思主义在中国现代革命的思想和实践中产生了相当的影响”。[②]特别是河上肇的《经济学大纲》一书，成为马克思主义的入门启蒙读物，比如著名的经济学家傅筑夫，大学时期读到此书后，即被马克思主义思潮所吸引，从日本丸善株式会社邮购了三卷本的《资本论》，并开始尝试“用马克思主义的方法来研究经济进而分析中国社会结构”[③]。在《时与文》群体中，受河上肇影响比较大的有张东荪、施复亮、漆琪生、周伯棣、王亚南等人。这些人均为留日知识分子，其中施复亮于 1920 年 7 月去日本养病和学习期间，与共产主义者河上肇、山川均等都有较多往来，且

---

① 河上肇（1879—1946），日本著名的马克思主义经济学家、哲学家，他所阐发的马克思主义理论对日本、中国都产生了极大影响。中国共产党的许多代表人物如李大钊、周恩来、郭沫若、彭湃、毛泽东、杜国庠、陈启修等均曾受到河上肇著作的思想指导。

② 张谷：《河上肇的马克思主义与中国思想》，《武汉大学学报（人文社会科学版）》2007 年第 4 期。

③ 傅筑夫：《傅筑夫自述》，高增德、丁东编：《世纪学人自述》第二卷，北京十月文艺出版社，2000 年，第 187 页。

深受其影响[①]；漆琪生1928年入京都帝国大学经济学部就读，第一学年就选修了河上肇的“《资本论》研究”课程[②]，并经人引荐，拜访河上肇作了长谈[③]；受河上肇影响，漆琪生精研马克思主义理论书籍，到第三学期即读完了三卷本的《资本论》，并决定从事《资本论》翻译工作，立志献身革命事业；1928年1月，漆琪生在日本加入了中国共产党。因此，与深受费边社会主义影响的《观察》核心成员相比，深受河上肇影响的《时与文》群体中的留日知识分子，对社会主义有着更强的亲和性，虽然他们在理念上与共产党的新民主主义仍有许多区别，在民主政治模式的选择上倾向于东欧式的社会主义民主政治，但处于国共斗争的背景下，他们普遍选择批评国民党，支持共产党。

《时与文》群体与《观察》群体皆为言论参政的知识分子群体，有着大致相似的社会诉求，即重返社会重心，争取关于国家前途、命运的决定权。但是，二者的力量来源、生产方式却有着非常大的差别。

正如上文所分析的，《时与文》群体的力量来源于上海社会结构内部。《时与文》群体与上海社会各界都存在着畅通而密集的联络渠道，通过“大教联”这一联系纽带，《时与文》群体的社会联系向纵深处进一步延伸。每当需要开展民主运动的时候，这些知识分子都会迅速地通过各种联系纽带，将社会各界的力量联合起来，具有非常强的社会动员能力。而他们所栖身的大学、报刊、出版社、社会/学术团体、政党组织都深深嵌入社会内部，从而使他们与社会的关系具体而实在，容易产生力量。《观察》群体则不同。《观

① 王水湘：《施复亮传》，金华县政协教文体与文史资料委员会：《纪念施复亮百岁华诞专辑》（金华县文史资料第十辑），第31页。

② 漆琪生：《漆琪生自述》，《世纪学人自述》第二卷，第343页。

③ 黎缇维：《纪念〈资本论〉研究者漆琪生同志》，中国人民政治协商会议上海市委员会文史资料委员会、中共上海市委统战部统战工作史料征集组编：《上海文史资料选辑——统战工作史料专辑（十）》，第137页。

察》群体的力量主要表现在舆论上，具有很强的象征性和潜在性。《观察》群体成员之间的联系，主要依靠《观察》这一刊物纽带，通过书写、阅读而共享一个“观念的世界”。刊物的作者、编者和读者分散于全国各地，分处于不同城市的不同团体或机构，各人的社会关系网络未能实现交叉共享。换句话说，《观察》群体与社会的关系是象征性的、虚幻的。因此，其力量的生产就不能通过社会动员而得到社会结构内部能量的有力支撑。

作为自由主义者的储安平，与上海的知识分子，特别是那些政治上比较激进、民族主义情绪浓郁的民主人士一直刻意保持距离，并有淡淡的抵触情绪。在给傅斯年的信中，他说：“我们应当有若干在基本观点及风度上相同的朋友，经常聚会，共同讨论，发为文章，易生力量。《观察》非无基本的写稿人，只是南北分散，不易集中，……而一时无法可想。我们又不能在上海随便找些人叙会；这是我们主要的苦痛。”[①]后来，储安平对上海的《文汇报》公开提出批评：“我很坦白地说，我对于《文汇》《新民》两报的作风（我不常看《联合晚报》），有许多地方是不敢苟同的。不敢苟同的主要原因，就是因为这两家报纸的编辑态度不够庄重，言论态度不够严肃；我很少在《文汇报》上读到真有重量的文字。”[②]正因为此，虽然储安平在上海有很多朋友，拥有多种进入上海知识分子交往网络的渠道，但他从未主动去融入上海的社会关系网络，自然也就无法从中获得支持[③]。

① 《储安平致傅斯年》（1947年1月13日），《傅斯年文物资料选辑》，台湾“中央研究院”历史语言研究所印行，1995年，转引自谢泳编：《储安平：一条河流般的忧郁》，第279页。

② 储安平：《论文汇·新民·联合三报被封及〈大公报〉在这次学潮中所表示的态度》，《观察》第2卷第14期，1947年5月31日。

③ 关于这一点，可见前文的分析。更为有代表性的一个例子是：储安平是中英文化协会副会长，而会长陈维稷在上海社会各界有着广泛的联系；陈维稷经常以中英文化协会的名义邀请一些进步分子，在汇丰银行大楼上中英文化协会聚首，或者以聚餐的方式，或者以座谈的方式举行秘密会议，分析内战形势，传达中共的方针政策（可参见薛庆时等：《陈维稷传》，中国纺织出版社，1997年，第60—61页）；作为中英文化协会的副会长，如果储安平希望融入上海本地知识分子的关系网络，以为《观察》争取更大的力量支持，这是一个极好的联络渠道，但是，储安平并没有参加这些活动。

因此，《观察》与上海基本上没有什么关系。而由于自身的局限，《观察》与大学无关，与社会团体无关，也与党派组织无关，它的舆论仅仅依靠撰稿人和编者的共同努力生产，更多的是一种精神力量，只有经过漫长的“思想影响”工作，才有可能转化为现实的力量。

不过，伴随着国共战局的不断变化，国民党及其政府腐败而残暴的统治越来越让知识分子难以忍受，他们不仅为国家的前途焦心忧虑，也因自己及家人的生存危机而心力交瘁。在这种大的背景之下，知识分子政治上的左转就成为不可避免的趋势。储安平就是一例①。

储安平的政治转变，除了大背景外，还应该看到“小环境”对其潜移默化的影响。日本学者丸山昇指出：“除了大环境外，人还有无数小环境，小至个人的日常生活。把在小环境下的一次次选择累积起来，就会具有从某方面来决定大环境的选择的力量。最低限度也需要用小环境下的选择来充分铺垫大环境。”②对储安平而言，这个“小环境”就是其交往的朋友

---

① 在主编《观察》时期，储安平对国民党还抱有很大希望。他不止一次撰文指出，中国的绝大多数人还是关切国民党的，除了共产党之外并没有哪一党欲图推翻国民党政权，“国家政治不能没有重心，而现在中国政治的重心寄落在国民党身上”。（参见储安平：《一团糟的责任问题》）他认为，只要拿出最大勇气来一次革新运动，国民党还是有前途的，因此，“我们能尽力来帮助国民党，努力建国大业，也就是我们尽了为国家服务的责任”。（参见储安平：《马歇尔元帅来华与中国》，《客观》第8期，1945年12月29日；储安平：《国民党的病症》）但是，1945年底以来发生的一系列惨案如“一二·一”血案、“沧白堂惨案”、“下关惨案”、“李闻惨案”等，让储安平对国民党的希望降到了最低点。《观察》创刊后，储安平对国民党发起了激烈的批判，从《失败的统治》到《中国的政局》，再到《一场乱污》，储安平的言论越来越激进、急峻，他也因此遭致国民党的嫉恨和舆论围攻。当时的一位读者后来回忆，说《一场烂污》是“一篇爆炸性的文章”，“能写这样的文章，把个人的身家性命都泼出来，在当时储安平不是唯一也是极少数中的一个！”（参见李伟：《〈观察〉与储安平》，《追寻储安平》，第22页）特别是《观察》后期刊载的军事通讯，彻底激怒了国民党及其政府，储安平不断受到特务的跟踪、监视、入宅搜查，《观察》也最终被勒令永久停刊，储安平因事先得到消息逃往北平才避开一难。

② [日]丸山昇：《建国前夕文化界的一个断面——从萧乾看中国知识分子的选择》，文洁若译，原载《日本中国学会报》第40集，1988年。该论文收入吴小如、文洁若编：《微笑着离去：忆萧乾》，辽海出版社，1998年。

圈子。[①]

储安平为了保持《观察》的自由主义立场和精神，公开宣扬不参加任何带有政治色彩的社会活动，有意避开与上海民主人士的各种社会联系。但在关涉《观察》社务的公共活动及私人生活中，储安平与上海的朋友如笪移今、陈维稷、张志让、周谷城、陈望道等时有往来。笪移今、陈维稷是储安平在重庆时结识的朋友，私交很好，二人都是《观察》周刊的股东和撰稿人。其中，陈维稷与储安平又共事于中英文化协会，分任正、副会长；陈维稷是交通大学教授、中纺第一印染厂厂长，又是民建成员，但实际的社会身份为中共地下党员，任中共上海局文化工商统战委员会委员，专门从事工商界统战工作[②]；笪移今则为九三学社理事，又是民建会员，同时也是中共地下党员。由于《观察》其他股东、发起人都不在上海（陈维稷亦在上海，但从不过问社务），储安平遇到问题常常同笪移今商讨。笪移今回忆说："我是该刊创办发起人和撰稿人之一，储同我常在一起分析政治形势，讨论编务和选稿标准等问题"，尤其是"在收到有关经济政治方面的来稿而又难于取舍时总送我审阅决定（现有他便条可证）"。[③]陈望道、张志让、周谷城是著名的进步教授，是储安平在重庆时期结识的前辈，特别是陈望道和张志让，深为储安平所敬佩。在陈望道、张志让的邀请下，储安平入复旦大学任教于政治学系，又受陈望道之邀，在新闻系兼课，在储安平逃往北平前，曾将《观

① 贺桂梅在研究萧乾的时候，对其交往圈子给予了充分的重视，并认为这是导致萧乾在政治上左转的重要原因，"在1948－1949年间，萧乾开始向左翼靠拢。这与其说出于他的革命觉悟，不如说与他身边一些地下党员的影响这种'小环境'因素有更大关系"。参见贺桂梅：《转折时代：40—50年代作家研究》，山东教育出版社，2003年，第74页。

② 张执一：《在上海局工作情况的回忆》，金炳华主编：《上海文化界：奋战在"第二条战线"上史料集》，第183页。

③ 笪移今：《九三学社解放前在上海的斗争》，《统战工作史料选辑》第四辑（上海文史资料专辑之四），第80、96页。

察》周刊托付给张志让照料[1]。

从储安平的朋友圈子可以看出，他所来往的知识分子大多为政治上左倾的进步人士，笪移今、陈维稷为共产党员，非共产党员的陈望道、张志让、周谷城等人，也是共产党的坚定支持者，即使不在上海的、与储安平私交甚好的朋友如徐盈夫妇亦为中共党员。以储安平与笪移今、陈维稷的交谊，他不可能不会觉察到二人的共产党员身份，陈望道、张志让、周谷城的政治态度和立场在上海社会各界也是众所周知的。处于这样的一个朋友圈子中，储安平受到的影响是相当大的，朋友们的思想和主张在潜移默化地影响着他的理解与判断。比如在《观察》刊登《呼吁和平》一文后，施复亮请笪移今约请储安平面谈，笪移今详细回忆了当时的过程：

有一天施复亮同我谈起《观察》周刊倾向性的问题，他坦率地指出在斗争的关键时刻，不宜刊登张申府那篇《呼吁和平》。我们都认为此文已落后于形势的发展，忽视了国共双方军事地位的变化。之后，我约储安平与施复亮在延安中路紫竹林饭店便餐后回到青年会储安平的住处，分析战局的趋势，论证共产党解放军在战略上已由防御转为反攻，国民党军队已开始处于被动、挨打的境地。和平不是抽象的，而是有具体内容，应以人民根本利益为转移的。当人民需要和平，国民党则违反民意破坏和平，发动内战。当共产党武装斗争有利于人民，则必须坚持反攻，直至彻底打垮国民党政府，这是符合全国各族人民的愿望和要求的。经过这次长谈，我们在政治上取得一致的看法，施复亮并应约为

① 可参见尚丁：《民主宪政运动的先锋战士张志让与〈宪政〉月刊》，《文史资料选辑》第八十五辑，第158页；唐宝璋：《民主杂志〈观察〉封闭前后》，《追寻储安平》，第54页。

《观察》撰稿人，多次为该刊写了有针对性的政论。[①]

笪移今自《客观》时期即与储安平共事，相互之间有很深的了解。他认为储安平是“一位中间偏左的战士”，并说“从他发表的文章，为人的风格，处事的角度看，基本上是同意中共的政治路线的”。[②]从 1947 年夏起，九三学社开始发起举办对日问题座谈会，将“反美扶日”作为九三学社民主运动的核心任务。笪移今曾将这个运动的支撑力量总结为“两点一线”，其中的一“点”即是储安平主编的《观察》周刊，笪移今说，“《观察》周刊主编储安平，当时是不参加九三活动的九三成员”，在他的支持下，“从一九四七年八月至一九四八年十月，《观察》先后四次发表反美扶日的专论和报道”[③]，因此，坚持自由主义立场的《观察》，在客观上是参与了民主党派的民主斗争的。笪移今的回忆有为朋友邀功之嫌，实际上的情形虽有差别，但亦相去不远。据李正文回忆，1948 年，“大教联”负责人张志让曾帮助做了不少革命策反工作，“志让同志在他的所有朋友中广泛地进行了起义的宣传工作。……据我今天还能记得起来的，就是志让同志对我多次谈过关于常常分别找钱昌照、赵君迈、储安平等当时社会上有一定影响的知名人士共同研究、讨论如何推动各自周围的朋友，拒绝跟着蒋介石撤退台湾”[④]。

事实上，随着国民党对知识分子言论控制的加剧，《观察》也面临着越来越严重的政治危机，随时都有被查封的危险，储安平的个人安全也受

---

① 笪移今：《九三学社解放前在上海的斗争》，《统战工作史料选辑》第四辑（上海文史资料专辑之四），第 95—96 页。

② 笪移今：《九三学社解放前在上海的斗争》，《统战工作史料选辑》第四辑（上海文史资料专辑之四），第 96 页。

③ 笪移今：《九三学社解放前在上海的斗争》，《统战工作史料选辑》第四辑（上海文史资料专辑之四），第 80 页。

④ 李正文：《党的亲密朋友——张志让同志》，《文史资料选辑》第八十五辑，第 143 页。

到了极大威胁，时常被国民党特务跟踪。“大环境”的逼迫，加上“小环境”的影响，储安平的政治态度很自然地左转了。自1948年下半年始，储安平开始主动加强了同上海社会各界的联系，如以“观察社”的名义邀请进步人士座谈，互通消息，商讨对策，又和《世界知识》《小学生》《文艺复兴》的负责人冯宾符、叶圣陶、郑振铎等人联系起来，每星期六晚上秘密聚餐，轮流做东道主，每次约在跟上次不同的地点以保证安全[①]。他也开始参与一些公共的社会活动，如在九三学社第五次对日问题座谈会发表的联合宣言《对美国积极助日复兴的抗议》（《大公报》1948年6月15日）上签名，接受学生邀请出席了1948年6月26日在上海交通大学体育馆举办的“反美扶日公断会”。

在《观察》的核心人物当中，政治上左转的并非只有储安平。吴世昌是《观察》群体中非常活跃的撰稿人，一年多的时间给《观察》撰写了20篇专论。由于吴世昌激烈批判国民党的专制独裁、贪污腐败，为当局所不容，有教育部的友人告诉他，中央大学准备解聘他，他的名字也已经被列入黑名单。刚好此时牛津大学来电聘他去讲学。在去英国途经香港时，吴世昌亲自拜访了郭沫若，征求他对自己去留的意见。郭沫若说：“去好，不过不要太久。太久了，国内的情况你就疏远了。”吴世昌答道：“你看我甚么时候该回来，就给我写封信。”[②]《观察》的其他核心成员如吴恩裕、楼邦彦、杨人楩、钱清廉等人也不同程度地发生了政治上的左转。

① 可参见商金林编：《叶圣陶年谱》，第318页；范泉：《丏翁和叶老》，《我与开明（1926—1985）》，第30—31页。

② 盛祖宏：《“爱国，岂能不付出代价？”——记吴世昌先生爱国二三事》，中国人民政治协商会议浙江省海宁市委员会、文史资料工作委员会编：《海宁文史资料》第27辑（纪念吴世昌先生专辑）（内部资料），1987年，第39页。

第四章 《独立时论》群体

在20世纪二三十年代，作为中国自由主义领袖的胡适，身边始终围绕着一大批自由知识分子，尤其是胡适和他的朋友们于1932年创办的《独立评论》，将一帮声气相合的人聚合起来，如胡适、丁文江、蒋廷黻、傅斯年、任鸿隽、陈衡哲、翁文灏、吴景超、何廉、周炳琳、陈之迈、张奚若、陶希圣、汪敬熙、萧公权、陈岱孙、顾毓琇、徐炳昶、张佛泉、陈序经、郑林庄等，一时间，知识界赫赫有名的自由主义者纷纷加盟，创造了知识分子言论参政的辉煌。刚从美留学返国的郑林庄给朋友的信中写道："中国目前的情形确很糟。政府不抵抗日本的侵略，很失民心，社会上已失掉重心。但前途亦未完全悲观，因为像胡适这样一些学者已起来说话了。（指胡适所办的《独立评论》——笔者注）"①可见，郑林庄将胡适和他的这些《独立评论》的朋友看作"一言兴邦"的人物。对于这段经历，胡适亦常萦绕入怀，魂牵梦绕。

---

① 郑林庄：《胡适反动思想对我的影响》，《光明日报》1955年2月1日。

第一节 胡适与独立时论社

一、胡适“葫芦里的药”

1946年7月5日，去美国八年又九个月的胡适自美乘船抵达上海，一周后飞南京与朋友叙话，29日飞回北平。这期间，胡适与上海、南京各界人士广泛接触，成为各大报刊新闻记者重点关注对象。记者向他求证关于他即将组党的传闻，胡适予以否认。有记者以中国来日大势相询，胡适避开了这个话题，说道：二十五岁生日的时候，我曾作一词，末句是“我不才，葫芦里，也有些微物，试与君猜”，那时是1916年12月，迄今30年了，如今垂老，葫芦里的药已尽矣。朋友们劝他恢复《独立评论》，胡适不置可否。有的记者问他对中国时局有什么看法，“胡氏辄谓隔膜，尚须‘学习’，无可奉告”。[①]胡适的沉默，让很多人感到失望，特别是那些对他寄予深切希望的自由知识分子，心里很是疑惑：胡适葫芦里到底装的是什么药？

早在胡适动身归国之前，他的朋友、同事、学生等各界人士纷纷写信给他，帮他介绍、分析国内各方面的情形，并提出各种各样的建议。他们希望胡适能出面领导教育界人士，整顿并大力发展抗战期间惨遭破坏的教育、学术事业，为即将开始的国家建设奠定基础，同时，更希望胡适以思想导师、舆论领袖的身份站出来，将自由知识分子团结在一起，对中国政局的发展方向、国家民主建设进程，起到切实的指导作用。1945年9月2日，武汉大学校长、老朋友周鲠生致信胡适，言道：

---

① 《组党传说中胡适的态度》，《观察》创刊号，1946年9月1日。

国内政治经济均在大转变之阶段，以前种种一言难尽，不必赘述。问题之关键在于今后之如何改进。如果中央有实行走上民治大道之诚意，而共派真肯为统一而就范，则在现今有力之国际环境下，平和的改进大有希望。若真如悲观者流所想，两方均无此诚意，则在相当长期中，国家社会的混乱情形终不可免，而政治经济无由改观。此则有待于进步思想的权威学者言论家以超然的立场切实向国人致其警告而指示以出路也。①

9月15日，浙江大学教授张其昀给胡适写信：“宪政乍起，国会初开，怎样领导群伦，以踏上民治的正轨，那更望有学府的山斗来主持全国的议坛，想海内人士均有此期待。先生此日，可谓握政学之枢纽，归期从早，尤所盼企。”②9月21日，北京大学哲学系教授贺麟致信胡适，表达了同样的意思：“日本投降，中国已走上和平建国之途。政治民主化亦为必然之趋势，但仍须教育、思想、言论各方面积极努力，基础方巩固。”③

从情理上说，胡适离开祖国八年多，归来后已是人事两迁，各方面都不是很熟悉，尤其是时局问题更为复杂。在这种情况下，不要说胡适，就是任何稍有身份的人，也不得不慎重发言。胡适自谓“葫芦里药已尽”，当为自谦之词。但要想弄明白胡适葫芦里到底装了些什么药，还得回顾一下胡适在美八年的生活经历和思想上的变化④。

作为“实验主义”的信奉者，胡适的个人经历对其思想的波动和调

① 《周鲠生致胡适》（1945年9月2日），《胡适来往书信选》（下），第29－30页。

② 《张其昀致胡适》（1945年9月15日），《胡适来往书信选》（下），第38页。

③ 《贺麟致胡适》（1945年9月21日），《胡适来往书信选》（下），第40—41页。

④ 关于胡适在美八年多的经历，胡明先生曾做过细致的梳理和详细的描述。可参见胡明：《胡适传论》，人民文学出版社，1997年。

适至关重要，这也是他在抗战胜利后一切言行所出的凭据。其中，有两点值得特别注意：一是胡适的参政经历，一是胡适对苏联和共产主义态度的转变。

从1938年9月17日被国民政府正式任命为驻美大使，到1942年9月18日卸职，胡适参与实际的政治工作整整四年。四年的时间虽然不是很长，但对胡适影响非常大。为了使欧美等国政府和人民了解中国人民的抗日战争，以取得道义支持和经济援助，胡适四处奔波，切身感受到了作为一个弱国官员的种种无奈及辛酸，对蒋介石也有了感同身受般的了解和同情。1938年6月23日，胡适借他人之口在日记中写下"蒋先生可怜，也真可佩服"这样的话①。1944年10月，《纽约时报》就史迪威将军被召回一事发表评论，作者布鲁克斯·阿特金森（Brooks Atkinson）攻击蒋介石是"军阀"，"他解除史迪威将军的职务，又任命一位继任者，努力维持一个不透明的、冷心肠的、独裁政权"。这让胡适大为惊讶和不满，"Atkinson[阿特金森]住中国近两年，而所见如此！"②

当作为大学教授以独立身份发表言论的时候，胡适就反复强调"负责任的思想"（Responsible Thinking）之重要。他认为：知识分子谈论政治，为民族命运、国家前途筹谋划策，是"一言可以兴邦，一言可以丧邦"的事，来不得半点怠慢。出任驻美大使从事实际政治工作后，胡适更感到责任重大，也亲身体会到了完成职责所规定的工作是多么不容易。1939年3月11日，胡适日记中有这样的话：

我从前谈文字改革，思想改革，明知其有利无害，故从来不感觉迟疑。近十年来，事势所迫，我不能不谈政治，才感觉"替

① 曹伯言整理：《胡适日记全编》（7），安徽教育出版社，2001年，第124页。

② 曹伯言整理：《胡适日记全编》（7），第561—562页。

社会国家想出路，这是何等重大的责任！……近年我不能不讨论对日本和战的问题，责任更重大了，有时真感觉到担不起这大责任。然而替《独立评论》或《大公报》写文字，究竟还只是“言论”，还不是直接负责任。去年十月十一月两个月的经验，才是负实际政治的责任，——有一次我拟了一个电报，我的两个秘书不敢译发，要求我改动，我叫他们照原文发出。这种责任心使我常感觉担负不了！①

胡适的这种在实际政治工作中的责任感，令他逐渐去“同情的了解”蒋介石。1947 年，北大工学院的一个苦闷的青年写信给胡适，表达了对国民党及其政府一意发动内战行径的痛恨，特别是针对蒋介石言辞尤为激烈，他请求胡适为青年和国家指示一条出路。胡适在回信中为蒋介石辩解，说道：

蒋介石先生有大长处，也有大短处。但我在外国看惯了世界所谓大人物，也都是有长有短，没有一个是天生的全人。蒋先生在近今的六个大巨头里，够得上坐第二三把交椅。他的环境比别人艰难，本钱比别人短少，故他的成绩不能比别人那样伟大，这是可以谅解的。国家的事也不是一个人担负得起的。②

这种对蒋介石及其政府的“同情的了解”，使胡适的发言立场出现了转移。虽然归国后的胡适已经恢复了独立、自由的身份，在理念上也不认同国民党的“三民主义”，但在心理上、政治态度上，胡适还是选择与蒋

① 曹伯言整理：《胡适日记全编》（7），第 203 页。

② 《胡适致邓世华》（1947 年 6 月 2 日），《胡适来往书信选》（下），第 202 页。

介石及其政府站在了一起。

在20世纪二三十年代，尽管胡适对苏共的“大清洗”心怀戒惧并激烈批判，但对于其在经济上取得的巨大成就仍予以积极肯定，也就是说，胡适对苏联是抱有一定好感的。抗战全面爆发后，苏联支持中国政府抗击日本，给予军事援助，胡适对此心知肚明。但此后发生的一些事情，使胡适对苏联越来越不信任，越来越反感。

1939年8月22日，苏联与德国签订互不侵犯条约，胡适得知后感到惊讶，但表示理解。一个多月后，当在报纸上看到苏联入侵波兰的消息时，胡适深表意外，异常震惊：

> 早起见报纸大字“Soviet Invades Poland”[苏联入侵波兰]大吃一惊。
>
> 苏俄此举大出我的意料。我以为苏俄的动机不过是避战孤立而已，尚不至于实行侵略土地。今竟出兵攻波兰实行与德国瓜分波兰了！①

三天后，胡适收到了中国外交部转来的莫斯科电讯，看到了苏联对此举的辩解，但他仍无法完全消除对苏联的疑虑。而当1946年2月《雅尔塔协定》公布以后，胡适对苏联完全失望，直接将它划入帝国主义侵略势力的行列，认定它是一个威胁中国甚至世界和平的危险力量，从而成为一个坚定的反苏人士。

在美国，胡适与社会各界人士广泛接触，有着极为丰富的消息渠道，他对苏联内部的政治、经济情形了解得越来越多。二战中，共产主义革命思潮在世界范围内迅速扩散，许多国家都发生了共产党游击队与政府军的

① 曹伯言整理：《胡适日记全编》（7），第279页。

对峙甚至是内战，胡适对此深为忧虑，再联系到国内的国共政局及中国的前途，胡适对于共产主义和共产党的憎恶情绪不断累积。1944 年 12 月 8 日晚，胡适去朋友家吃饭，与几个学者谈天，其中较多地谈到了共产党的问题：

> Markham 曾在南斯拉夫 Tito[铁托]军中住多时，最近始归来。他说的那儿的游击队情形，共产党情形，都可借作我国沦陷区游击区情形的记载。
>
> 最近欧洲新解放的各国（法、比、丹、意、希腊），无一国不发生政府与共产党主持的“抗战队”（或其他名称）的火并情形。政府主张解除此种军队的武装，而此种队伍不受命，故发生流血。最惨者为前昨日的 Athens[雅典]的英国海陆空军开火援助希腊政府，攻击其他的“抗战队”的事件。
>
> 此种事件最足以使我们明了这十多年的中共问题，及这十年的中共对日作战问题的态度，及将来的中共问题。[①]

作为自由主义者的胡适，从理念上来讲，与共产主义是不能兼容的。在现实中，与国民党及其政府瓜葛甚多的胡适一旦回国，也将面对着国共斗争的局势。1945 年 4 月 30 日，胡适北大时期的学生、蒋介石的侍从秘书陶希圣致信胡适：“今年二月末，曾与布雷先生详论中国之大局与前途，认为……今后一年间，国家之政治危机实大于军事危机。并曾于谈后致函孟真，谓先生在国外，与孟和、孟真之在国内，均不能坐视而必有以挽救国家政治危机也。”[②]接着，他从“民主政治与党派问题”“中共武力问题”

① 曹伯言整理：《胡适日记全编》（7），第 568—569 页。

② 《陶希圣致胡适》（1945 年 4 月 30 日），《胡适来往书信选》（下），第 11 页。

“苏联之世界政策”“旧金山大会前中共之活动”“柏林陷后中共之方向”“学界之动向”“国民大会可能引起之政争”“中共之最终目的”“政府对苏政策”“学界努力之必要”等十个方面阐述了战后中国即将面临的危机及应对之策，每一条都直接或间接针对中共。最后，陶希圣恳请胡适帮政府的忙，并指出了努力的方向：

> 今日欲应付此大于军事危机之政治危机，政府固当努力于外交与内政应有之措施，尤以内政为急。然学术界之合作，亦至为迫切之必要。一般民主主义者如能与政府合作，则外而英美界之舆论，内而政府之信望，皆可望有利于危机之克服。
>
> 以上虽为希个人之所见，其正确之程度如何，或尚有问题，然而国内外酝酿之政治危机，已有欧洲从荷兰到希腊之先例为证，当不是全出于揣测。学术界洞察及此者其人不多，而足以领袖学界，转移颓势，使国家克济危难者其人更不在多数。希察委员长之意，先生如能回国，最有裨于此一时机，即万一不能回国，已必有以贡献于国家存亡荣辱之会。此一观察，乃希斯函之用意也。
>
> 为反抗侵略强权而作战，比及侵略强权失败，而国家名存实亡，可寒心之事方源源而触吾人之心目。吾人在此触目惊心之秋，集全国之智慧犹虞不及，则先生当知国内之需要于先生者之如何也。[①]

陶希圣在信中如此推心置腹，是将胡适当作“自己人”看待的。虽然不知胡适如何复信，但可以肯定的是，陶希圣的这封信，对胡适起到了很重要的影响。它不但给胡适详细介绍了国内各方面的动态，也在某种程度

① 《陶希圣致胡适》（1945年4月30日），《胡适来往书信选》（下），第15—16页。

上肯定了胡适自己对于国内时局的判断，从而坚定了自己的选择。1945年8月，胡适给毛泽东写了一封信，委托王世杰、傅斯年转交。在信中，他劝告毛泽东及其领导的共产党，为了国家前途和人民福祉，放弃武力，忘掉与国民党的恩怨，做一个合法的第二政党，“万万不可以小不忍而自致毁灭”[①]。自此后一直到1947年7月，对于国内政治危机，即国共斗争僵局的化解，胡适再未正面发表看法。

二、独立时论社的成立

当胡适回国的时候，国共全面内战已经爆发，但和谈仍断断续续地进行着。到了1947年初，国内政治局势急转直下。2月，国民党驱逐了中共驻北平和驻沪代表团，国共彻底决裂。战场上，国共两党展开激烈的厮杀，在国统区也开始了对知识分子的争夺，双方阵营分明，火药味十足，舆论界一片混乱。这个时候，胡适的政治态度尽管仍未完全公开，但在私下里，特别是与信得过的朋友，就国共问题及在此时局下如何选择的问题，进行了多次讨论。1947年2月4日，傅斯年给胡适写了一封信，表达了自己对时局的看法，并指出了应该努力的方向：

① 胡适致毛泽东的信全文如下：“润之先生：顷见报载，傅孟真转述兄问候胡适之语，感念旧好，不胜驰念。二十二晚与董必武兄长叹，适陈述鄙见，以为中共领袖诸公，今日宜审查世界形势，爱惜中国前途，努力忘却过去，瞻望将来，痛下决心，放弃武力，准备为中国建立一个不靠武装的第二政党。公等若能有此决心，则国内十八年之纠纷一朝解决，而公等二十余年之努力皆可不致因内战而完全消灭。美国开国之初，吉福生十余年奋斗，其所创立之民主党遂于第四届大选获得政权。英国工党五十年前仅得四万四千票，而和平奋斗之结果，今年得一千二百万票，成为绝大多数党。此两事皆足供深思。中共今日已成为第二大党，若能持之以耐心毅力，将来和平发展，前途未可限量。万万不可以小不忍而自致毁灭。以上为与董君谈话要点，今特电达，用供考虑。胡适，八月二十四日。”资料来源：《大公报》（上海），1946年7月17日。

自由主义者各自决定其办法与命运。不过，假如先生问我意见，我可以说：

一、我们与中共必成势不两立之势，自玄学至人生观，自理想至现实，无一同者。他们得势，中国必亡于苏联。

二、使中共不得势，只有令政府不倒而改进。

三、但，我们自己要有办法，一入政府即全无办法。与其入政府，不如组党；与其组党，不如办报。

四、政府今日尚无真正开明、改变作风的象征，一切恐为美国压力，装饰一下子。……

五、我们是要奋斗的，惟其如此，应永久在野，盖一入政府，无法奋斗也。……

六、保持抵抗中共的力量，保持批评政府的地位，最多只是办报，但办报亦须三思，有实力而后可。今日斗争尖锐强烈化，如《独立评论》之free lancer[自由作家]，亦不了也。我想先生看法也是如此，这些话都是多余的。[①]

两天后，即2月6日，胡适给傅斯年回信，也向他表白了自己的心迹：

我因为很愿意帮国家政府的忙，所以不愿意加入政府。……故此信所说都是赤心的话。

我在野，——我们在野，——是国家的、政府的一种力量，对外国，对国内，都可以帮政府的忙，支持他，替他说公平话，给他做面子。……

这个时代，我们做我们的事就是为国家，为政府，树立一点

① 《傅斯年致胡适》（1947年2月4日），《胡适来往书信选》（下），第170页。

力量。……[1]

胡适与傅斯年之间是亦师亦友的关系，彼此之间非常信任，傅斯年信中所言，对胡适影响颇大。限于资料的不足，无法证明胡适也向他人做过类似的表白。但胡适的政治态度在北大相熟的朋友中间，已经不是秘密。同样，傅斯年对胡适所言，也应该对朋友们如陈雪屏、崔书琴、张佛泉等人提起或者仔细讨论过。在胡适以往的朋友中，有不少人与他抱有相同或相似的政治态度，在国共尖锐斗争的危局中，他们普遍倾向于国民党，对政府仍抱有希望。于是，这些政治态度相近的教授很容易就走到了一起。

据张佛泉回忆，1947 年 4 月左右，他和崔书琴（与张佛泉同为北大政治系教授）找胡适商议，准备创建一个属于自己的发言阵地。张佛泉曾在一篇怀念崔书琴的文章中，详细描述了当时的过程：

三十四年（1945 年）适之先生出长北京大学校长，许多人都建议恢复《独立评论》。《独立评论》是胡先生、丁在君、傅孟真、蒋廷黻诸先生所创办的。它的印刷等费用，是他们几位先生从薪水中捐助出来的，从未接受过他人的津贴。到我被约加入《独立评论》社时，这刊物已销至万余份，它已可以支持自己。这时作者仍不拿稿费。胜利之后的情形，却大不相同了。教授的薪水不够维持生活，稿费成了重要的收入。穷教书的再想自己办一个经济完全独立的刊物，已是不可想象的。《独立评论》的复刊是不可能的。这时我们便商议了一“发稿”的办法。这办法的要点是这样的：我们先集合若干位作家，每人在指定日期交二千字短稿一篇；文稿打成若干份，分寄各地报馆，指定在某日一齐刊出；

① 《胡适致傅斯年》（1947 年 2 月 6 日），《胡适来往书信选》（下），第 173 页。

> 各报馆订购稿件，按月寄付定额稿费。胡先生极力支持这个计划。在一次会议中，这个发稿社被定名为“独立时论社”，大家推举了书琴兄、王聿修兄和我作干事。书琴兄住家在景山东街路南东老胡同，离北大文法理三院极近，我们便决定将社址设在他家，并请他和夫人徐远晖女士担任编辑和执行业务的责任。经过短时间的筹备，胡先生所写的第一篇稿子，便在三十五年的五月四日（五四的第二十七周年）发出去了。全国各报馆已纷纷来定购“独立时论社”的稿件。不出半年的光景，订稿的报纸，竟增至六十五家，包括平、津、京、沪、长春、迪化、成都、大理、桂林、广州、台湾、香港、泰国等地的报纸。当时我们的读者，依保守的估计，亦不少于二百万人。写稿的人多半是北大、清华、南开等校的教授，南方的武汉、浙江等大学的教授也有被约写稿的，我们每月发稿十六篇，且曾发至二十四篇。我们所发出的稿子，对于抵抗共党和它的同路人尤其对于阐扬民主自由的理想，可说曾有很大的贡献。[①]

胡适赞成“发稿社”这种设想。1947 年 5 月初，“独立时论社”正式成立，推举崔书琴、张佛泉、王聿修三人为干事，崔书琴及夫人徐远晖负责编辑和执行业务的工作，张佛泉负责发稿。1948 年 3 月，由崔书琴、张佛泉主持，独立时论社选择部分发过的文稿编辑出版，为《独立时论》第一辑，本来还打算出第二辑，因时局逆转而作罢。1948 年夏崔书琴赴南京就任立法委员后，赵迺抟接替编辑工作，王聿修则兼做会计。1948 年 11 月，

① 张佛泉：《悼亡友崔书琴先生》，张其昀等：《崔书琴纪念集》，台湾传记文学出版社，1967 年，第 97—98 页。

张佛泉亦决定离开北平，独立时论社随即停止发稿，于无形中解散[①]。

在此，有必要提到胡适与《观察》的一段交往[②]。当独立时论社成立的时候，创刊八个月之久的《观察》已经成为自由主义知识分子的舆论重镇。在创刊前，储安平即函请胡适担任《观察》撰稿人，胡适未予回应。《观察》创刊后，储安平仍按期给他寄送《观察》。1947 年 1 月 21 日，储安平再次致信胡适，详细介绍了《观察》的宗旨、态度以及编辑出版情况，请他担任撰稿人，并请胡适为《观察》第 2 卷第 1 期写一篇稿子[③]。这次，胡适答应了储安平的邀请，于是在《观察》第 2 卷第 1 期封面的撰稿人名单上，胡适的名字赫然在列，但胡适仍然没有给《观察》写稿。此后，储安平多次给胡适写信，并亲往北平晋谒，胡适始终没有给《观察》写稿。可以说，作为自由主义的代表人物，胡适并没有给战后最具有自由主义精神的《观察》以任何实质性的支持，而是将所有的文章交付独立时论社发表。

胡适对于《观察》的态度和做法，其实已经表明了他的政治态度。《观察》虽然标榜自由主义的立场，但是对国民党及政府批判甚烈，对社会主义则抱有一定的欣赏。这对于决意抵抗共产主义和共产党、为国民政府“做面子”的胡适来说，是不能认同的。其实，早在抗战期间，鉴于国家和政府的艰难处境，胡适对知识分子总是批判政府已经很不满了，他认为，在抗战这个关涉国家命运的关键问题上，知识分子必须与政府合作共渡难关。他在日记中写道：

李国钦兄从祖国飞回，来看我久谈。他告我国内形势，令人

---

① 具体可参见郑志峰：《“独立时论”群体研究》，《华东师范大学学报（哲学社会科学版）》2008 年第 3 期。

② 关于胡适与《观察》的这段公案，可参见程巢父：《胡适与储安平》，《当代中国研究》2004 年第 2 期。

③ 《储安平致胡适》（1947 年 1 月 21 日），《胡适来往书信选》（下），第 170 页。

叹息。他说："武人可算是尽了他们的责任，中国如不支，罪在文人。"此言可谓"一语破的"。

他说，国内士气还好，军士真可敬爱；最可叹的是一班文人至今不知大体，不能合作。[①]

回国后，胡适已经决定站在政府一方，坚决反对共产主义和共产党，认可傅斯年所讲的"中共一旦得势，中国必亡于苏联"。因此，胡适认为，在国共激烈斗争的时局中，自由知识分子应该站出来，帮政府分析、解决问题，而不是喋喋不休地说三道四。1947年4月，他摘录了两段话写在日记上，虽然未加任何评论，但知识分子该如何发言行事，胡适清晰地表达了自己的看法：

一个眼睛只会向下看，手里拿着粪叉子（揭发丑闻）的人。（《天路历程》第2卷第4页）

手里拿着粪叉子（揭发丑闻）的人对社会是必不可少的，是有益的，但是他们必须知道什么时候该停止掘粪。（T.罗斯福的演说《奠基》，众议院办公大楼。1906年4月14日。）[②]

很显然，胡适希望自由知识分子暂时停止"掘粪"，即使不为政府说话，最起码也应该对某些问题保持沉默。如此，也就不难理解，为什么当朋友们劝他恢复出版《独立评论》的时候，胡适以经济困难为由而拒绝[③]，

---

① 曹伯言整理：《胡适日记全编》（7），第124页。

② 曹伯言整理：《胡适日记全编》（7），第652页。

③ 胡适说："钱价一天一个样，等米下锅的学者不得不为了吃饭著文卖钱，且必须要付他们报酬。此外，劳动价上涨到排一千个字的人比写一千个字的人要得的报酬多。所以我们没办法出版一份真正的'独立'杂志来。"参见胡适：《丁文江的传记》，安徽教育出版社，1999年，第84页。

虽然有经济上的因素，但若结合傅斯年在信中说的“今日斗争尖锐强烈化，如《独立评论》之 free lancer[自由作家]，亦不了也”，就会发现胡适的这套说辞实在言不由衷。

因此，尽管储安平多次通过各种方式邀请胡适，但胡适始终未给《观察》写过一篇文章，而是与崔书琴、张佛泉等人一拍即合，共同创办了独立时论社，并亲自出面，邀请学术界、教育界的知名人士加入，宣扬“以公正的立场”发表时事评论，“很希望我们的意见能够有助于国家政治、经济、社会、教育、文化及科学的进步”①。但是，随着国共斗争的日益尖锐化，自由知识分子的发言空间越来越小，越来越难以保持公正的立场。1947 年 7 月，胡适发表文章支持国民党“剿杀”共产党②，最终公开倒向了国民党一方。

第二节　胡适与《独立时论》群体

独立时论社是由胡适、张佛泉、崔书琴、王聿修等人共同发起创办的。具体的工作由其他几人负责，胡适出面邀请知识分子加入③。先后加入独立

① 《独立时论 · 序》，北京大学出版部 1948 年 4 月刊行。

② 1947 年 7 月 7 日，胡适在南京的《和平日报》上公开发表文章，说“政治党派争夺政治权力应遵循合法的方式去争取大多数人民的支持。用武力推翻政府并不是合法的方式而是一场革命。为自卫起见，镇压共产党的叛乱正是政府的义务。……因而，共产党的叛乱必须要予以镇压”。

③ 1947 年 9 月 10 日，崔书琴致信胡适：“昨天谈到请外埠名家为我们写稿的事情，我现在拟好了一个信纸，您如果认为妥当，就由您具名专函邀请，发给什么人请您自己决定。信打好后请您签名寄来。”[耿云志主编：《胡适遗稿及秘藏书信》（33），黄山书社，1994 年，第 543 页]在《胡适遗稿及秘藏书信》中还录有“独立时论社征稿启事”一则：“××先生：我们北大清华各校的朋友们最近组织了一个独立时论社，寄发文稿到全国各地报馆同日发表。四个月来，成绩还算不错。现在与我们合作的共有二十五个城市的三十九家日报。这些日报拥有的读者合计起来要有好几百万人。每篇文稿除去用费及本社公积金外，可以有七十万的稿费。我希望××先生也能参加我们的工作。每隔两个月寄一篇时论文章来。篇幅以二千五百字最为合宜。文章如果富于时间性，请用最快的方法寄给我们，我们的社址是：北京景山东街东老胡同五号。敬祝　健康”。[耿云志主编：《胡适遗稿及秘藏书信》（33），第 545 页]

时论社的知识分子有四十多人，他们大多为北平各大高校的教授、科研机构的专家学者，也有外地人士。胡适依靠其强大的影响力，将这些自由知识分子团结在独立时论社中，形成了一个松散的自由知识分子群体（请参见附表7）。

一、《独立时论》群体的灵魂

胡适是《独立时论》群体的灵魂。

在中国近代自由知识分子中，胡适是一位“奇理斯玛（Charisma）”式的人物。无论是从教、办刊还是从事其他事业，他总能聚拢一大批知识分子；每到一地，他总能交到许多朋友，“上至总统、主席，下至企台、司厨、贩夫、走卒、卖浆……行列之中都有胡适之底‘朋友’！”作为胡适晚年的入室弟子，唐德刚对胡适的社交才能有过精微的解释：“胡适之有一种西方人所说的‘磁性人格’（magnetic personality），这种性格实非我国文字里什么‘平易近人’、‘和蔼可亲’等形容词所能概括得了的。”[①]这是一种与生俱来的禀赋，是“上帝的礼物”（gift from God），不是可以用修养功夫修养出来的，加之胡适绝顶聪明，兴趣的范围广，欣赏（taste）的境界高，因此他在各行各业里所交游的都是些尖端人物。

胡适之所以能成为自由知识分子的核心人物，除了他的“奇理斯玛”气质外，更重要的是来自他学术、思想上的成就。半部《中国哲学史大纲》奠定了他在学术界的领袖地位，而白话文运动则使他成为思想界的先驱人物，特别是在战后，当年新文化运动和五四运动的领袖日渐凋零，蔡元培、李大钊、陈独秀、鲁迅、钱玄同、刘半农逝世，周作人变节，胡适成了硕

① 唐德刚：《“我的朋友”的朋友》，子通主编：《胡适评说八十年》，中国华侨出版社，2003年，第121—123页。

果仅存的人物。《独立时论》的成员绝大部分为“后五四”一代知识分子。对于五四的不断回忆、解释，是他们认同的基础。在独立时论社中，许多知识分子都是伴随着《努力周报》《新月》《独立评论》一起成长起来的，在他们身上，或深或浅都打上了胡适思想的印记。他们对胡适很是推崇，如胡适的学生丁声树赞誉胡适：“先生的学风，先生的襟度，其肫笃伟大只有蔡先生可以比拟，而治学方法的感人之深，我敢说是三百年来没有人能赶得上的，——三百年前的非科学时代无论矣。”[①]郑天挺则形容胡适为北方学术界所倚靠的“长城”[②]。

在教育界和学术界，胡适掌控或能施以影响的学术资源之多是其他人无可企及的。他是国立北京大学校长、欧美同学会会长、中华教育文化基金董事会资深董事、中英庚款委员会董事、协和医学院董事会董事，中央研究院是由胡适及其朋友们掌握的。同时，胡适也有复杂的权势网络，与教育部长朱家骅、外交部长王世杰都有不错的交情，他的朋友如蒋孟麟、翁文灏为国府政要。胡适返国后，国民政府频频邀请胡适入阁，从驻美大使到教育部长、国府委员，到行政院院长，甚至是总统候选人，胡适的名字和国民政府紧密地联系在一起，被各大媒体所关注。

凡此种种，使胡适拥有了巨大的象征资本。象征资本是是一种信誉，它授予那些被公认为可以影响公共舆论的人，就此而言，象征资本是一种建构的权利，一种通过社会动员构成群体的力量[③]。

除了抽象意义上的凝合力，群体的形成还依赖于具体的关系纽带，而胡适则是一个十分重视建立各种社会联系的人。唐德刚指出：胡适有一个很明显的特点，“便是那千余年科举制所遗留下来的中国知识分子着重籍

---

① 《丁声树致胡适》（1945年9月19日），《胡适来往书信选》（下），第39页。

② 《郑天挺致王世杰》（1947年12月14日），《胡适来往书信选》（下），第289页。

③ 章清：《胡适派学人群体与现代中国自由主义的趋向》，《史林》1998年第1期。

贯的‘畛域观念’，和传统士子们对个人出身和学术师承底‘门户之见’”。具体来说，胡适是安徽人，哥大出身，北大成名，因而他对于“这三重背景都存着很深厚的温情主义，而且老而弥笃”。[①]

如表4-1所示，在《独立时论》群体中，北京大学（京师大学堂）出身的有13人，在北大任教的有27人，其他如陶孟和、齐思和、郑林庄、萧公权等人亦曾执教北大或在北大兼课。这个群体中的知识分子绝大多数留学美国，陈友松、陈雪屏、邱椿、赵迺抟、汪敬熙、周作仁、杨西孟、韩寿萱、戴世光等人均曾求学于哥伦比亚大学（或在哥大从事研究工作），与胡适为校友。而朱光潜、吴景超则是胡适的安徽同乡，二人与胡适的关系非常密切。

表4-1 《独立时论》群体中籍贯安徽、留学哥大、任职北大的成员

姓　名	籍贯	教育背景	留　学	任　职
胡　适	安徽绩溪		美国哥伦比亚大学	北京大学校长、中文系教授、主任
崔书琴				北京大学政治学系
张佛泉				北京大学政治学系
王聿修				北京师院政治学系
赵迺抟		北京大学	美国哥伦比亚大学	北京大学经济学系
毛子水		北京大学		北京大学史学系
汪敬熙		北京大学	美国哥伦比亚大学	北京大学动物学系[②]
陈雪屏		北京大学	美国哥伦比亚大学	北京大学教育学系
燕树棠				北京大学法律学系
朱光潜	安徽桐城			北京大学西语系
郑天挺		北京大学		北京大学秘书长、史学系主任
郑华炽				北京大学教务长、物理学系

① 唐德刚：《胡适杂忆》，第3页。

② 1948—1952年，汪敬熙任联合国教科文组织科学组织部主任。

（续表）

姓　名	籍贯	教育背景	留　学	任　职
邱　椿			美国哥伦比亚大学	北京大学教育学系
杨西孟		北京大学	美国哥伦比亚大学	北京大学经济学系
陈振汉		南开大学		北京大学经济学系
蒋硕杰				北京大学经济学系
马大猷		北京大学		北京大学物理学系
陈友松			美国哥伦比亚大学	北京大学教育学系
冯　至		北京大学		北京大学西语系
韩寿萱		北京大学	美国哥伦比亚大学	北京大学史学系
周作仁		北京大学	美国哥伦比亚大学	北京大学经济学系
沈从文		北京大学旁听		北京大学中文系
邓嗣禹				北京大学史学系
吴之椿				北京大学政治学系
王铁崖				北京大学政治学系
楼邦彦				北京大学政治学系
吴恩裕				北京大学政治学系
胡先骕		京师大学堂		
吴景超	安徽徽州			
戴世光			美国哥伦比亚大学研究工作	

在《独立时论》群体中，大多人与胡适有着这样那样的渊源。大体可以分为四类。

第一类是胡适多年的老朋友老同事。如陶孟和、胡先骕、燕树棠等人。胡先骕在美国留学时与胡适已经认识，归国后任教于南京高师，在新文化运动时期曾与胡适争论“新诗”问题，被称为“南北二胡”，二人从此成了好朋友。陶孟和与胡适为北京大学老同事，胡适创办《努力周报》，陶孟和是主要撰稿人之一；1926年，陶孟和受聘为中华教育文化基金董事会秘书，创办社会调查所。从1927年6月起，胡适长期担任中基会董事，以后相继兼任过秘书、名誉秘书、代理干事长、干事长等职，与陶孟和有着良好的合作关系[①]。1932年，胡适介绍北大学生千家驹去陶孟和那里工作，陶打听说千家驹是北大的捣乱头子，还可能是共产党，便有些犹豫。胡适说，捣乱和做研究是两码事，你一个研究所，怕他捣什么乱，这才打消了陶孟和的顾虑[②]。可见，两人私交非比寻常。在胡适出掌北大后，陶孟和积极为北大延揽教师，如北大经济系的樊弘教授就是他介绍的。

第二类为得到胡适赏识、提携的学人，如毛子水、汪敬熙、沈从文、冯至、张佛泉、韩寿萱、杨西孟等人。胡适爱才，遇到可造之才时，会予之以无私的帮助。胡适刚任教北大时，有一次在北大校刊上看到一篇署名毛准的文章，是从文学、音韵学角度解释《诗经》的。胡适大为叹赏，经调查发现作者是一个数学系的学生，深感惊讶。此后，毛准（即毛子水）经常出入胡适寓所，后由胡适推荐赴德留学，回国后由胡适邀请到北大任教，还担任北大图书馆馆长。这时，毛子水仍然是胡适的座上客，以至于有人戏称毛子水为“胡宅行走”[③]。石原皋在《闲话胡适》一书中也提到毛子水与胡适关系密切：“胡适的藏书房中有他的一架图书，是他出国时存放在胡家的，多数是外文理科书。他在北大没有教课，也不整天呆在图书馆里办公，闲得无聊，几乎天天都要到胡家来，不一定找胡适，而常与其家人谈天。他秃顶，头上有少许头发，好像张乐平所画的《三毛流浪记》中的三毛，我开他玩笑，戏呼为‘毛三爷’，他毫不介意。他是胡适的信

① 可参见季维龙：《胡适与中华教育文化基金董事会》，耿云志编：《胡适评传》，上海古籍出版社，1999年，第116—144页。

② 千家驹：《千家驹论胡适》，[美]唐德刚：《书缘与人缘》，广西师范大学出版社，2015年。

③ 参见邓广铭口述，苏敏整理：《胡适与北京大学》，《传记文学》（台北）第76卷第3期。

徒，思想保守，但为人是忠厚老实的。”[①]沈从文早年深得胡适赏识，他能入中国公学任教、为《新月》和《现代评论》写稿子，都是通过了胡适的关系，还通过胡适介绍结识了大批学者和教授，是胡适派学人中的重要成员。韩寿萱是北大毕业的学生，全面抗战时期由胡适推荐到美国国会图书馆辅助美国著名汉学家恒慕义（Arthur William Hummel，1884—1975）的工作（当时胡适任驻美大使），后又经胡适推荐到联合国博物馆工作[②]。韩寿萱对胡适的提携深为感激，当 1947 年胡适决定在北大增辟博物馆学职业专科时，韩寿萱应师命回母校效力。杨西孟亦出身北大，1947 年 4 月，胡适帮助他申请到洛克菲勒基金到美国进修。

第三类为受胡适影响并服膺其思想的学人，如郑林庄、陈友松等。20 世纪 30 年代，胡适的思想深深影响了年轻一代的成长。到 40 年代，这些人都处于青壮年时期，在胡适的邀请下，纷纷加入独立时论社。如郑林庄从中学时就受到胡适的影响，《新月》时期，郑林庄是燕京大学的大三学生，胡适在《我们走那条路》一文中提倡“集合全国人才，采用科学知识和方法，一步一步的作自觉的改革”的社会改良主义对他影响极大，后来郑林庄参加“农村建设训练课程”就是实践胡适的这种思想[③]。胡适办《独立评论》时，郑林庄是重要的撰稿人之一，成为胡适派学人中的一员。再如陈友松。中学时期，陈友松读了胡适的《尝试集》和《易卜生主义》，曾以“我”为题在日记中写了大量的打油诗，如“我想我之为我不是我，我想人想我之为我不是我，我之为我我才是我，我不是我的我，我是社会的我，我信我有许多我，我是长流无限”。1927 年，陈友松从菲律宾师范学校毕业，入商务印书馆做图书管理员，与胡适偶遇。胡适亲手写了一个屏

① 石原皋：《胡适的三朋四友》，见氏著：《闲话胡适》，安徽人民出版社，1985 年，第 74 页。

② “受业辱承不弃，屡荷提携，心时感之。联合国博物馆工作既可得经验又可赴欧参观，实最好之教育机会。承先生提携，尤为感激。”耿云志主编：《胡适遗稿及秘藏书信》（33），第 556 页。

③ 参见郑林庄：《胡适反动思想对我的影响》，《光明日报》1955 年 2 月 1 日。

条“必须要严格地不信任一切没有充分证据的东西”送给陈友松。陈友松回忆说，“这个屏条多年成了我的座右铭”[①]。1932年左右，陈友松在美国哥伦比亚大学读书，接触到了一些介绍苏联的书籍，如《苏联对美的挑战》《苏联的教育》《苏联的人之初》等，对社会主义的苏联产生了很大兴趣，还曾到纽约共产党宣传机关阅读国际出版社的红色读物，并结识了冀朝鼎，遍读他书架上的马列主义书籍。此时，陈友松又遇到胡适，“再度受他的影响而右转了”。而且，当时陈友松在哥大接受了系统的杜威主义，与胡适有了共同的思想渊源。所以，1947年胡适创办独立时论社的时候，陈友松再一次跟从胡适。

第四类为受聘进入北大任教的学人，如邓嗣禹、陈振汉、蒋硕杰、吴恩裕、王铁崖、楼邦彦等人。这些人进入北大，均是胡适亲自发聘书邀请而来。在胡适的号召下，他们也积极回应，加入独立时论社。其中，邓嗣禹、蒋硕杰、陈振汉与胡适较为亲近。是胡适亲自邀请来的，邓嗣禹在美国工作时即与胡适相识，曾数次邀请胡适赴芝加哥大学演讲，建立了良好的私人关系[②]。1946年邓嗣禹致信胡适：“玉照今日始洗出，的确不错。从照片看来，老前辈变成小弟弟了，自怜亦堪自笑。”[③]口吻亲密近于戏谑，可见两人私交很好。蒋硕杰是国民党元老蒋作宾之子[④]，曾随父赴日学习，后入英国伦敦大学政治经济学院研习经济学，1945年获博士学位。是年，与来英国参加世界青年大会（World Youth Conference）的胡适初次相识，

① 参见陈友松：《检查胡适在教育方面的反动影响和胡适思想对我的影响》，《人民教育》1955年1月号。

② 参见黄培：《追思邓嗣禹教授》，《传记文学》（台北）第53卷第1期。

③ 耿云志主编：《胡适遗稿及秘藏书信》（33），第198页。

④ 蒋作宾（1884—1942），字雨岩，湖北应城人，秀才出身。1905年春留学日本，加入同盟会。1908年日本士官学校步兵科毕业，回国后任保定军官（俗称学校教官），次年调陆军部军衡司任职，1911年升为司长。南京国民政府成立后，历任陆军部次长、国民政府和军事委员会委员、驻德公使兼驻奥地利全权公使、驻日公使和大使、内政部部长、安徽省政府主席等职。

1946年应胡适之邀任北大经济系教授。而陈振汉亦是在美国留学时期与胡适结识。1936年秋，陈振汉进入美国哈佛大学学习，适逢哈佛300周年纪念，胡适应校方邀请来演讲，其间与中国留学生广泛接触，这是陈振汉第一次认识胡适，留下了深刻而美好的印象。

二、《独立时论》群体的核心人物

在《独立时论》群体中，崔书琴、张佛泉、王聿修是核心人物。

崔书琴、张佛泉、王聿修与胡适同为独立时论社的发起人，崔书琴、张佛泉、王聿修三人任干事，崔书琴负责编辑和执行业务的工作[①]；1948年崔书琴辞去北大教职，赴南京就任立法委员后，由张佛泉接替其发稿的工作，王聿修则兼做会计[②]；由于工作比较繁复，赵迺抟也承担了部分工作[③]。赵迺抟是胡适任教北大时期的学生，后来又成为胡适的哥大校友，毕业后回母校任教，与胡适又成为同事。

崔书琴与张佛泉为河北同乡、哈佛大学同学，二人在1933年哈佛大学读书时即已相识，1937年春，崔书琴应陶希圣之邀任教北大政治系，张佛泉也在政治系任教，二人成为同事。全面抗战伊始，北大、清华、南开在长沙组建临时大学，此时，北大政治系只剩下两位教授，即崔书琴和张佛泉，二人住在长沙圣经学校的宿舍，同居一室，朝夕相处。到昆明后，西南联大法学院设在蒙自东门外法国银行旧址，张佛泉与崔书琴又同住一间

① 张佛泉：《悼亡友崔书琴先生》，张其昀等：《崔书琴纪念集》，第97页。另据陶希圣回忆，他曾担任独立时论社协助发行的工作。可参见陶希圣：《记崔书琴先生》，张其昀等：《崔书琴纪念集》，第78页。

② 张佛泉：《悼亡友崔书琴先生》，张其昀等：《崔书琴纪念集》，第98页。

③ 赵迺抟：《赵迺抟自述》，高增德、丁东编：《世纪学人自述》第一卷，北京十月文艺出版社，2000年，第192页。

房。长时期的相处，二人不仅结下了深厚的友谊，对许多问题尤其是政治问题都有了大致相似的见解。战后，二人随北大复员回到北平，因为张佛泉的关系，加上政治立场的相近，胡适与崔书琴也渐渐熟悉并亲近起来。在独立时论社，张佛泉、崔书琴与胡适的交往最为频繁。早在《独立评论》时期，张佛泉就是胡适派学人群中的重要成员。胡适对张佛泉也很欣赏，多方面予以提携。在北平，他们三人与一帮朋友共同发起、参与了许多公共活动，比如创办独立时论社，主意是崔书琴提出的，胡适是领袖，实际工作由崔书琴、张佛泉、王聿修负责，而崔书琴是最主要的负责人；再比如响应国民政府号召，发起成立“平津市民治促进会”，张佛泉是“市民治”运动最主要的提倡者，他的《“市宪章”解》[①]一文被认为是这个组织的实施纲要，而在平津市民治促进会的成立过程中，崔书琴也是积极的参与者，帮助谋划与筹备；崔书琴、张佛泉还积极为胡适文集的出版奔走，胡适在战后唯一的文集《胡适的时论》，就是由崔书琴建议并与张佛泉共同联系安排出版的[②]。

在《独立时论》群体中，崔书琴的位置非常关键。

崔书琴（1906—1957），河北故城人，生于天津。1927 年加入国民党，1930 年毕业于南开大学，旋赴美入哈佛大学研究院。1934 年获政治学博士学位后返国，任东北外交研究委员会研究主任，后任教于中央政治学校。全面抗战期间执教于西南联大。1946 年随北大复员回到北平，1948 年夏辞北大教职，赴南京任国民政府立法委员。1949 年去台湾。

崔书琴出生于巨富之家，中学时期加入国民党，是三民主义的忠实信徒。他在哈佛所作博士论文为《广州与莫斯科协约对于孙中山先生政治哲学及革

---

① 《独立时论》，1947 年 6 月 1 日。

② 可参见耿云志主编：《胡适遗稿及秘藏书信》（33），第 540、541、549 页。

命策略之影响》，被称为“三民主义博士”[①]。无论是在昆明西南联大还是在战后的北平，崔书琴都是国民党及其政府的坚定拥护者，夏济安回忆说：“那时的教授之中假如还有几个人能替政府收拾人心的，崔先生该是其中最诚恳、最受尊敬的一位。”[②]为维护国民政府的声誉，他不但与批评政府的知识分子辩论，而且利用教授的身份，在学生中积极发展国民党员，“西南联大有几位优秀同学，大约是经过崔先生的诱导和说服，才加入了国民党”。[③]崔书琴热衷于政治，夏济安说，崔书琴的生平大事就是他的政治工作[④]，并惋惜地说：“假如崔先生安心做他的教授，研究他的政治学和国际公法，少为实际政治操心，他可能再活二十年。”[⑤]罗常培则讥讽他是“专给 CC 作耳朵的”[⑥]。在 1947 年国民政府参议员选举和 1948 年的政府“行宪”中，他和陈雪屏、张佛泉、胡适等人都属于比较活跃的学院派自由知识分子。不过，在与同事、朋友的交往中，崔书琴是以一个对三民主义有独到研究的教授的面貌出现的，蒋梦麟认为崔书琴学识丰富，治学严谨，且“彬彬儒雅，忠厚诚挚，尽管有辩论，有争执，但无恶声，从不骂人”[⑦]，因此，他在学术界、教育界特别是在那些倾向于政府的自由知识分子中间还是颇有声望的。

崔书琴很善于社交，邓嗣禹称他为“非正式的国民外交部长”，在“平津政学商各界人士，他认识得很多，联络得很好。去平津做研究工作的外国学者，他跟北平图书馆长袁同礼等，尽量帮助，使他们居之安，研究工作顺利进行”。每逢星期六下午，崔书琴家就成为一个自由知识分子聚集的场所，“下午三、四时许，北大、清华、燕京的教授们，中有大名鼎鼎的

---

① 王乐麟：《悼忆崔书琴师》，张其昀等：《崔书琴纪念集》，第 16 页。
② 夏济安：《记崔书琴先生对于国事的态度》，张其昀等：《崔书琴纪念集》，第 75 页。
③ 夏济安：《记崔书琴先生对于国事的态度》，张其昀等：《崔书琴纪念集》，第 75 页。
④ 夏济安：《记崔书琴先生对于国事的态度》，张其昀等：《崔书琴纪念集》，第 73 页。
⑤ 夏济安：《记崔书琴先生对于国事的态度》，张其昀等：《崔书琴纪念集》，第 73 页。
⑥ 《罗常培致胡适》（1946 年 4 月 24 日），《胡适来往书信选》（下），第 102 页。
⑦ 潘霨：《悼崔书琴教授》，张其昀等：《崔书琴纪念集》，第 160—161 页。

科学家、文学家，以及政治新闻学家等等，去他家打麻将或桥牌”，饭后，崔太太宣布饭菜费用，大家平均分配负担，再喝茶吃水果，即散会，“虽然来的人政治背景不同，而能在一起吃喝玩笑，这是崔书琴的外交手段”。[①]因此，《独立时论》的业务能顺利展开，负责集稿的崔书琴起到了重要作用。这其中，崔书琴与独立时论社员之间的学缘纽带颇值得一提。

如表 4-2 所示，在《独立时论》群体中，具有哈佛教育背景的有 12 人。其中，崔书琴与张佛泉为哈佛同学，燕树棠与吴之椿也有半个同学之谊，陈岱孙与胡先骕同时在哈佛留学，陈振汉、邓嗣禹、巫宝三、齐思和、马大猷 5 人中，除齐思和稍早一两年外，其余 4 人几乎同时就读于哈佛。邓嗣禹曾深情回忆起学缘在他交游中所起到的作用。1946 年，邓嗣禹休假，应胡适邀请离开芝加哥大学到北京大学任教，由于胡适的推重，他很快与姚从吾、郑天挺、陈雪屏、沈从文等人熟识起来。此外，“在北大同事当中，我得到了一位很好的朋友，政治外交专家崔书琴先生，哈佛大学博士。因为我们是先后同学，有共同的师友，一见如故。每月领到薪以后，我把钱搁在手提包中，问他那家银行利息高，稳当？他说你把钱交给我，我替你存在银行。即照办，以后每月如此，称他是我的义务财政部长。此后每礼拜六，差不多总在崔家打牙祭”。经济系教授陈振汉也是哈佛出身，邓嗣禹说“我们在哈佛时同学同游玩”，在燕京任教的齐思和，与邓嗣禹不但是燕京校友，亦为哈佛前后同学，“回燕大，如不去翁（即翁独健——笔者注）家吃饭，他们夫妇不痛快”。[②]而翁独健既是邓嗣禹的燕京同学，且为哈佛同学，感情不可谓不深。陈振汉的妻子崔书香[③]，是崔书琴的妹妹，

---

① 邓嗣禹：《北大舌耕回忆录》，《传记文学》（台北）第 46 卷第 1 期。

② 邓嗣禹：《北大舌耕回忆录》，《传记文学》（台北）第 46 卷第 1 期。

③ 崔书香（1914—2006），河北故城人。1935 年毕业于南开大学，同年考入清华大学做研究生，后赴美留学，1937 年获美国威斯康星大学硕士学位，随即入哈佛大学继续深造，1939 年获哈佛大学瑞德克利夫学院硕士学位，1940—1945 年任重庆大学教授，1947—1948 年任燕京大学教授。

陈振汉与崔书琴又是南开校友。崔书琴与巫宝三在哈佛读书时期即相识，在巫宝三的介绍下，陈振汉还认识了费正清。他们中除胡先骕、齐思和、陈岱孙、巫宝三外，均在北大任教，彼此间又是同事。

表 4-2　崔书琴与《独立时论》群体成员的学缘

姓名	教育背景	留学	时间	专业	任职
崔书琴	南开大学	美国哈佛大学博士	1930—1934	政治学	北京大学政治系
张佛泉	燕京大学	美国哈佛大学博士	几乎与崔书琴同时	政治学	北京大学政治系
燕树棠	北洋大学	哥伦比亚大学 哈佛大学 美国耶鲁大学博士	1915—1920	法学	北京大学法律系
陈振汉	南开大学	美国哈佛大学博士	1936—1940	经济学	北京大学经济系
马大猷	北京大学	美国哈佛大学博士	1937—1940	物理学	北京大学物理系
邓嗣禹	燕京大学	美国哈佛大学博士	1938—1942	历史学	北京大学史学系
吴之椿	文华大学	美国哈佛大学硕士	1920 年回国	政治学	北京大学政治系
胡先骕	京师大学堂	美国哈佛大学博士	1923—1925	植物学	静生生物调查所所长
陈岱孙	清华学校	美国哈佛大学博士	1922—1924	经济学	清华大学法学院院长、经济系主任
齐思和	燕京大学	美国哈佛大学博士	1931—1935	西洋史	燕京大学人文学院院长兼历史系主任
巫宝三	清华大学	美国哈佛大学硕士	1936—1938	经济学	中研院社会科学研究所
		美国哈佛大学博士	1947—1948		

因为胡适的关系，以独立时论社为阵地，在崔书琴、张佛泉周围，聚起来一批具有大致相同政治立场的自由知识分子，如毛子水、汪敬熙、陈雪屏、姚从吾、燕树棠等，他们与崔书琴、张佛泉一起构成《独立时论》的核心层。而赵迺抟、朱光潜、邱椿、樊际昌、陈友松、雷海宗、郑华炽

等人则处于核心层的外围，与之构成《独立时论》的主体力量。他们能够联络起来，存在着两个极为重要的关系渠道，即北京大学和国民党（团）组织。

毛子水、汪敬熙、陈雪屏、姚从吾、赵迺抟均为北大出身，除陈雪屏外，其余几人都是五四运动中的积极分子，在北大读书期间彼此之间即相互熟悉，毛子水和汪敬熙都是以傅斯年为核心的《新潮》社成员。汪敬熙1919年毕业于北京大学，与傅斯年、杨振声是山东同乡，时相过从，关系密切。1920年，上海的纺纱大王穆藕初，出资捐助北大的五个学生运动领袖出国留学，号称“五大臣出洋”[①]，其中之一即为汪敬熙。胡适在甄定留学资格时起到了关键的作用，因此，汪敬熙对胡适的知遇之情一直感激在心。1924年汪敬熙自美国归来，应老师朱家骅之邀任教中山大学，后回母校北大执教，担任中央研究院心理研究所所长，他一直未脱离以胡适及其朋友、弟子所组成的学术人际网络。而毛子水不但是胡家常客，且与傅斯年颇为熟稔，“我们在预科功课上虽各属一部，而上课和住宿则同在译学馆。因此，常得于课余晤谈。我们所说的题目，多半在学问上，亦间及政治。无论在哪一方面，我们的志趣大致相同”。[②]毛子水与姚从吾同年由北

① 其他四人为周炳琳、罗家伦、段锡朋、康白情。据冯友兰回忆，当时的官费留学生每月每人90美元，而穆藕初给的费用是120美元。当时通过资格考察的还有孟寿椿，但因为名额限制不能去。于是，其余五人自愿每人每月让出20美元，凑起来作为孟寿椿的留学费用，所以，实际上是“六大臣”。（参见冯友兰：《冯友兰自述》，河南人民出版社，2004年，第65—66页）人们将他们与清末出国考察宪政的“五大臣”相比拟，戏称为“五大臣出洋”，这实际上带有一定的讽刺意味。周炳琳、康白情二人都是少年中国学会的成员，有些会员对于他们接受资本家的资助出国留学的做法，表示怀疑和不满，周炳琳则以“将来好为劳苦大众服务”“学习经济学将研究分配问题、贫富不均问题”等为理由加以申辩。1950年代毛泽东在北京饭店设宴招待民主人士，见到周炳琳时还说“你就是当年的五大臣啊！”而在许德珩的回忆录中也提到了“五大臣出洋”，他认为，这件事在当时起到了非常坏的影响，“是五四运动以后新文化运动发生分裂的导火线之一”。参见张友仁：《周炳琳和他的恩师蔡元培》，《百年潮》2006年第7期；许德珩：《许德珩回忆录：为了民主与科学》，中国青年出版社，2001年，第108页。

② 毛子水：《我与孟真的交往》，王为松编：《傅斯年印象》，学林出版社，1997年，第18页。

大史学系考选派往德国留学，均就读于柏林大学研读历史，归国后又同执教于北大史学系，交谊非比寻常。这些人大多留学美国（见表4-3），在价值观念上具有天然的亲切感，其中以赵迺抟、陈雪屏、陈友松、樊际昌、邱椿之间的关系最为显著。

五人中，除赵迺抟外，均为北京大学教育系教授；除樊际昌外，均毕业于哥伦比亚大学。即使不在同一系任教的知识分子，由于长期在北大共事，再加上彼此间参差交叉的交往圈子、政治态度的相似，也渐渐熟悉起来，来往日益频繁，如毛子水与崔书琴。毛子水回忆说："那时我们同在北大任教。抗战期间，同任教于西南联大；战事平定后，同又回北平。我们虽不同院系，但相处多年，政治的见解又大体相同，所以来往较多。"[①]再如毛子水与郑华炽，二人一个在史学系，一个在物理系，从代际而言，毛子水是郑华炽的老师辈，但他们之间因为胡适与饶毓泰的关系相处得极为融洽。郑华炽出身南开，是饶毓泰的弟子，而饶毓泰则是胡适在中国公学时的同班同学，胡适还曾帮饶毓泰补习过英文。因此，郑华炽在1936年应饶毓泰（北大物理系主任）之邀回北大任教后，很快就进入了以胡适为核心的交往圈子。在西南联大时期，吴大猷（也是饶毓泰的弟子）、郑华炽、毛子水、郑昕等人常在饶毓泰家中聚谈、游戏。毛子水单身，在北仓坡居室中悬一副对子："浮生看物变，乱世想英才"，吴大猷玩笑说，下联的"英才"改为"丫头"才对，郑华炽也曾面戏毛子水，谓有人称他为我国国学家中的知科学最深者，科学家中的国学造诣最深者，毛子水毫不以为忤，"这样天真的自然的相处，不是通常的朋友间可以做得到的"。[②]

① 毛子水：《崔书琴先生哀辞》，张其昀等：《崔书琴纪念集》，第10页。

② 吴大猷：《怀念毛子水公》，《传记文学》（台北）第52卷第6期。

表 4-3 《独立时论》群体中具有美国留学背景与国民党身份的成员

姓名	国内教育	留学教育	任职	进入北大的时间	党派背景
崔书琴	南开大学	美国哈佛大学博士	北京大学政治系	1937 年夏	国民党员
张佛泉	燕京大学	美国哈佛大学博士	北京大学政治系	1936 年左右	国民党员
赵迺抟	北京大学	美国哥伦比亚大学博士	北京大学经济系	1930 年	
毛子水	北京大学	德国柏林大学	北京大学史学系	1920 年毕业留校任教	国民党员
汪敬熙	北京大学	美国哥伦比亚大学、霍普金斯大学	北京大学动物学系	1930 年左右	国民党员
陈雪屏	北京大学	美国哥伦比亚大学	北京大学教育系	1932 年	国民党员
姚从吾	北京大学	德国柏林大学	北京大学史学系主任；1947 年任河南大学校长		国民党员
朱光潜	香港大学	英国爱丁堡大学、伦敦大学；法国巴黎大学、斯特拉斯堡大学	北京大学西语系	1933—1937 年；1946 至去世	国民党员
樊际昌		美国华盛顿大学	北京大学教育系		国民党员
郑华炽	南开大学	德国柏林工科大学奥地利格拉芝工业大学博士	北京大学教务长，物理系	1936—1952 年	国民党员
邱　椿	清华学校	美国哥伦比亚大学博士	北京大学教育系	1930 年左右	国民党员
陈友松		美国哥伦比亚大学博士	北京大学教育系	1939 年	国民党员
雷海宗	清华学校	美国芝加哥大学博士	清华大学历史系主任		国民党员

全面抗战中后期，国民政府明显加快了对大学的控制，不仅要求各大学各院、系的领导加入国民党，还在大学成立国民党、三青团等机构。在西南联大，加入国民党的自由知识分子为数不少，上表所列的教授除赵迺抟外均为国民党员，其中，姚从吾是国民党西南联大区党部负责人，陈雪屏是西南联大三青团的负责人。对自由知识分子而言，加入党派是一种政治选择。相近的政治立场拉近了他们之间的距离，在国民党、团举办的各种活动、会议中他们也经常会面。1944 年 1 月召开党员大会时，这些人均积极参加，姚从吾、陈雪屏、郑华炽、雷海宗等七人当选为执行委员，姚从吾任书记，郑华炽负责组织，雷海宗负责学术与宣传[①]。当教授、学生发起抗议国民政府的政治运动时，他们也会积极活动，联合起来维护国民政府的声誉，“一二·一”运动即为一个最典型的例子。

三、边缘人物

胡适与崔书琴、张佛泉、王聿修、毛子水、陈雪屏等人之所以能够通过《独立时论》走到一起，关键的一点是政治态度的接近。随着国共斗争的激烈化，《独立时论》的核心层成员（即崔书琴、张佛泉、毛子水、汪敬熙、陈雪屏、姚从吾、燕树棠等）无一例外都成了坚定的反共人士[②]。在《独立时论》群体中，能够进入核心层或者与之靠得较近的知识分子，要么与

① 参见《中央直属国立西南联合大学区党部第三次党员大会》，1944 年 1 月 7 日朱家骅档案。转引自闻黎明：《“一二·一”运动中去李（宗黄）问题研究》，《不朽的丰碑：一二·一运动六十周年纪念文集》，云南科技出版社，2005 年。

② 据航立武回忆，在国民党溃逃台湾前夕，他想创办一个反共杂志，请胡适推荐几个人协助，“适之先生介绍三位教授为杂志撰文，此三位教授即书琴兄及张佛泉、王聿修二先生”。后来，航立武又打算组织一个巡回讲演团，“请几位名教授到各大都市演讲，揭发共匪的阴谋，书琴兄担负此一任务，而至广州，后来，我也到了广州。觉得香港方面非常值得注意，就请书琴兄由穗赴港，在港展开工作，与文化教育界多多接触，并筹办文教事业”。参见航立武：《敬悼书琴兄——为书琴兄逝世周年而作》，张其昀等：《崔书琴纪念集》，第 33—34 页。

这一群体的核心人物尤其是胡适关系密切，要么就是在价值观念上与之相同或极为相似。除此之外，许多知识分子加入独立时论社，在很大程度上是由于胡适的强大号召力。同时，独立时论社成立于1947年5月，当时的时局比较而言仍较宽松，自由知识分子仍有较大的选择空间，他们也乐意增加一个发言的地方，赚点稿费以贴补家用。于是，诸如陶孟和、周作仁、吴之椿、冯至、杨西孟、韩寿萱、吴恩裕、楼邦彦、王铁崖等人就构成了《独立时论》群体的边缘力量。

韩寿萱[①]出身北大，留学美国，哥大毕业，无论是在北平还是美国，都曾得到胡适的热情帮持和提携，在私人关系上，韩寿萱对胡适有着很深厚的感情。因此，当1946年胡适邀请他回母校效力的时候，他毅然放弃在美国的工作和生活，回到北大任教。当时内战已经全面爆发，国内政治、经济一团糟，生活也处于朝不保夕的境地，韩寿萱无怨无悔，遵照胡适的委托，有条不紊地做着开办博物馆学专科的前期准备工作。当胡适邀请他参加独立时论社的时候，他也欣然参加。但是，韩寿萱一直在国外学习、工作，长达16年之久，与国民党及其政府没有什么直接联系，也不会有多少感情。故而，即使他与胡适的私人关系很好，也不会如同《独立时论》的核心成员那样坚定地站在国民党一方。况且，韩寿萱在中学就已经加入中共，虽然大学时失去组织联系，但在感情上他更倾向于共产党。

---

① 韩寿萱（1899—1974），字蔚生，陕西神木人。1926年入北京大学文预科，1928—1930年在北京大学国文系学习，1930—1931年在北京慕贞中学任教员。1931—1937年留学美国，先后在华盛顿大学、哥伦比亚大学攻读博物馆学，获硕士学位，同时担任华盛顿国会图书馆东方部中文编目员。1937—1946年，任纽约都市美术博物院远东美术部中国美术研究员。1947年，应北京大学校长胡适之邀回母校历史系任教。1948年受校方委托筹办北京大学博物馆专科，任主任，兼北平历史博物馆馆长。新中国成立后，历任北京历史博物馆馆长、中国历史博物馆副馆长。在家乡上中学时期，曾加入中国共产党，1930年与党组织失去联系；新中国成立后，经许德珩、袁翰青介绍加入九三学社，曾任九三学社中央常务委员和秘书长、第四届全国协商委员、北京市政协副秘书长等职。1974年11月病逝。可参见王效挺、黄文一主编：《战斗在北大的共产党人（1920.10—1949.2北大地下党概况）》，第55页。

吴恩裕、楼邦彦、王铁崖三人是在战后应邀进入北大的。无论是在留学背景、知识构成还是人脉关系上，他们与《独立时论》的核心人物都有着很大的差别。三人都出身清华，留学英国，毕业于伦敦大学政治经济学院。在以“文凭”为纽带的“知识人社会”关系网络中，他们是清华学术人际网络中的少壮派。

颇值得一提的还有陶孟和。正如前文所谈到的，无论是在《新青年》《努力》《独立时论》时期，还是在北京大学、中华教育文化基金董事会中，陶孟和与胡适始终都保持着密切的合作，是非常要好的朋友，在社会、政治主张上二人也深具唱和的味道。二人出现分歧是在抗战后。胡适在美国八年，远离祖国侨居海外，陶孟和则率领中研院社会科学研究所从南京避难到昆明，又逃到四川，颠沛流离，生活困窘，妻子也因缺医少药而死亡；另一方面，与胡适“同情的了解”蒋介石不同，身为国民参政会参议员的陶孟和却看到国民政府越来越腐败，由不满而失望，到战后则变得绝望甚至愤怒了。同时，也应该看到，陶孟和与胡适二人无论在知识构成还是留学背景上，都有很大不同，胡适留学美国，师承杜威，接受的是美国式的自由主义，而陶孟和留学英国，在伦敦大学政治经济学院研习社会学，师承韦伯夫妇，接受的是费边社会主义，正如金岳霖回忆的：“他的思想偏左，不是旧民主主义者，也不是共产党人。他的政治思想可能最近社会民主。”[①]胡适去国八年，归来后与陶孟和的接触并不是很多，直到1947年“五·二〇”运动前后，关于胡适对政局的看法和态度，陶孟和虽有疑虑，但并不是特别肯定和清楚。因此，当胡适对学生游行示威表示谨慎支持的谈话见诸报端后，陶孟和暗暗松了一口气，并立即修书一封给胡适，表达自己的宽慰之心，说：年来朋友们对于你多所疑虑，现在看到你的言论，

① 金岳霖：《陶孟和为当时的人所钦佩》，刘培育主编：《金岳霖的回忆与回忆金岳霖》，四川教育出版社，2000年，第24页。

不减当前风采，总算放心了。[①]可见，陶孟和很是在意胡适这个朋友，希望他能一如既往地保持自由知识分子的批判精神。然而，胡适此后在公共事务上尤其是关涉政治方面的言行，并没有让陶孟和“放心”多久，不过，这已经不重要了。因为，随着胡适政治态度转变的公开化，陶孟和与之在政治上已经谈不拢了。胡适的言论不时出现在报刊上，为国民党“做面子”，而陶孟和则越来越倾向于在野党一方，最终与国民党决裂。据曾与陶孟和长期在中央研究院社会科学研究所共事的巫宝三先生回忆，1948 年中研院奉命迁往台湾，陶孟和激烈反对，说：“朱家骅（当时任中研院院长）是我的学生，我可以顶他，他不会把我怎么样。”[②] 竺可桢在日记中也记载了陶孟和的变化，1949 年 5 月，竺可桢为了避免被国民党胁迫去台湾，偷偷潜往上海，遇到任鸿隽陈衡哲夫妇，他们说“陶孟和颇赞成共产，近来大发议论”[③]。

第三节 “争取学术独立的十年计划”

胡适创办独立时论社，写时政类文章，在他看来是尽一个知识分子的“良知”。在他所构想的救国途径中，教育和学术始终是首选和必需的方式。在具有欧美教育背景的北平知识界，这些在国外著名学府获得硕士、博士的教授们，也普遍抱有“教育救国”“学术救国”“科学救国”的理想。1946 年，胡适出任北大校长，这不仅是胡适可以大展拳脚实践“教育救国”理念的机会，也给了北大同人以无尽的振奋，他们希望在胡适的领

---

① 曹伯言整理：《胡适日记全编》（7），第 415 页。

② 巫宝三：《纪念我国著名社会学家和社会经济研究事业的开拓者陶孟和先生》，《近代中国》第五辑，1995 年 6 月 1 日，第 390 页。

③ 竺可桢：《竺可桢日记》下册，人民出版社，1984 年，第 1346 页。

导下，让北大重现1930年代的辉煌。

一、“重建社会重心”

早在美国留学时期，胡适就写下了《非留学篇》，抨击当时的留学政策，强调发展国内高等教育的重要性和必要性，并提出了发展国立、省立、私立大学的计划与设想，主张“大学之数，不必多，而必完备精全。今不妨以全力经营北京、北洋、南洋三大学，务使百科咸备，与于世界有名大学之列，然后以全力增设大学于汉口、广州诸地。日本以数十年之力经营东京、西京两帝国大学，今皆有声世界矣！”[①]1917年9月，胡适就任北大教授。经过十几年的教育实践及其对中国社会诸问题的深入考察，胡适对于教育的功用越发重视，思考也愈加深入和全面，到1930年代，胡适连续作文，从多个方面阐述了自己的教育救国主张。

1932年9月18日，正值九一八事变一周年，胡适发表了《惨痛的回忆与反省》一文，指出，我们的民族救亡运动已经有六七十年的历史了，但都以失败而告终，因此，我们必须要“反省”，就是做那“已经太晚了的诊断自己”。他指出，中国的病根是“贫、病、愚昧、贪污、纷乱”“五鬼”，除此之外，中国还存在一层很重大的困难，使一切救治工作都无从下手，“这个大困难就是我们的社会没有重心，就像一个身体没有神经中枢，医头医脚好像都搔不着真正的痛痒”。[②]在此前后，胡适相继在《独立评论》和《大公报》上发表了《领袖人才的来源》（《独立评论》第12号，1932年8月7日）、《论六经不够做领袖人才的来源——答孟心史先生》（《独立评论》第11号，1932年9月11日）、《信心与反省》（《独立评论》第103号，

① 胡适：《非留学篇》，欧阳哲生编：《胡适文集》（9），北京大学出版社，1998年，第665－684页。
② 胡适：《惨痛的回忆与反省》，《独立评论》第18号，1932年9月18日。

1934年6月3日）、《再论信心与反省》（《独立评论》第105号，1934年6月17日）、《三论信心与反省》（《独立评论》第107号，1934年7月1日）、《教育破产的救济方法还是教育》（《大公报·星期论文》，1934年8月19日）等文章，全方位地阐述了自己的见解。

胡适认为，“我们中国这六七十年的历史所以一事无成，一切工作都成虚掷，都不能有永久性者，依我看来，都只因为我们把六七十年的光阴抛掷在寻求建立一个社会重心而终不可得”。[①]正是因为我们始终没有社会重心，不能维持政治和社会的长久稳定，所以无论是什么事业，刚刚取得了一点成绩，一旦政局变了、机关改组了或取消了、领袖换了人，一切就都得被推翻，都得从头做起，“没有一项事业有长期持续的机会，没有一种制度有依据过去经验积渐改善的幸运”。[②]在胡适看来，要御外侮，要救国，要复兴中华民族，就必须建立起现代化的社会组织，能够将全国的各种力量集中起来。而做到这一点的关键，就是要建立起中国的社会重心。因此，胡适号召大家一起来思考、讨论，希望能够“产生一两个候补的重心出来”。他认为，这是一条最快捷的救国之路。[③]

怎样重建社会重心，或者说在中国，谁才有建立社会重心的资格呢？按照胡适的说法，重建中国社会重心的希望只能寄托在大学身上[④]。要建立

① 胡适：《惨痛的回忆与反省》，《独立评论》第18号，1932年9月18日。

② 胡适：《惨痛的回忆与反省》，《独立评论》第18号，1932年9月18日。

③ 胡适：《惨痛的回忆与反省》，《独立评论》第18号，1932年9月18日。

④ 在《惨痛的回忆与反省》一文中，胡适对建立中国社会重心的资格列出了六条标准：第一，必不是任何个人，而是一个大的团结；第二，必不是一个阶级，而是拥有各种社会阶级的同情的团体；第三，必须能吸收容纳国中的优秀人才；第四，必须有一个能号召全国多数人民的感情与意志的大目标，他的目标必须是全国的福利；第五，必须有事功上的成绩使人民信任；第六，必须有制度化的组织使他可以有持续性。他进而指出：“我们环顾国内，还不曾发现有这样的一个团结。凡是自命为一个阶级谋特殊利益的，固然不够作社会的新重心；凡是把一党的私利放在国家的福利之上的，也不够有资格。至于那些拥护私人作老板的利害结合，更不消说。”也就是说，目前在中国还不存在一个组织具备建立社会重心的资格。这样，胡适就将国民党及其政府、共产党还有其他政治团体或民间组织排除在外，再综合胡适前后的言论和主张，就可以看出他将这个希望寄托在了大学身上。

社会重心，必须在社会各个领域中都有一些领袖人物，正如范旭东对徐铸成所说的：王芸生与《大公报》为中国的舆论界立下一根柱石，永利、久大在中国的化学界竖立一根柱石，这样的柱石多了而且挺坚，国家、政府和社会才有了根基，才会稳固[①]。但是，茫茫中国，哪里才是训练大政治家、大法官、思想大师或教育大师以及财政经济专家的所在呢？胡适指出："在今日的中国，领袖人物必须具备充分的现代见识，必须有充分的现代训练，必须有足以引起多数人信仰的人格。这种资格的养成，在今日的社会，除了学校，别无他途。"[②]中国教育的落后惨破令胡适痛心疾首，直至全面抗战前夕，胡适还在致翁文灏的信中剀切言之："此时我所焦虑的是：兴学五十年，至今无一个权威政治学家，无一个大法官，无一个法理学家，无一个思想家……"[③]因此，胡适一再撰文强调教育尤其是高等教育的重要性："一个国家兵力不如人，被人打败了，被人夺取了一大块土地，这不算是最大耻辱。一个国家在近日容许整个省份遍种鸦片……没有一个四十年的大学……不肯计划任何区域的国民教育，这是最大的耻辱。"[④]"我们今日必须坚决的信仰：五千万失学儿童的救济比五千架飞机的功效至少要大五万倍！"[⑤]而且，学校不仅仅是造就领袖人物的机关，是中国重建社会重心的所在，它还应该是"一个造成天下公是公非的所在"，是一个"纠弹政治的机关"。他借黄黎洲之口指出，学校必须成为国家舆论的重心所在，这是"三代遗风"，是保国的上策，是谋政治清明的唯一方法[⑥]。

由此，胡适的教育主张逐渐明晰起来，即发展中国教育—培养领袖人

① 徐铸成：《徐铸成回忆录》，生活·读书·新知三联书店，1998年，第92—93页。

② 胡适：《领袖人才的来源》，载《独立评论》第12号，1932年8月7日。

③ 《胡适致翁文灏》，1937年5月17日，《胡适来往书信选》（中），第358页。

④ 胡适：《信心与反省》，载《独立评论》第103号，1934年6月3日。

⑤ 胡适：《教育破产的救济方法还是教育》，载《大公报·星期论文》，1934年8月19日。

⑥ 胡适：《黄黎洲论学生运动》，载《晨报》（五四纪念号），1921年5月4日。

才—重建社会重心—造成舆论重心—实现救国、国家复兴大业，而重建社会重心从而救国的根本途径就是大力发展教育。

二、“争取学术独立的十年计划”

抗战胜利后，胡适被任命为北大校长。于胡适而言，这是实践他“教育救国”理想的一次绝佳机会。胡适也想趁此机会大干一场，不但要把北大建成世界一流的高等学府，也要使全国的教育事业走上一个新的台阶。

就任北大校长后，胡适开始雄心勃勃地设计其“教育救国”方案。他通过各种关系渠道，从国内外邀请专家学者来北大任教，又利用中基会董事的身份，积极为北大争取资金以促进科学研究的发展。在 1946 年 10 月 10 日的开学典礼上，胡适向北大师生承诺，要将北大建成“像样子”的大学。12 月，趁参加国民大会的机会，胡适联合朱经农等 204 人向大会提交了《教育文化应列为宪法专章》的议案，又与 18 位教育界国大代表联合提出《请政府注意教育问题》的提案，建议政府应该重视教育。1947 年夏，胡适写信给白崇禧与陈诚，提议在北京大学设立原子物理研究中心，人才罗致由北大负全责，科研基金须得国家拨付，并表示钱三强、胡宁、吴健雄、张文裕等 9 位这方面的专家已同意来北大工作。1947 年 8 月下旬，胡适在南京出席中央研究院有关会议时面见蒋介石，提出了国家“十年高等教育发展计划”，9 月 28 日，胡适撰成专文《争取学术独立的十年计划》，通过独立时论社向全国公开发表。胡适主张，中国的高等教育应该有一个自觉的十年计划，以在全国范围内奠定中国学术独立的基础。主要观点有二：第一，在十年之内，国家集中主要的人力、财力重点发展 5 个到 10 个成绩最好的大学，使它们成为第一流的学术中心，成为国家学术独立的根据地；第二，这个十年计划应该包括大学教育制度的革新、大学观念的根本改换，今后中国的大学教育以研究院为主要机制，以进行独立科学研究为主要任务，以培训高级学术研究人才为主要目的，确立中国现代学术的基础。1947年10月10日，胡适在天津作《大学教育与科学研究》的演讲，10月18日在中央政治学院演讲《大学即研究院》，1948年与南京大学校长吴贻芳、顾毓琇等座谈，继续宣讲他的“学术独立的十年计划”，并做进一步发挥。

与上文参校，可以发现胡适的教育思想和主张是一脉相承的。值得注意的是，战后提出类似学术、教育发展计划的并非只有胡适。抗战胜利前夕，同样身为中基会董事的翁文灏致信胡适，对中基会未来的工作方向和重点与之商讨，并提出了自己的意见：“在中国各大学中，中基会如全数照管，则力分而效不宏。如集中援助，则工作推进较易为力。中基会历史上与清华及北大关系最久而最切，此后仍可继续为真切的协助。但二校皆在北平，此后最好在长江流域及在东北更能得一基础健全的大学，作为援助的对象。如能如此集中扶助五个大学，中基会对于高等教育可称尽了应尽的义务。”[①]将翁文灏与胡适的主张两相对照，可以在对方的言论中发现彼此的影子。可以说，胡适的“学术独立的十年计划”在一定程度上受到了翁文灏的启发。而在不久之后的9月，冯友兰发表《大学与学术独立》一文，对此问题也提出了大致相似的看法。冯友兰认为第二次世界大战同盟国的胜利，实际上是知识的胜利；中国要想成为世界强国，必须“定下知识学术独立自主的百年大计。目前急要决定底，就是要树立几个学术中心。其办法是把现有底几个有成绩底大学，加以充分底扩充，使之成为大大学”，使之“一方面是教育机关，一方面是研究机关。它不但要传授已有底知识，而并且要产生新底知识”。[②]这是一个颇具历史意味的现象，在前后一年多的时间里，中国学术界三位颇有影响力的学者，均提出了制订学术教育发展计划的重要性，建议

① 《翁文灏致胡适》（1945年5月4日），《胡适来往书信选》（下），第16页。

② 蔡仲德：《冯友兰先生年谱初编》，河南人民出版社，1994年，第289页。

选取几个有根底的大学，集中国家力量将其造就成学术重心，以此来推动国家教育事业发展的宏大构想。就掌握的资料来看，还不能确定胡适是否看到了冯友兰的这篇文章，但其中透露出来的自由知识分子对于知识、学术的尊重及知识人特有的自信，却颇值得我们深思。

其实，在平津教育界，自由知识分子普遍抱有“学术救国”“教育救国”的理想，就独立时论社成员而言，汪敬熙、毛子水、朱光潜、邱椿、陈友松、樊际昌等人莫不如此①。这一点，从北大同人对胡适就任北大校长的态度就可以形象地表现出来。胡适出任北大校长，是傅斯年、周炳琳等人极力推荐和坚持的结果②，北大同人乃至全国诸多教育界人士莫不欢欣鼓舞。如胡适的学生丁声树致信胡适：“北大的使命在新中国的建设，将更重大而艰难，于此何幸而得先生的伟大领导，教人如何能不感奋，能不高

---

① 《独立时论》的绝大部分成员都是“教育救国”的实践者，朱光潜是另外一个典型。朱光潜早年在香港大学就读，后赴英法留学，在知识结构和专业上与胡适有着很大的差别，但他对于以教育重建社会重心的思考和言论，虽然朴素，却比胡适更为自觉。1923 年，从香港大学毕业不久的朱光潜与夏丏尊、丰子恺、叶圣陶、胡愈之、周予同等一帮朋友，在上海共同发起创办立达学会，并集资开办了立达学园。朱光潜后来回忆说，上海的这段经历“是我一生的一个主要转折点和后来一些活动的起点”。在朋友们的共同筹划下，由朱光潜执笔拟定了一份宣言，公开表达了教育独立的主张。在宣言中，朱光潜对当下的教育政策和现状提出了激烈的批评，强烈反对政府对教育的控制，主张教育的改良决不能依靠自身尚待改良的政府，“必待教育界之已觉悟而又抱有极大改造决心者”。在朱光潜看来，教育的目的在于改造社会，但中国的教育积弊如此之深，“要想从这种教育产生人材来改造中国，如何可能？”正是因为缺乏领袖人物，才使中国的社会始终处于一片散沙状态，“人民不能自动的群策群力，做大规模的事业。例如谁不知道要罢税拒令，可以致腐败政府之死命？然而民众没有领袖人物和坚固团体，这件事就简直办不到”。因此，在人人喊教育破产的今日，朱光潜和他的朋友们毅然站出来创办立达学园，“我们少数人的热心毅力决可以造成若干领袖人材。这若干领袖人材到社会去决可以做一番事业。同时我们的学校可以博得社会信仰。那时闻风而起的一定不乏其人。日本早稻田大学和庆应义塾起初都是私人创办的。不到数十年，在日本文化上已发生重大影响。人家可以做得到的，我们何以一定不能做到？”参见朱光潜：《私人创校计划》，《民铎》5 卷 4 期，1924 年 6 月，转引自《朱光潜自传》，江苏文艺出版社，1998 年，第 31－42 页。

② 沈卫威、胡明、章清等学者对胡适出任北大校长的详细经过均有细致的分析。可参见沈卫威：《胡适周围》，中国工人出版社，2003 年；胡明：《胡适传论》，人民文学出版社，1997 年；章清：《“胡适派学人群”与现代中国自由主义》，上海古籍出版社，2004 年。

兴！先生的学风，先生的襟度，其肫笃伟大只有蔡先生可以比拟，而治学方法的感人之深，我敢说是三百年来没有人能赶得上的，——三百年前的非科学时代无论矣。从此北大将得到一新生命，亦即中国文化得　新生矣。”[①]哲学系教授贺麟在给胡适的信中说道：“先生长北大消息传出后，众望所归，群情欢悦，不仅为北大之复兴庆幸，且为整个中国教育学术之光明进步庆幸。”[②]从傅斯年、周炳琳到罗常培，从江泽涵、饶毓泰到郑华炽、陈雪屏，这些北大教授们积极为胡适建设北大出谋划策，从图书设备到引进人才，从校务管理到校风建设，基于“教育救国”的理念，这些北大教授们团结在胡适周围，具有相当的认同感。

但是，战后混乱的社会局势、腐败的政治统治以及面临崩溃的经济状况，并没有给他们这个机会。《争取学术独立的十年计划》一文发表后，国民政府没有回应，社会上的各种批评却接踵而来。北洋大学教授李书田不无嘲讽地说：“一代先知先觉的大师，与其在此危如累卵之际，可怜的推荐五个大学，何如先以三寸不烂之舌，与一枝秃笔，奋力化砍杀为玉帛。……因战事消耗的一部分国力民生，用在大学教育上，不出数年的努力，全国三十所国立大学都不难跻于哈佛、耶鲁、牛津、剑桥等大学之林。”[③]1947 年 9 月，胡适将这个计划拿到北大教授会上讨论，可大家对此并不热情，经济困难、政治败坏反倒成了话题，“大家谈的，想的，都是吃饭！”这不啻给胡适泼了一头冷水，让胡适大受打击，而史学系教授向达说的话，尤其让他生气。向达说：“我们今天愁的是明天的生活，哪有工夫去想十年二十年的计划？十年二十年后，我们这些人都死亡了！”散会后，一向自称为“不可救药的乐观主义者”的胡适也感到了事态的严重，晚上在日记中写道：

---

① 《丁声树致胡适》（1945 年 9 月 19 日），《胡适来往书信选》（下），第 39 页。

② 《贺麟致胡适》（1945 年 9 月 21 日），《胡适来往书信选》（下），第 40—41 页。

③ 参见赵镇乾：《“争取学术独立十年计划”的论战》，《时与文》第 2 卷第 3 期，1947 年 9 月 26 日。

"我作了三个半钟头的主席，回家来心里颇悲观。这样的校长真不值得做！"[①]然而，从当时的实际情形来说，向达的反应并不为过。面对着由战争引发的经济危机，教授们的生活越来越没有保障，一个月的薪水只能维持半个月的生活，连家人的日常三餐都成了问题，"空着肚子喊学术研究，究竟是太理想的理想"。[②]就连学生们也明白，"教师既难得一饱，又何暇致力学术，专心教育？"[③]

当然，向达教授说的也是负气话，不过这种负面情绪并非个别，而是在北京大学教授中普遍存在。其实，若仅仅从学术与教育层面讲，向达及其他教授们也未始不赞同胡适的"争取学术独立的十年计划"。问题是，面对着越来越激烈的内战以及随之而来的政治腐败、经济崩溃、社会混乱、民不聊生的国家惨状，知识分子还能否不问世事，一门心思地专注于学术研究？这对于具有"担道"传统、以社会良心自居的中国知识分子而言，是不可思议的，尤其是当自身的生存受到威胁的时候，他们就更无法保持纯粹学者的姿态而不可避免地涉入社会变革的洪流中。作为一校之长，胡适清楚教授们的生活状况，也知道他们对于时局的沮丧、对现状的不满和愤怒，即使胡适自己，也不免对国民政府失望。但是，一方面，"学术救国""教育救国"是胡适一以贯之的理想，身为教育界领袖，胡适不仅想把北大办成世界一流的教育和学术机关，也想使全国的教育上一个台阶；另一方面，胡适希望教授们尽力避开国共政治斗争的漩涡，将各种不满和悲观暂时搁置，为了国家前途命运计，以自身的专业知识"多下研究工夫，探求问题症结，努力改善，则国家民族前途自极光明"[④]，亦即不管时局如

---

① 曹伯言整理：《胡适日记全编》（7），第 278 页。

② 王学珍、王效挺、黄文一、郭建荣主编：《北京大学纪事（1898—1997）》（上），北京大学出版社，1998 年，第 363 页。

③ 《高炳生等致胡适》（约 1947 年），《胡适来往书信选》《下》，第 296 页。

④ 曹伯言、季维龙编著：《胡适年谱》，安徽教育出版社，1986 年，第 636 页。

何变化，只要教授、学生都能各安其位，保持教育的稳定和发展，自能为国家的前途打下坚实的基础[①]，同时，作为北大校长的胡适也算给国民政府做好了“面子”。因此，才有了胡适在国民大会上的教育提案，才有了之后的原子物理研究计划及“争取学术独立的十年计划”的出台，他与朋友们一起发起举办中央研究院院士的选举，也正是出于这样的考虑。

第四节 《独立时论》群体与北京大学

向达教授与胡适校长之间的分歧，不在于教育和学术本身，而在于如何看待时局即国共问题，扩展开去说还有美苏问题以及连绵不断的社会事件如“制宪国民大会”、“沈崇事件”、警宪大搜捕、民盟被解散、特种刑事法庭、“反美扶日”以及风起云涌的学生运动等等。正是在这些问题上看法的差异、相左甚至对立，造成了北大内部自由知识分子之间不同程度的紧张甚至分化。政治问题，已经渗透到同人间的交往中，从而也影响到了教育、学术的开展。

① 在胡适的“教育救国”理念中，有一点颇值得引起重视，即胡适对于教育稳定、连续性的强调。他认为，西方文明之所以取得今天的成就，与西方已经存在了成千上百年的大学是密不可分的，“有了这样长期的存在，才有积聚的图书设备，才有集中的人才，才有继长增高的学问，才有那使人依恋崇敬的‘学风’”，也才有了今天领导西方国家的诸多领袖人物。而反观中国，虽然号称五千年的文明历史，但至今没有一个三十年的大学，至于“这些新起的‘大学’，东抄西袭的课程，朝三暮四的学制，七零八落的设备，四成五成的经费，朝秦暮楚的校长，东家宿西家餐的教员，十日一雨五日一风的学潮，——也都还没有造就领袖人才的资格”。在胡适的教育主张中，如何使教育不受政局的影响、始终保持连续性进而达成文明的累积是胡适一直关切的问题。可参见胡适：《领袖人才的来源》，载《独立评论》第12号，1932年8月7日。

一、北大教授的政治化

其实，早在胡适归国就职之前，如罗常培、周炳琳、周鲠生等人就在给胡适的信中表达过这样的忧虑：国内复杂的政治情势，已将大学卷入其中，如何恢复全面抗战前独立、自由的教育环境和学术氛围，是亟待解决的问题。1946 年 4 月 24 日，罗常培致信胡适，向他介绍了一帮北大同人的情况：

国内的政治情形既然闹得这样糟糕，教育当然跟着难办，尤其让一帮青年裹入党的漩涡，根本失去了教育的意义。所以您回国后开宗明义的第一章，应该把北大恢复到当年蔡先生的自由主义的色彩。对于教授学生的政治活动，固然不便也不能干涉，但是同时也不能提倡一党一派。我们固然不容 CP、CY 公然横行，同时也不容教授兼办党部或三民主义青年团。他们有什么作为，都是校外的个人行动，学校不能代负其责，更不能加以提倡。在联大一方面的北大同人，除曾昭抡外，比较右倾的多。雪屏办团，从吾办党，实际是为学校帮忙，但到北平后还是让他们摆脱的好。此外枚荪、毅生、端升、今甫、燕绍庭和我……总算都有党籍的，除绍庭喜欢倚老谩骂外，我们这班北大出身的，都能保持自由主义不屈不挠的传统。对于青年方面，枚荪和我的话较有力量。专给 CC 作耳朵的只有崔书琴一人，并不足畏。如果您抓住枚荪办教务，毅生办总务，在人望上决无问题，没有人会骂他俩是党棍子的。我过去七年在文学院方面因为您不在国内，孟真不在昆明，俨然做了西蜀的廖化，好说话，好奖掖青年，虽然得罪了许多人，却也得到许多人的维护。虽然挂名党籍，却还领导得起各党各派的三千多学生在露天开会六个小时，不倦不吵。因此民主同盟方面的一多、光旦、昭抡极力拉我入伙。我因甚鄙努生的为人，没有被他们劝动。……至于谁是地下的共党分子，我却指不出来（有人说建功接近，实际不过太捧鲁迅罢了，台静农也一样）。前月接卢逮曾信，他叫我向您说，仍想回北大，如能答应他，可要知道他跟CC潘公展的关系很深。①

而作为“老北大人”的周炳琳，在胡适刚刚回国的时候，也曾致信胡适，提醒他要保持大学的独立地位，以防卷入国共斗争的漩涡：

适之先生赐鉴：阅报悉先生已到上海，未能前来迎候，遥祝健好胜常。上海人多年所盼的“天亮”盼到了，旋复阴晦，一般有良心的人失望苦闷乃至忿怒，盖原意中事。以先生之素倾向于乐观，并饱经变乱，对于目前世事想必能冷静观察，明悉其症结之所在也。……吾人今日于内战虽不能挽回劫运，然是非须分明，至少应持超然的态度。教育在今日难办，而亦愈见其重要。②

就实际情况来说，北大同人的“右倾”情况远比罗常培所说的要严重，教授彼此之间在政治立场、态度上的复杂性同样严重。

由于历史的渊源，北大与国民政府之间一直保持着密切的合作，校长从蔡元培、蒋梦麟到胡适，都曾为入幕之宾，为政府效力。全面抗战之前，国民党在北大已经拥有不弱的势力，全面抗战中打着支持民族战争的名义，国民党及其政府极力拉拢自由知识分子，特别是担任各级领导的、影响较大的学者教授参加政府工作，或者加入国民党。在西南联大的上百名

① 《罗常培致胡适》（1946年4月24日），《胡适来往书信选》（下），第102—103页。

② 《周炳琳致胡适》（1946年7月9日），《胡适来往书信选》（下），第112页。

教授当中，有国民党党籍或三青团团籍的教授已占到20%左右，这个比例不可谓不大[①]。而北大方面教授中的国民党员，除了罗常培信中所说的，其他如郑华炽、陈友松、邱椿、樊际昌、贺麟、杨西孟、孙云铸、章廷谦、马大猷、张龙翔、吴之椿等人也都是国民党员。在1944年西南联大区国民党部举行的三次党员大会上，选出七位执行委员，即姚从吾、周炳琳、陈雪屏、郑华炽、雷海宗、查良钊、钱端升，除雷海宗（清华）、查良钊（南开）外，其余五人均为北大教授，而国民党在西南联大区的党、团负责人也均为北大教授。当然，北大也有民盟盟员如曾昭抡、闻家驷等人，但相比国民党在北大的势力，却是微弱许多，因此才有了罗常培信中对北大“一党一派”的忧虑。在西南联大时期，党籍的出现已经构成了自由知识分子彼此来往、沟通上的很大障碍，政治立场的不同几乎使不同党籍的自由知识分子之间势同水火，即使在国民党籍的教授之间，因政治态度的差异也出现了深深的裂痕。这一点从“一二·一”运动中就可以清晰地看出来[②]。复员后，又有一大批自由知识分子进入北大执教，如朱光潜（国民党）、许德珩（九三学社）、吴恩裕、王铁崖、楼邦彦、俞平伯（九三学社）、袁翰青（九三学社）、薛愚（九三学社）、樊弘、杨人楩、邓嗣禹、韩寿萱、蒋硕杰等。随着新的自由知识分子的加盟，他们不同的党派背景、相异的政治态度，会使本已政治化的北大更为复杂。当面临社会突发事件时，他们之间的紧张和冲突也就不可避免地出现了。比如在震惊全国的“沈崇事件”[③]上，北大教授之间就出现了激烈的碰撞。

---

① 杨奎松：《国民党人在处置昆明学潮问题上的分歧》，《近代史研究》2004年第5期。

② 可参杨奎松：《国民党人在处置昆明学潮问题上的分歧》，《近代史研究》2004年第5期；闻黎明：《“一二·一”运动中去李（宗黄）问题研究》，《不朽的丰碑：一二·一运动六十周年纪念文集》，云南科技出版社，2005年。

③ 关于自由知识分子在“沈崇事件”上的不同政治态度，可参见左双文：《1946年沈崇事件：南京政府的对策》，《近代史研究》2005年第1期。

作为国民党在北大的代表人物，陈雪屏在面对学生的质询时说：“该女生不一定是北大学生，同学何必如此铺张。”又说：“晚上为什么还要去看电影？看电影为什么不坐车？”[①]似乎若沈崇不是北大的，北大学生们就可以不闻不问；而即使对此很愤怒，也不必如此“铺张”；发生了强奸案，不是怪罪犯，而怪受害者晚上不该出去。陈雪屏的政治态度已经超出了自由知识分子的范畴，其蛮横专断直如“党棍”。胡适、傅斯年等人认为“沈崇案”是“纯粹法律问题”，不是政治事件[②]，企图以此减少国人特别是学生的愤怒，消弭学潮。而北大的其他教授则持不同的看法。许德珩、闻家驷认为：“这不是单纯的法律问题”，“这是整个的问题”，只要美军不退出中国，中国人民就永远会变成美军宰割的对象。[③]政治系教授钱端升不但积极支持学生游行抗议，还提出尖锐的批评，目标直指陈雪屏领导的训导处及三青团，“学校里出了一个‘情报网’，说是被奸同学是从延安派来的女同志，逗引美兵制造事件”。钱端升愤怒地说：“这是造谣的低下手段，超出了言论自由的范围。有钱印这些东西，我的政治学讲义，到现在还没印出来！”[④]袁翰青则撰写了措辞激烈的《北京大学教授联名致司徒大使抗议书》，抗议美军无耻暴行，支持学生抗暴斗争，在上面签名的是48位北大教授，其中郑华炽、朱光潜、陈友松、陈振汉、杨西孟、吴之椿、吴恩裕、马大猷、沈从文、冯至、楼邦彦、周作仁等均为独立时论社社员[⑤]。

通过“沈崇事件”，战后的北大同人在政治立场、态度上做了第一次

---

① 《北京大学训导长陈雪屏的谬论》，载《经世日报》，1946年12月28日，转引自《抗暴运动资料》，第490页。

② 《胡适返平，主持校务》，《大公报》（天津），1946年12月31日。

③ 《燕京新闻》，1947年1月6日出版，转引自中共北京市委党史研究室编：《抗议美军驻华暴行运动资料汇编》，北京大学出版社，1989年，第385页。

④ 《益世报》，1946年12月30日，转引自《抗议美军驻华暴行运动资料汇编》，第386页。

⑤ 中共北京市委党史研究室编：《抗议美军驻华暴行运动资料汇编》，第383—384页。

集中展示，也昭示着北大内部重新分化组合的开始。此后，随着时局的变化，他们不断被推向社会的前台，就社会公共事件表达自己的政治见解，如被学生采访、被同事或朋友邀请在联合宣言（通电、声明）上签名、被学生团体邀请演讲、被邀请加入某个团体等等。无论他们最后是否接受邀请，在这个过程中，他们都在经历着选择和被选择的双向审视和筛选。因此，无论他们之间在私下有着怎样的关系，起码在公共事务上，他们的聚散离合正在越来越多地受到现实政治的影响。政治态度相近的人逐渐走到一起，形成了不同的自由知识分子交往圈子，独立时论社的成立就可以看作是一个标志。

二、胡适派学人群的分化

徐复观说：“胡先生在‘五四运动’时代，是有兵有将，即是有青年，有朋友。民国十四五年以后，却有将无兵，即是有朋友而无青年。今日在台湾，则既无兵，又无将，即是既无青年，又无真正的朋友。”[①]其实，在战后，胡适的“兵”源已尽，“将”才凋零。否则他的教育方案不致遭遇如此冷遇。例如，《独立时论》群体虽然绝大部分是北大的教授，但却没有周炳琳、钱端升二人。周、钱二人都是北大教授，周炳琳为法学院院长，是“老北大”，其地位与清华“三孙”（即陈岱孙、叶企孙、金龙荪）相类；钱端升是政治系教授，在北大也是一个重量级人物。

在北京大学，法学院院长周炳琳[②]教授非常特别。

---

① 徐复观：《一个伟大书生的悲剧》，子通主编：《胡适评说八十年》，第 134 页。

② 周炳琳（1892—1963），号枚荪，浙江省黄岩（今台州市黄岩区）人，生于手工业者兼小商人的家庭。1916—1920 年就读于北京大学法科经济门，毕业后赴美留学。1922 年获哥伦比亚大学文学硕士学位，后赴英国伦敦大学政治经济学院、法国巴黎大学、德国柏林大学继续深造。1925 年回国后历任北京大学、武昌商科大学、清华大学、中央政治学校、西南联合大学教授。1925 年加入国民（转下页注）

周炳琳有民族主义的精神气质，尤其是在北大读书时期。在五四运动中，周炳琳曾担任北京大学学生会秘书、北京学生联合会秘书，后来又被选为设在上海的全国学生联合会秘书，与许德珩、罗隆基一起编辑过《全国学生联合会日刊》。1919 年夏天，他和许德珩作为北大学生代表，到上海谒见过孙中山。在北大读书期间，周炳琳接触了共产主义，表现出了相当的兴趣，他读过《共产党宣言》《资本论》等著作，曾发表《鲍尔扎维克主义底研究》一文，文章结尾说：鲍尔扎维克主义的红旗必将飘扬在全世界！①五四期间在北大涌现出的一批民族主义色彩较浓的社团、报刊（社），周炳琳几乎均参加了。1918 年 10 月他和同学许德珩、邓中夏等 8 人发起组织国民杂志社（导师为李大钊）并担任《国民》杂志编辑部干事；1919 年 3 月，他和同学许德珩等 14 人发起成立北京大学平民教育讲演团并充任文牍干事（后为编辑干事）；1919 年 7 月 1 日少年中国学会正式成立，他也是发起人之一，并被选为“第一组月刊编辑员”，协助李大钊编辑《少年中国》月刊；1920 年 3 月成立的北京大学马克思学说研究会，周炳琳也是发起人之一。大学时期，周炳琳在爱国主义情感的支配下，与由胡适指导的，以傅斯年、罗家伦等人为核心成员的《新潮》社是有距离的。

1920 年至 1925 年，周炳琳在欧美留学。亲身经历了五四运动，再经由欧美自由主义的熏陶，归国后的周炳琳没有再次从事社会主义运动，而是转变成了一个自由主义者。1925 年，周炳琳在李大钊、童冠贤的介绍下，加入了国民党，不久，投身大革命，参加了政府工作，从而走上了“由参

（接上页注）党，曾先后担任国民党中央党部组织部干事（1926）、南昌国民党中央党部秘书处临时秘书（1927）、武汉国民政府外交部条约委员会委员（1927）、《中央日报》社主笔（1927）、国民党浙江省党务指导委员会委员兼组织部长（1928—1929）、国民党北平特别市党部委员（1932—1934）、河北省教育厅长（1934—1935）、南京政府教育次长（1937）、国民党三青团第二届中央监察委员、军事委员会国防设计委员会委员、国民政府参政会参议员（1938—1946）、国民党联大区党部筹备委员等职务。1949 年留在大陆。根据张友仁《北京教授周炳琳》（《百年潮》2004 年第 6 期）整理。

① 张友仁：《周炳琳教授的生平与事业》（上），《西安财经学院学报》2015 年第 3 期。

加政府而寻求新中国底希望”[①]的探索之路。抗战胜利之前的周炳琳，几乎一直担任着国民党和国民政府职务，他的老师蔡元培、蒋梦麟、顾孟余等人及北大同学罗家伦、段锡朋、杨振声、傅斯年等人也都进入政府服务，因此，周炳琳与国民党及其政府之间的联系千丝万缕，非常紧密，并深为蒋介石器重。

但是，周炳琳并未一头扎进官场，而是徘徊于大学与政府之间，就本质上来讲，周炳琳亦是“教育救国”理念的信奉者。从1931年到1949年，周炳琳一直担任北京大学法学院院长职务，对于北大的建设，鞠躬尽瘁，奋斗不止。同时，周炳琳亦有很强的行政管理能力和办事能力。长期担任经济系主任的赵迺抟教授曾说：“在北大同仁中我最佩服三个人：孑民先生宽宏大度，一代宗师；适之先生学识渊博，才思敏捷；枚荪先生折冲樽俎，胆识过人。”[②]北大哲学系郑昕教授也指出：周炳琳是国民党政策在北大的执行者，而且担负着替国民党拉拢和收罗教育界的使命，所以受到蒋梦麟、胡适之的看重，“胡适、傅斯年那样骄傲，自以为‘学问老子天下第一’，但关于学校的大事在作出决定前都要‘问问枚荪’。遇事让你三分。蒋梦麟在北大那样专横跋扈，说‘我从来就姓蒋’，在国民党内摆老资格，在北大是专制魔王，谁也不敢碰他，只有你敢和他吵架，你凭的是什么？甚至当你跑去做官，做什么厅长、次长的时候，北大法学院院长这个位置还空着等你，不让别人来做，为什么？是什么东西造成你在北大的地位呢？我替你说穿了：你是‘挟国民党以见重于北大’的”。[③]此话有着特殊的历史背景，但作为与周炳琳共事北大多年的历史见证者，郑昕教授的评说也在一定程度上客观反映了周炳琳在北大、在同仁中间的影响力。

---

① 孙家红：《书生意气，赤子情怀——国立北京大学法学院院长周炳琳先生传略》，郭建荣、杨嘉学编著：《北大的学子们》，中国经济出版社，2005年。

② 张友仁：《北大教授周炳琳》，《百年潮》2004年第6期。

③ 《北大三反快报》，1952年4月23日。

尽管与国民党渊源甚深，与共产党在理念上更是相去甚远，但周炳琳对于共产党革命和左翼人士还是抱有一定同情的。特别是在抗战期间，对于国民党的消极抗日、政治腐败，周炳琳在国民参政会上言辞犀利，不留情面，是令国民政府感到最“难受”的四个提问者之一（其他三人为罗隆基、张奚若、钱端升），他曾激烈地批判国民政府“政治混乱”，令蒋介石颇为难堪。而对于共产党的提案，周炳琳则能持以公正立场，予以支持和声援[①]。

胡适与周炳琳的关系，介于半师半友之间。周炳琳是胡适的学生，也是生活中的好朋友、工作上的得力助手。自从进入北大任教一直到全面抗战前，周炳琳一直追随胡适。二人无论在生活中还是工作上，关系都很密切。七七事变起，胡适赴美，家眷以及其他事情均托付周炳琳照管[②]。胡适出任北大校长后，周炳琳仍然尽心尽力予以协助。他担任经济系教授和法学院院长，同时身兼大学一年级课业委员会委员、校址校舍设计委员会委员、图书委员会委员、出版委员会委员、训导委员会委员和校行政会议委员等，还一度兼代法律系主任和政治系主任。为了协助胡适建好北大，周炳琳延揽了一大批人才，如许德珩、樊弘、王铁崖、吴恩裕、楼邦彦、冀贡泉、陈振汉、蒋硕杰等。周炳琳在北大地位之重要，正如傅斯年所说的：“现在北大的局面，尤其是适之先生在那里受苦，兄比任何人负责都多。”[③]在教育救国理念上，二人还是有着共同追求的。

但是，当胡适发起独立时论社的时候，周炳琳并没有参加。主要原因是政治上的分歧。1946 年 11 月，国民党置政协协议于不顾，单方面召开国民大会，本来周炳琳已经被圈定为国大代表，但他和许德珩相约拒绝参加，

① 张友仁：《周炳琳等教授向陕北毛主席赠送火腿等物》，《文汇读书周报》2004 年 10 月 1 日。

② 可参见耿云志、欧阳哲生编：《胡适书信集》（中），北京大学出版社，1996 年，第 732、735、736、742 页。

③ 《傅斯年致周炳琳》（1947 年 6 月 19 日），《胡适来往书信选》（下），第 540 页。

从此逐渐疏远了与国民党的关系。反观胡适，则与国民党走得越来越近，从国大代表，到考试院院长、教育部长、国府委员直至行政院院长，胡适的名字一次又一次与国民党紧密联系在一起，直如政府显要。而正是在是否参加国民大会这件事上，周炳琳与胡适之间闹得非常不愉快。在胡适飞往南京前夕，周炳琳给他写了封信：

适之先生：

闻先生即将飞往南京准备出席国民代表大会。此时赴会，是否为贤智之举动，琳以为尚值得考虑一番。撇开此举之政治关系不谈——先生对于现实政治之看法，琳绝对尊重——单讲校务，此时可以说尚未正式上课，事甚繁乱，局面未趋稳定。我们希望校长在此坐镇，事来重心有托。先生能否考虑迟两周，俟会真能开成再去？不是杞人忧天，一年余昆明历次事件之经验已使人成了惊弓之鸟。

自信可以做亡命客，但在校一日，终是矜持。先生倘亦笑其愚乎？[①]

周炳琳还曾多次到北京大学松公府胡适的校长办公室当面加以劝阻，并同胡适争吵得面红耳赤[②]。但胡适最终还是去了南京，并在国民大会上以主席的身份将通过的“宪法”双手捧交给蒋介石。从此，二人之间在政治上的分歧越来越大，终于导致二人之间出现了裂痕。

胡适与周炳琳彼此政治态度的前后变化，与全面抗战期间个人的经历密切相关。八年全面抗战，二人天各一方，不同的经历留下了不同的记忆。

① 《周炳琳致胡适》（1946 年 11 月 9 日），《胡适来往书信选》（下），第 142—143 页。

② 张友仁：《周炳琳教授的生平与事业》（下），《西安财经学院学报》2015 年第 5 期。

胡适看到的是一个为民族危亡鞠躬尽瘁的蒋介石，周炳琳看到的却是一个腐败而残暴的国民政府，尤其是经历了“一二·一”运动和“李闻惨案”后，周炳琳对国民党的失望达到了顶点。除此以外，就周炳琳而言，他的妻子魏壁和老同学许德珩也对他产生了不小的影响。

从周炳琳的经历可以看出，在大学时期，他与许德珩曾经共同发起、参与了许多社团，如《国民》杂志社及《国民》杂志、北京大学平民教育讲演团、北京大学马克思学说研究会等。周炳琳与许德珩还是五四运动中的战友，二人都是学生领袖，曾一起代表北大去上海参加全国学联成立大会，并当选为干部，一起谒见孙中山。许德珩的妻子劳君展与周炳琳的妻子魏壁之间，渊源更是深厚（见后文）。两家人都住在北大，相去不远，经常往来。据袁翰青回忆，他为“沈崇案件”组织教授签名的时候，就是在周炳琳家找到许德珩的。许德珩夫妇都是九三学社的领导人，在他们的影响下，周炳琳的妻子魏壁也加入了九三学社。因此，周炳琳与许德珩之间渊源很深，在政治上受到许德珩的很大影响。

与周炳琳情况类似的还有政治系教授钱端升。

钱端升与胡适私交非常好，多年来一直围绕在胡适周围。胡适衔政府之命前往美国求援时所带两个助手，其中之一即为钱端升。钱端升是“一二·一”民主运动中的“四教授”之一。抗战胜利后，周鲠生劝他再办一个刊物，让大家说说话，“他回信敬谢不敏”，“他近来很悲观，尤其是昆明联大惨案学潮令他多所感慨”。[①]之后，钱端升的政治态度迅速左转。即使是加入独立时论社的郑天挺，对于胡适的政治态度也有些许微辞，他曾委婉批评胡适在学生运动上的处理方式：

北大有自由批评之传统，外间颇多误解，今后处境将益困难。

① 《周鲠生致胡适》（1946年1月30日），《胡适来往书信选》（下），第88页。

不满现状而有所批评，其人或即最爱国、最忠于党者，一概以奸究视之，不惟不足以服其心，抑且为奸人张目。大学有使命，学术研究应有自由，如无实际行动，在校内宜宽其尺度。若事事以配合为责，奉行不善，其弊害不可胜言。[①]

周炳琳、钱端升对胡适的疏离，也证实了北大内部自由知识分子之间发生了分化。无论是分化还是重新组合，他们之间的交往逐渐带上了政治色彩。再如崔书琴与胡适，崔书琴出身南开，哈佛大学毕业后在中央政治学校任教，1937 年才进入北大，而此时胡适已经赴美，也就是说，胡适与崔书琴之间并没有多少渊源。在平津教育界，崔书琴是研究三民主义的著名专家，且是少见的忠诚的国民党员，战后胡适与崔书琴走到一起，是通过张佛泉的引介，更重要的是他们都想帮助国民政府。

三、民主派教授群落

胡适派学人群的分化是随着时局的演变慢慢发生的。尽管由于胡适与其他北大教授在政治上的选择不同，但胡适在北大，甚至在平津教育界的影响力仍是他人无法比拟的。因此，在胡适的号召下，平津各大高校的著名教授纷纷加入独立时论社。而除了以胡适为领袖，以崔书琴、张佛泉、毛子水、汪敬熙、姚从吾、陈雪屏、燕树棠等人为核心的《独立时论》群体外，在北大还存在着另外一个以许德珩[②]为领袖，由袁翰青、闻家驷、薛

① 《郑天挺致胡适》（1948 年 4 月 25 日），《胡适来往书信选》（下），第 387 页。

② 许德珩（1890—1990），字楚生，江西德化（今九江市）人。1915—1919 年就读于北京大学。1920—1927 年在法国勤工俭学，就读于法国巴黎大学，其间曾两次去伦敦大学政治经济学院听课。返国后先后任教于中山大学、黄埔军官学校、暨南大学、北平师范大学、北京大学。全面抗战期间任国民参政会参议员，在重庆从事教育和民主运动。1944 年发起组织“民主科学座谈会”，1946 年（转下页注）

愚、俞平伯等民主党派人士及其支持者向达、樊弘、费青等进步教授组成的民主教授群落[①]。

许德珩是一个坚定的民族主义者，中学时期即加入同盟会，参加了辛亥革命、讨袁革命，大学时得出“救国第一”的结论：“我们认为救国运动是全体同学应该参加的，救国高于一切，从最守旧的人，直到最激进的分子都应一致奋起救国”[②]，且终身奉此不渝。

在北京大学，许德珩积极投入学生救国运动，他与同学组织北大工人夜校，与邓中夏等发起北大平民教育讲演团、创办《国民》杂志社并任编委，同时又是少年中国学会会员。在学生运动中，许德珩也是一方领袖，他亲自参加了 1919 年 5 月 4 日的游行示威，被北洋当局逮捕；1919 年 6 月 16 日，全国学联成立大会在上海召开，许德珩代表北大参加，并当选为《全国学联日刊》编委会主编。从法国留学归来后，许德珩参加了大革命，后遭到国民党通缉逃往上海，与邓初民、李达、黄松龄、马哲民、施存统、劳君展（许德珩夫人）、钟复光（施存统夫人）等人联合起来，组织 “本社”，“意思是不忘本，恪守三大政策，谋求与共产党合作”。[③]1931 年 7 月，接受北平师范大学校长、留法同学徐炳昶的邀请前往北平任教。九一八事变后，积极从事民族救亡运动，被政府当局逮捕入狱。1935 年中日签订《何梅协定》，华北局势岌岌可危，平津师生抗日救国革命精神空前高涨，许德珩夫妇与中共地下党员取得联系，在各大高校演讲，宣扬革命思想，并与北平其他进步教授马叙伦、张友渔一起策划、组织、参加一

（接上页注）改名为“九三学社”，任常务理事。1946 年起任北京大学教授，同时积极投入民主运动。1949 年后历任中国人民政治协商会议全国委员会副主席、全国人民代表大会常务委员会副委员长等职。根据《许德珩回忆录：为了民主与科学》整理。

① 可参见郑志峰、冶芸：《北大民主教授群研究（1945—1949）》，《社会科学家》2013 年第 1 期。

② 许德珩：《许德珩回忆录：为了民主与科学》，第 40 页。

③ 许德珩：《许德珩回忆录：为了民主与科学》，第 154 页。

二·九运动。随后被北大校长蒋梦麟解聘。七七事变后，许德珩辗转来到重庆，担任国民参政会参议员，一边继续从事教育工作，一边积极参与民主运动。在全面抗战时期，重庆是民主人士最为集中的地方，许德珩广泛接触各方面人士，1944 年响应中共“立即结束国民党一党专政，成立民主联合政府”团结抗日的主张，与褚辅成、税西恒、潘菽、黎锦熙、黄国璋等发起民主科学座谈会，主张发扬五四反帝反封建和民主科学的精神，将抗战坚持到底。后来，许德珩接受毛泽东的建议，将民主科学座谈会改建成政治党派，1946 年 5 月 4 日，九三学社成立，许德珩任常务理事，是九三学社的实际领导人。

在北大读书期间，许德珩与傅斯年、杨振声、康白情、俞平伯等为同班同学，但从其经历可以看出，他与傅斯年、杨振声等人之间是非常疏离的，有着不同的交往圈子。在北大时，傅斯年、罗家伦、杨振声、毛子水、汪敬熙等人是胡适家中的常客，他们逐渐向自由主义靠拢并最终成为胡适自由主义学人关系网络中的核心人物。许德珩则与李大钊、陈独秀等人接触比较多，并深受他们的影响，渐渐倾向共产主义，他经常去李大钊在图书馆的办公室与一帮朋友聚谈，并与李大钊等人共同发起北京大学马克思学说研究会。在法国留学期间，他曾两次跑去英国伦敦大学政治经济学院听课，但认为拉斯基的费边社会主义“毫无进步可言”，“我这时已接受马克思主义经济学说，对他的讲课索然寡味，因而两周以后我就不再去听讲了”。[①]在五四前夕，北大出现了许多社团和刊物，并得到老师如蔡元培、李大钊、胡适、陈独秀等人支持和帮助，“当时这些社团由于各有不同程度的政治思想倾向，因而彼此之间隔阂甚深，甚至不相往来”。[②]傅斯年、杨振声、罗家伦、毛子水、汪敬熙等人属于《新潮》社，而许德珩则属于

① 许德珩：《许德珩回忆录：为了民主与科学》，第 121 页。

② 许德珩：《许德珩回忆录：为了民主与科学》，第 35 页。

《国民》社。许德珩回忆说：

> 《新潮》是傅斯年主编的，傅也是国文学门，和我同班。胡适来北大后，我和傅等几个学生对他常常散布资产阶级思想甚为不满，后来傅斯年受到胡适的影响，倒到胡适那边去了。1918年5月，傅斯年不赞成我们搞反日运动，竟跑到公府（即总统府）去告密，从此我们瞧不起他，他就更加投靠胡适。这里还要一提的是同学罗家伦，他本来已经参加《国民》杂志社，因为其人好自我吹嘘，社内同人都讨厌他。傅斯年知道后，马上把罗家伦吸收过来并成为《新潮》社的发起人之一。①

许德珩先生的回忆虽有事后算账的嫌疑，但也说明，从北大开始，他对以胡适为首，包括傅斯年、毛子水、汪敬熙、罗家伦等人在内的自由主义派学人就很反感，以后更是走上了不同的道路。1937年初许德珩拿到北平师范大学的聘书时，北京大学的聘书也到了，许德珩认为北京大学虽然名义上还是蔡元培先生任校长，但实际已落入蒋梦麟、胡适等人掌握中，所以辞拒了北京大学而接受了北平师范大学的邀请②。

抗日战争胜利后，北京大学复员回北平，许德珩又一次应聘任教北大，与老师胡适，同学周炳琳、毛子水、姚从吾、汪敬熙、郑天挺、俞平伯等成为同事。在国共斗争的大背景下，许德珩对国民党及其政府已经完全丧失了希望，虽然不是共产党员，但许德珩在政治立场上已经倒向了共产党一方。因此，他与以胡适为首的《独立时论》自由知识分子特别是陈雪屏、姚从吾、毛子水、

① 许德珩：《许德珩回忆录：为了民主与科学》，第35页。

② 当许德珩1931年7月初到达北平时，北京大学的学生得知许德珩已来到北师大任教，向北大当局呼吁，坚决要求许德珩教授去北大授课。在多方面的热情邀请下，许德珩不得已在两校同时上课。参见许德珩：《许德珩回忆录：为了民主与科学》，第160页。

汪敬熙、燕树棠等，彼此之间的距离越来越远，尤其在关涉时局的看法上，更是尖锐对立。

在北平，民主党派人数不多，势力也不是很强大，但许德珩充分调动自己各方面的关系，通过九三学社将社员联系起来，与其他民主党派人士一起，积极团结进步教授，从而形成了一个以许德珩为领袖、以九三学社社员为主体、以进步教授为支持的民主教授群落。

在北平的九三学社社员（见表 4-4），最初只有北大的许德珩、袁翰青、薛愚、俞平伯以及师大的黎锦熙、黄国璋、张雪岩、曹宝重几人，1947—1948 年间，陆续在北平参加的社员有裴文中、孙承佩、叶丁易、方亮、李毅、魏壁、严济慈等人。1947 年 7 月，许德珩的妻子、九三学社的创始人之一劳君展因积极支持学生运动被解除重庆女子师范学院院长职务而回到北平，1948 年董渭川也因遭到国民党的迫害从苏州来到北平，就职于北平师范学院。

表 4-4　许德珩民主教授群

姓名	籍贯	生年	国内教育	留学背景	留学时间	任职	党派身份
许德珩	江西九江	1890	北京大学	法国巴黎大学	1921—1927	北京大学政治系	九三学社
袁翰青	江苏南通	1905	清华大学	美国伊利诺伊大学	1929—1932	北京大学化学系	九三学社
闻家驷	湖北浠水	1905	震旦大学	法国巴黎大学	1928—1929	北京大学西语系	民盟
				格林罗布大学	1931—1934		
俞平伯	江苏苏州	1900	北京大学			北京大学中文系	九三学社
薛　愚	湖北襄阳	1894	齐鲁大学	法国巴黎大学	1930—1933	北京大学药学系主任	九三学社

（续表）

姓名	籍贯	生年	国内教育	留学背景	留学时间	任职	党派身份
裴文中	河北丰南	1904	北京大学	法国巴黎大学	1935—1937	北京大学史学系	九三学社
方　亮	北京市	1913		韩国延世大学	1935年毕业	北京大学医学院	九三学社；中共党员
劳君展	湖南长沙	1900	周南女校	法国里昂大学	1922—1924		九三学社；许德珩夫人
				法国巴黎大学	1924—1927		
魏　壁	湖南长沙		周南女校	法国巴黎大学			九三学社；周炳琳夫人
向　达	湖南溆浦	1900	东南大学	在英、法、德从事研究工作	1935—1938	北京大学史学系	
樊　弘	四川江津	1900	北京大学	英国剑桥大学	1937—1939	北京大学经济系	
费　青	江苏吴江	1905	东吴大学	德国柏林大学	1935—1938	北京大学法律系	
黎锦熙	湖南湘潭	1890	湖南优级师范			北平师范大学文学院院长、中文系主任	九三学社
黄国璋	湖南湘乡	1896	雅礼大学	美国芝加哥大学	1926—1928	北平师范大学理学院院长、地理系主任	九三学社
张雪岩	山东潍坊	1901	金陵神学院	加拿大留学，后转入美国康奈尔大学	1937—1940	北平师范大学	九三学社
曹宝重						北平师范大学	九三学社

（续表）

姓名	籍贯	生年	国内教育	留学背景	留学时间	任职	党派身份
董渭川	山东邹城	1901	北京高师			北平师范学院教育系	九三学社
严济慈	浙江东阳	1901	南京高师（东南大学）	法国巴黎大学	1923—1927	北平研究院物理研究所所长兼镭学研究所所长	九三学社
				法国巴黎大学	1928—1931		
孙承佩	山东桓台	1915	北平大学			中外出版社社务委员	九三学社；中共党员
叶丁易	安徽桐城		北平师范大学				民盟；九三学社

作为九三学社的创始人，许德珩无疑是北大民主教授群的精神领袖，而这一知识分子群体的成员，彼此之间也存在或深或浅的渊源。比如，民主科学座谈会的发起人黄国璋、黎锦熙都是许德珩的朋友（另一个发起人潘菽则为许德珩的北大同学、五四运动时被捕难友）。1931 年，许德珩曾应北平师范大学校长、留法同学徐炳昶的邀请前往该校任教，他的老朋友黎锦熙也在该校执教并任文学院院长；全面抗战期间，许德珩曾因生活所迫前往西北联合大学任教，当时学校训导长即为黄国璋——地理系教授兼系主任，二人从而结识；黎锦熙则远赴兰州任教于西北师范学院，同时充任中国大辞典编纂处总主任，袁翰青于 1939 亦奉职来金城，筹建甘肃科学教育馆，同时在西北师范学院兼任教授，得与黎锦熙认识，后来，二人接受黄国璋（应西北师院邀请前来演讲）的邀请，答应做民主科学社的发起人。九一八事变后，许德珩与范文澜在北平组织了互济会，专门资助各校学生会以及某些进步学生在抗日救亡运动中的开支，直至七七事变离开为止。因此，许德珩在北平的抗日民主人士中颇富盛名，联系非常广泛，孙

承佩、叶丁易就是那个时候的学生[①]。特别是孙承佩，是当时学生运动中的活跃分子，与许德珩颇为熟稔。薛愚加入九三则是通过创始人之一张雪岩的关系，张雪岩1940年自美国留学归来，任教于迁往成都的齐鲁大学，薛愚前一年已来此校任教，二人从而成为同事，且薛愚为齐鲁大学出身。1947年，薛愚又应胡适之邀来北大任教，与许德珩又成为同事，而且薛愚亦曾留学法国，与许德珩为巴黎大学校友，由薛愚推荐，同在北大医学院工作的方亮亦加入九三学社。俞平伯和裴文中加入九三学社[②]，都是通过许德珩的关系，二人与许德珩均为北大出身，又都在北大任教，俞平伯与许德珩为同班同学，而裴文中与许德珩又为巴黎大学校友。

从以上分析可以看出，在以许德珩为核心的民主教授群聚过程中，有三个最为重要的联络渠道：一为九三学社，二为北京大学，三为法国巴黎大学。如表4-4所示，曾在法国巴黎大学留学的有七人，即许德珩、闻家驷、裴文中、薛愚、劳君展、魏璧、严济慈。其中，严济慈与许德珩、劳君展、魏璧几乎同时在巴黎大学就读，读书期间即已彼此熟识，有所往来；劳君展、魏璧、严济慈都曾帮助居里夫人工作，三人回国后在学术上亦有合作，因此，在许德珩夫妇的邀请下，严济慈于1948年加入九三学社。1928年，严济慈第二次来到巴黎大学，从事研究工作，闻家驷、薛愚也先后就读于该校。裴文中于1935年进入巴黎大学攻读，同年向达亦来到欧洲，长时期奔走于英、法、德国家博物馆之间，搜集资料，二人得以时常会面，

① 孙承佩，原名耿殿文，山东桓台人。1934年考入北平大学法商学院，积极从事抗日民主运动，从而与许德珩结识。1936年夏，许德珩被北大解聘入北平大学法商学院政治系任教，孙承佩又成了他的学生。1935年参加一二·九运动，1936年参加中华民族解放先锋队，后任民族革命通讯社记者、《新蜀报》主笔、北平中外出版社社务委员，1946年加入九三学社，1947年加入中国共产党。叶丁易，又名孙恬，安徽桐城人。1934—1938年就读于北平师范大学，当时许德珩在此校兼课。毕业后先后任西北师范学院讲师，国立戏剧专科学校、四川大学、东北大学副教授，《民主报》总编辑。1944年加入中国民主同盟。1947年加入九三学社。

② 孙玉蓉编纂：《俞平伯年谱》，天津人民出版社，2000年，第230页。

交流研究心得；与他们同时，费青则在德国柏林大学深造，稍后两年樊弘来到英国剑桥大学学习。战后，除严济慈外，这些人齐聚北大，且大多加入九三学社，共同从事民主运动。

颇有意味的是劳君展与魏壁二人，两人均是湖南长沙人，同为周南女校毕业生，号称“周南三杰”之一，都是最早的新民学会女会员，曾在毛泽东的组织和领导下参加过驱逐湖南督军兼省长张敬尧的运动；1920年，劳君展和魏壁在蔡元培的带领下赴法勤工俭学，毛泽东于5月8日亲自到上海，在半淞园给她们送行，并在雨中摄有合影，二人到法国后，也不时与毛泽东有书信联系。为了帮助劳君展、魏壁二人迅速提高法语水平，蔡元培让已经在法国巴黎大学留学的北大学生许德珩做她们的补习老师。次年，二人一起进入里昂大学，学习法文和数学，1924年毕业后一起进入法国巴黎大学攻读数学[①]。后来，蔡将二人分别介绍给自己的两个得意弟子许德珩和周炳琳并最终结为夫妇。

将胡适领导的《独立时论》核心成员与许德珩领导的民主教授群对比，可以发现，尽管双方有很多不同，比如前者的核心人物多为北大的当权派，担任着各院系的领导职务，是北大的实际管理者，后者的成员大都是普通的、有名望但不掌握学校权力和资源的任课教师；前者的自由知识分子绝大多数留学美国，且以留学哥伦比亚大学和哈佛大学为主，而后者的成员则大多留学欧洲，且大多数出身于法国巴黎大学，然而，双方的最大不同之处则是来自政治上。

《独立时论》的核心成员均为国民党员，且许多人抗战胜利后不久即参加了国民政府（如陈雪屏任国民政府青年部长，崔书琴任立法委员，姚从吾任河南大学校长，燕树棠1948年7月任国民政府司法院大法官等），围绕在核心层周围的自由知识分子亦大多为国民党员，他们是国民党及其

① 张友仁：《周炳琳等教授向陕北毛主席赠送火腿等物》，《文汇读书周报》2004年10月1日。

政府的坚定支持者。而许德珩民主群落中的知识分子，绝大多数为九三学社、民盟等民主党派人士，他们与共产党都有着或多或少的联系。

以九三学社来说，社员劳君展、魏壁与中共领导人毛泽东之间的渊源极深，许德珩在北大读书时，与在图书馆工作的毛泽东也熟识。许德珩夫妇虽然不是共产党员，但同情共产党的革命工作，也经常与共产党的地下组织合作，共同从事民主运动，比如1935年一二·九运动爆发后，劳君展积极投身抗日救亡运动，任中共组建的北平妇女救国会委员。许德珩在北平的寓所是中共中央北方局领导人彭真、杨秀峰、徐冰（徐冰当时化名邢西萍，与许德珩夫妇及魏壁在欧洲留学时即相识，当时与许德珩夫妇、周炳琳夫妇在工作上都有密切的交往）等人经常召集重要会议的场所。每当开会，劳君展都精心筹划安排，以保安全。九三学社创始人之一的黎锦熙不仅与毛泽东为湖南湘潭同乡，且是师生关系。黎锦熙早年中秀才，1911年在湖南优级师范学堂史地部毕业后，曾任湖南第一师范学校历史教员（1913年），毛泽东、蔡和森都是他的学生。九三学社的另一位创始人黄国璋，与毛泽东为小学、中学同学，二人同年毕业于湘乡东山高等小学堂，并同时考入湘乡驻省中学。

由于许德珩夫妇的关系，九三学社与共产党关系非常密切，特别是在重庆筹划期间以及随许德珩迁往北平后，面对复杂的政治情势，许德珩更是加强了与军调处中共代表团叶剑英、徐冰等人的联系。在美国调解失败、中共代表团撤离北平前，九三学社在薛愚的寓所，以家宴形式为中共代表团送行，几天后，中共代表团举办宴会，答谢和告别九三学社。后来，北平的九三学社开始接受一些具有中共背景的人入社，如方亮、孙承佩等，以便更好地展开民主运动。

袁翰青先生晚年曾回忆说：“尽管当时在北平的九三社员不多，联系的方面却是相当广的。”[①]事实的确如此。依托九三学社这一社会组织性力量，许德珩周围聚集着北大的民主教授向达、费青、樊弘以及民盟盟员闻家驷等人，他们也经常与燕京大学的张东荪（民盟）、严景耀雷洁琼夫妇（民进），清华的吴晗（民盟）、费孝通（民盟）、潘光旦（民盟）等人一起行动。袁翰青回忆说：“当时，有组织的民主人士在北平的不太多，并没有把各民主党派分的那么清，常常是配合在一起搞活动的。”[②]活动方式主要是座谈、组织签名、发表联合宣言或抗议书。座谈主要是通过聚餐的方式进行，活动地点“有时在北大府学胡同宿舍，有时在当时黎老主持的大辞典编纂处内，大多是在国会街薛愚同志家里聚会，因为那里较偏僻，不易引起注意”。[③]在九三学社等民主党派人士的积极活动下，北平教育界的民主运动开展得有声有色，从《北京大学教授联名致司徒大使抗议书》（“沈崇事件”）、《保障人权宣言》（国民党警宪大搜捕）、《北京大学三十一教授对于最近学潮的态度》及《为反内战运动告学生和政府书》（五·二〇运动）、《我们对于政府压迫民盟的看法》（民盟被解散）、《我们对于改善公教人员待遇的意见》（经济危机），到张奚若、朱自清等 110 名教职员发表声明 “拒绝购买美援平价面粉”（反美扶日运动）、《九十教授的质询文》（驳斥吴铸人谈话[④]）、北平各院校著名教授 104 人

---

① 袁翰青：《袁翰青文集》，科学技术文献出版社，1985 年，第 275 页。

② 袁翰青：《袁翰青文集》，第 274 页。

③ 袁翰青：《袁翰青文集》，第 274 页。薛愚在回忆中也提到了当时九三学社的民主活动：“九三学社同志们的民主活动，都是以‘聚餐’的形式为掩护，而且十之八九是在宣武门内国会街北大五院我的家中进行的。我老伴张英侠同志为聚餐操持一切，并兼管‘放哨’、‘报信’的工作。我的寓所当时是九三学社进行革命活动的重要场所之一。”可参见薛愚：《我走过的路》，九三学社中央研究室编：《中国科学家回忆录》第二辑，学苑出版社，1990 年，第 54—55 页。

④ 1948 年 3 月 29 日是黄花岗烈士纪念日，也是国民政府法定的“青年节”。同一天，国民政府召开第二届国民大会，同时下令取缔华北学联。为了抗议取缔华北学联，反对国大召开，北平各校学生两万多人齐集北大民主广场开会，会场外三千多警察如临大敌，架起机关枪将北大重重包围。学生会邀请许德珩、樊弘、袁翰青三教授演讲：许德珩讲《黄花岗革命的意义和教训》，袁翰青讲《知识青年的道路》，樊弘讲《两条路》。事后，国民党北平警备司令陈济诚竟然声称要做“关麟征（转下页注）

联名抗议国民党大打内战轰炸开封古城的罪行、《“七五”抗议书》（军警枪杀东北流亡学生即“七五血案”）、《北平北大师院二校教授对于当局拘传学生抗议书》（特种刑事法庭），每当社会发生重大事件时，总能看到民主党派教授忙碌的身影，总能听到教授们的声音。

这些联合宣言、声明、抗议书的出现，是以许德珩为核心的民主教授积极联络的结果，比如《保障人权宣言》。1947年初军调部结束后，中共代表团撤离北平，2月27日开始，北平国民党当局调动军、警、宪，以户口检查为借口突然大肆逮捕曾与军调部中共小组有过往来的人和其他民主人士，前后近2000人被拘捕。华北学联秘书长的一位中共地下党找到费青求助，希望著名的民主人士出面说说话。于是费青找到九三学社的袁翰青，二人一起到许德珩、闻家驷处商讨对策，最后决定邀请那些影响比较大、政治色彩又不是很浓的教授联名发表抗议书。他们分头行动，北大方面由袁翰青、费青负责，清华则由闻家驷去找吴晗商量。首先是起草宣言，其次就是要联络教授们签名。北大方面，费青、袁翰青征来了历史系教授向达、杨人楩的签名；由许德珩出面，政治系教授吴之椿、钱端升也签了名（吴、钱二人与许德珩既是同事也是多年的朋友）；九三学社社员俞平伯亲自拜访文学院院长汤用彤，也征得他的同意；许德珩又亲往北平研究院拜访留法时期的老同学徐炳昶并请他签字，许德珩、俞平伯两人也在抗议书上写下了自己的名字。清华方面，吴晗征得张奚若、朱自清的签名，并通过张奚若的关系，让金岳霖、陈寅恪也在抗议书上签了字；吴晗协同闻

（接上页注）第二”，决心对学生运动采取断然措施；国民党北平党部主任吴铸人则在4月19日的“总理纪念周”上警告教授们不要再演第二次闻一多事件，并威胁说：“我要忠告三位教授，再勿在‘共特’所召集的会场中，凭一时的快意，作刺激学生的言论。北平有一百七十万民众，我们至少有五十万人，五十万国民党人中，有五万枝手枪，若有一枝手枪走火，就要小心他们的脑袋。”次日，吴铸人这些言论公然登载报端，立即引起各界大哗。（《许德珩回忆录：为了民主与科学》，第231—236页）

家驷又找到潘光旦，通过潘光旦又征到了陈达的签名[①]。这样，一份由 13 位教授联名的抗议书就形成了，一经发表，在全国引起了极大震动，被称为“新人权运动”。

对于知识分子而言，联合声明、通电、宣言或抗议书是一种特殊且复杂的交往方式。首先，邀请者会根据自己的判断以及宣言内容对被邀请者进行审视、筛选，选择向哪些人征求签名，哪些人会答应、哪些人可能拒绝、拒绝的人下次是否继续将其纳入争取的范围等，这一系列问题都会经过宣言组织者的头脑。同样，对于被邀请者而言，也会审视邀请者自身的情况及宣言的内容，为什么抗议、抗议什么、抗议的预期效果如何、签名会怎样、不签名会怎样等问题也会相继进入他们的思考中。而无论签名与否，影响被邀请者作出决定的因素都不是唯一的，甚至有时都不能反映他内心的真实想法。比如，袁翰青针对沈崇事件发起的联合宣言《北京大学教授联名致司徒大使抗议书》，北京大学教育系教授陈友松虽然在上面签名，但对于学生的抗暴运动及之后国民党北平当局的宪警大搜捕事件，他却对吴宓说“皆共党及左倾学生张大其词耳”[②]。既然认为“沈崇事件”没有多么严重，学生们的反应有点过激，有中共操纵的嫌疑，那么陈友松也大可不必在宣言上签字。事实上，抗暴运动中有中共活动的影子，但起到多大的力量仍需具体考证。对于中共通过掌握学生社团发动学生运动这一点，北平的大多数教授是可以感觉到的。但是，正如对请愿书有过深入研究的法国学者西里奈利所指出的，“决定签名的一部分原因很可能是出于

---

① 1947 年 2 月 23 日，潘光旦在日记中写道：“午前辰伯偕仲南来，军调工作解体后，城内又开始捕人，只好发起宣言抗议，因约通夫加入；岱孙亦首肯，但已不及于发表前列名。”辰伯即吴晗，仲南即闻家驷，通夫即陈达。可参见《潘光旦文集》（11），第 268 页。

② 1946 年 3 月 6 日，吴宓在日记中写道：“归途遇徐东学邀至合作社陪宴陈友松夫妇，陈述北平学界现况。据云，教授月得九十余万元，生活甚舒适。沈崇案及其最近捕人事，皆共党及左倾学生张大其词耳。又北平城内，如洪流中孤岛乐园，殊不知华北大战。云云。”可参见吴宓著，吴学昭整理注释：《吴宓日记》第十册，生活 · 读书 · 新知三联书店，1999 年，第 186 页。

表达对一种事业的认同的愿望，因而也就是对自身意识形态身份的追寻……有时，其中也混杂着一种对自身社会身份的找寻，既通过参加组织——即使是一个临时的组织——也通过一种影响能力和一种可以发挥的作用的被承认”[①]，抑或是碍于情面，因为“在知识界这一几乎封闭的阶层，有时很难回避请求，很难逃避在一些文章上签名”。[②]这种解释很符合北平自由知识分子情况。

许纪霖先生曾指出，老北京是一个二元社会，一元是集合全国教育精英的“知识人社会”，一元是本土的地方社会，这二者之间并没有什么联系。这些自由知识分子以“文凭”为纽带、以大学（科研机构）为中心形成了一个个相对封闭的“知识人社会”[③]。在学校面对的是学生和同事，在家庭面对的是亲属和邻居。北大教授比邻而居的情形正支持了这种观点。

北大教授，特别是本书所论及的自由知识分子，从目前所掌握的情况来看，除了薛愚住在北大第五院较为偏僻外，其他人住得还是比较集中的。如向达住在十条胡同北大教职员宿舍，杨振声住在南锣鼓巷，吴恩裕、楼邦彦住在北大东斋宿舍，距离中老胡同、府学胡同都很近。府学胡同内住着许德珩、韩寿萱、杨人楩、袁翰青等教授，中老胡同内的北大教授更多，有贺麟、朱光潜、沈从文、周炳琳、张颐、吴之椿、江泽涵、张景钺、孙承谔、袁家骅、闻家驷、芮沐、冯至、费青、陈友松、冯文炳、陈占元、庄圻泰、马大猷、杨西孟等20余家。考察历次的联合宣言、声明、抗议书，就可以发现，在上面签名的自由知识分子主要是这几条胡同里的教授，而且，以许德珩为核心的民主教授群中的几个核心人物都住在这些教授中间，如府学胡同的许德珩、袁翰青，中老胡同的闻家驷、费青。住所的临近，给

---

① [法]西里奈利：《知识分子与法兰西激情》，刘云虹译，江苏人民出版社，2001年，第407页。

② [法]西里奈利：《知识分子与法兰西激情》，第408页。

③ 许纪霖：《重建社会重心：近代中国的“知识人社会”》，《学术月刊》2006年第4期。

这些教授之间的交往带来了极大的便利，比如因教授们住所临近、交往机会增加，产生了新的联系与组合。

冯至的夫人姚可崑先生曾有过精彩的描述：“中老胡同宿舍里住的教授中，与我们熟识的贺麟、闻家驷、沈从文都是西南联大的同事，朱光潜是从武汉大学来的，陈占元是从广东来的。其中有的我们后来成为通家之好。杨振声住在南锣鼓巷，常到中老胡同来闲谈”；住在隔壁的是政治系教授吴之椿，“他的儿子吴小椿在昆明联大附小时跟姚平同班同学，还共享一个课桌。到了北京，又成为近邻”；朱光潜、沈从文也住在这个胡同里面，“在这以前，冯至与朱光潜并不熟识。冯至 1935 年在北平时，到朱光潜家里参加过两次读诗会。1937 年朱光潜筹办《文学杂志》向冯至征稿，冯至首寄几首诗发表于杂志第一卷第一期。1939 年冯至为了想去乐山武汉大学教书，给朱光潜去过电报，此外并没有什么交往。如今同住在中老胡同宿舍，很快就成为朋友。我和他的夫人奚今吾也时有往来”；至于沈从文，冯至与他早在 1920 年代即相识，但不熟悉，在昆明西南联大，两人也时常见面，共同参加一些文艺活动，但也没有做过深谈，“到了中老胡同宿舍，朝夕相处，二人谈文艺，谈小摊上买来的古董，谈民间艺术，他谈话声音很低，却津津有味”。在中老胡同，与冯至来往最多的就是沈从文、朱光潜和常来中老胡同串门的杨振声、俞平伯，还有清华的朱自清。其中，杨振声、俞平伯、朱自清、冯至都出身北大，杨振声与俞平伯是同班同学。他们都是文艺界的著名人士，平津的报刊纷纷邀请他们编辑副刊，如沈从文编辑《大公报》的《星期文艺》（后转给冯至编辑）和《益世报》的《文学周刊》，同时负责《平明日报》副刊的编务工作；杨振声编辑《经世日报》的《文艺》、朱自清编辑《新生报》的《语言与文学》、朱光潜编辑《文学杂志》。由于有着共同的事业，他们之间来往频繁，自然而然就形成了一个自由知识分子小圈子。

在相互交往中，他们谈论的不仅仅是文艺、学术这些超越现实的话题，现实的生活以及社会问题也会进入他们交流的范围，那么，彼此的政治立场、态度也就会在沟通中呈现。冯至曾这样评价当时的朱光潜："解放前他的思想比较右倾，那时我对他有些意见，谈话时对他有所暗示，但我认为我们彼此的意思不能相强，这并不影响我们的交往。一个人的思想和行动是受世界观支配的，但这是一个复杂的问题。有的人思想虽然右，但在做学问和道德修养方面只要态度是严肃认真的，就有可取之处。"虽然彼此政治态度有所不同，但并不妨害彼此间的往来。这在北平的自由知识分子中间，是一个普遍的交往规范。但是在重大问题的判断和抉择上，他们之间的相互影响还是很明显的。比如关于去留的问题。姚可崑回忆说，1948 年 12 月 12 日，解放军已经到达海淀，国民党政府派飞机来接那些他们想象中可以跟他们"一条路走到黑"的教授学者们，贺麟和朱光潜都在被接走的名单中，"但是许多好友都劝他们不要走，冯至也是极力劝阻的一个"。[①]

在工作上，他们是同事，在生活中，他们又住得临近，是抬头不见低头见的街坊。在这样的情况下，他们确实很难拒绝在联合宣言、声明上签字。但是，处在国共斗争如此激烈的背景下，当面对被要求在政治上表态的时候，没有教授会当儿戏看待，相反，在宣言上签名通常都是很严肃的事情，做出这一举动前会有一个迟疑和有所顾虑的过程。无论签与不签，这个决定都不会令人轻松。因此，"请愿书的历史也可被看作一个地震仪，使我们能够洞察时代变迁中知识阶层的波动和震颤"[②]。就本书而言，这更符合战后北平自由知识分子以联合宣言（声明、抗议书）的方式进行沟通的实际情况。

---

① 可参见姚可崑：《我与冯至》，广西教育出版社，1994 年，第 118－131 页。

② [法]西里奈利：《知识分子与法兰西激情》，前言第 8 页。

在北大内部，以胡适为首的《独立时论》群体以及以许德珩为核心的民主教授群落，其中的核心人物都具有鲜明的政治立场。除此之外，北大还存在着大量的政治色彩并不明显的教授，如杨振声、周作仁、吴之椿、沈从文、杨人楩、郑昕、冯至、杨西孟、游国恩、韩寿萱、楼邦彦、王铁崖、吴恩裕、陈振汉等人。虽然他们中不少人是独立时论社社员，但与《独立时论》核心成员的政治态度并不总是一致，因此他们始终是《独立时论》群体中的边缘人物。即使是朱光潜、陈友松这些在价值观念上与胡适最为接近的自由知识分子，与《独立时论》群体的核心层也一直保持着密切的联系，可一旦涉及具体的政治判断和选择，他们也都能保持较为独立的思考和决定。

关于这部分教授的政治态度和思想状况，北大教授游国恩 1951 年在《人民日报》发表的《我在解放前走的是怎样一条路》一文，虽然有自我贬低、认错检讨的因素，但也颇能反映战后北京大学很大一部分教授的思想状态和政治态度。他说，在战后初期，我们认为“打败了敌人，正是建设国家的好机会，只要大家和衷共济，国家前途是非常光明的。不料经过几个月，协商终不成功，当时我非常失望，心里却怪共产党‘要价太高’，不肯稍事迁就，以至造成僵局”。他们也痛恨国民党的贪污腐败、专制反动，但在对于国共两党的看法上，存在主客观念，“总觉得国民党是正统，共产党闹别扭，不同它合作”[①]。就价值观念来讲，这些自由知识分子大都接受五四以来的自由、民主思想，又在国外留学多年，自由主义色彩颇为浓重，与国民党、共产党在价值观念上的距离都非常遥远，杨人楩甚至认为“自由主义并不是介于三民主义与共产主义之间的，它是与二者对立的”。[②]但是，处于国共斗争的漩涡中，当面对着一个又一个的联合宣言（声

---

① 游国恩：《我在解放前走的是怎样一条路》，《人民日报》1951 年 12 月 11 日。

② 杨人楩：《关于“中共往何处去？》。

明、抗议书）的时候，他们又能够在多大程度上作出基于理念而不带任何政治色彩的决定呢？

事实上，战后的自由知识分子，理念上的冲突随着内战的延续已经被推向了后台。从“沧白堂惨案” 到“一二·一”血案，从“下关惨案”到“李闻惨案”，从警宪大搜捕到“五·二〇”惨案，从民盟被解散到特种刑事法庭，从开封被炸到“七五血案”，国民政府的残暴行径将这些抱着“教育救国”“学术救国”的大学教授们，一步一步推向了“教育”连自己的生活都不能“拯救”的境地，内战的持续恶化也敲响了国家分崩离析的警钟。他们对于国民党及其政府的观感，也逐渐由负面情绪的积累，慢慢向质变的方向发展。当1948年快要过去的时候，清华大学教授张奚若说了这样一番话，就很形象地描述了身处北平的、那些政治色彩不是很明显的自由知识分子近年来的思想转变：

> 大多数中国知识分子都不喜欢参与政治。但是，当他们听到政府一遍又一遍地重申她的目的是要给中国一个民主诚实的政府机构时，他们看到的却是这些声明一次又一次被嘲弄的事实。真的，远远谈不上改进，政府是越来越糟糕。所以，今天，很少有人相信人民会对政府的改革抱有希望。这就是我们知识分子思想认识经历了三个阶段的原因。最初，我们中的大多数人是支持政府的。尽管我们也看到了她的许多不足之处，但是我们希望她能改进。后来，我们对政府的改进是越来越不抱希望了，但我们又发现没有什么合适的政权可以替代她。虽然我们知道当今的政府不好，可是任何可能替代她的政府或许更坏。在这第二个阶段中，我们这些知识分子是摇摆的，困惑的。接着就是现在，第三个阶段，我们已经完全相信这个政府是无药可救了，我们希望越快把

她推翻掉越好。既然中国共产党是唯一有能力来作出这个改变的，我们现在愿意支持共产党，他们要比国民党政府好。就我们自己的愿望，我们宁可选择中间道路，但这已是不可能的了。[①]

因此，当以九三学社为核心的民主党派人士，一次又一次奔走于各大学教授间征求签名支持的时候，这些政治态度不明显的自由知识分子，也渐渐地由最初的犹疑、犹豫，到毅然支持，他们的名字也一次又一次地出现在各种联合宣言（声明、抗议书）上，甚至有些教授也逐渐加入了奔走联络签名、支持学生运动、帮助共产党做统战工作的行列。在这部分教授中，以冯至的转变最为明显。

姚可崑先生回忆说："其实那时冯至的思想也并不怎么进步，还是处在一种彷徨的状态。"[②]但是随着国民党统治的越来越黑暗、腐败，冯至从"彷徨于歧路"的状态中慢慢走出来，他的名字频繁地出现在各种联合宣言、通电和声明上。1948 年 8 月，国民政府公布了大批黑名单，北大有 12 位同学成为搜捕对象。北平当局警宪包围了北大，并威胁入校抓人，交特种刑事法庭审判。学生们誓死自卫，将这 12 名学生在民主广场层层保护起来。北平当局的残暴行径激起了北大教授们的极大愤怒，他们迅速召集紧急会议，许多教授亲自站在了学生队伍前，冯至代表北大教授联谊会向学生致辞："我们全体教授愿意誓死支持你们的要求！"[③]之后，北大教授会决意罢教，支持学生的正义斗争。北平解放前三个月，国民政府频频派专机来北平"抢救"学人，北大哲学系教授贺麟（兼任北大训导长）亦在被"抢救"之列。冯至接受地下党的委托，将贺麟留下来。冯至亲自找到贺

① [美]博迪：《北京日记：革命的一年》，洪箐耘、陆天华译，东方出版中心，2001 年，第 23－24 页。
② 姚可崑：《我与冯至》，第 123 页。
③ 萧超然等：《北京大学校史（1898—1949）》，第 458 页。

麟家里，用德语语气极重地说："现在是一个最后决定的关头，亲人的决定不同也要闹翻。"[①]最终，贺麟留在了大陆。

游国恩和冯至的例子，代表了这部分政治色彩不明显的教授的转变过程。尽管他们在大时代变革中的转变程度有所不同，但毫无疑问，他们都在随着时局的变化不断调适着自己的思想和政治判断。这种调适，具体到本书主题上，就是他们从《独立时论》群体中慢慢疏离出来，与以许德珩为核心的民主教授群靠得越来越近。

值得注意的是，北大教授内部的分化是有着清晰脉络的：首先，以许德珩为核心的民主教授群落与胡适领导的《独立时论》群体分别通过不同的联络渠道聚合起来。前者主要以巴黎大学教育背景（欧洲教育背景）为关系纽带，后者主要以北京大学及哥伦比亚大学、哈佛大学（美国教育背景）为关系纽带。其次，住在府学胡同、中老胡同里的那些政治色彩不是很明显的教授们，如杨人楩、张颐、袁家骅、芮沐、冯至、陈占元、庄圻泰、郑昕、吴恩裕、楼邦彦等人均留学欧洲。正是由于相似的教育背景，许德珩等民主教授才通过这一层渊源与他们的交往慢慢多了起来，并在潜移默化中影响着他们的政治理解和判断。

尽管北京大学、哥伦比亚大学、哈佛大学等"学缘"纽带是独立时论社成员群聚的不可或缺的联结纽带，而巴黎大学（或欧洲教育背景）也是许德珩北大民主教授群得以形成的关键性因素，但必须注意到，政治因素已经渗入战后自由知识分子的关系网络建构过程中，比如《独立时论》群体与国民党（团）组织之间的关系，民主教授群体与九三学社的内在联系等。知识分子的政治化，导致政治态度逐渐成为他们实现自我认同的重要标准。政治态度相同的教授以独立时论社为阵地的相互往来日益密切，反

---

① 张祥龙：《贺麟传略》，晋阳学刊编辑部编：《中国现代社会科学家传略》第十辑，山西人民出版社，1987年，第271页。

之，政治态度与之不同的教授则慢慢从他们中间疏离出来，不断向以许德珩为领袖的民主教授群体靠拢，并最终与《独立时论》核心成员分道扬镳。需要指出的是，即使在北大学术社群的分化过程中，学校（或教育背景）这一关系纽带仍起到了关键的作用，如冯至、郑昕、杨人楩、楼邦彦、吴恩裕等这些政治态度左转的教授，因为与许德珩等民主教授具有相似的留学背景，才逐渐与之来往频繁，并深受其影响，成为各种联合宣言（声明、抗议书）中的签名者①。

知识分子的政治化，使北大这个学术社群内部发生了严重的分裂，这对于他们“教育救国”的理想，是种致命的摧残。而内战的不断深入，也在不断瓦解着他们产生力量的物质基础。

第五节 《独立时论》群体与《时与文》群体

本书所涉及的四个自由知识分子群体中，《独立时论》群体与《时与文》群体最具有可比性。它们的成员都是以各大学教授为主体，但前者在北平，后者在上海；前者支持国民党，政治态度上中间偏右，后者支持共产党，中间偏左。《时与文》周刊社 1947 年 3 月 14 日成立，独立时论社 1947 年 5 月初成立，几乎是在同样的历史格局中孕育而生。将它们放在一起比较，会发现许多自由知识分子发展脉络上的细节和深微之处。

一、“学问中人”与“社会中人”

《独立时论》成员是通过大学以及由大学衍生出的同学、师生、同事、

① 郑志峰：《“独立时论”群体研究》，《华东师范大学学报（哲学社会科学版）》2008 年第 3 期。

校友等关系纽带聚集起来的，其中北京大学、哥伦比亚大学及哈佛大学扮演了重要角色。在北平，以胡适为代表的大学教授们，普遍抱有“学术救国”“科学救国”的理想。他们中的绝大部分人出身北大、清华、燕京、南开等高校，留学归来后又先后进入北大、清华、燕京、南开等校任教，虽然各人有不同的交往圈子，但总体上都处于平津学术人际网络中，如章清先生指出的，他们的目标就是要构建一个“学术社会”（许纪霖先生则称为“知识人社会”），进而为中国社会确立新的重心[①]。这些知识分子具有非常浓郁的自由主义色彩。对于政治、社会运动，带有本能的疏离和反感，即使在战后日益尖锐的国共斗争下，他们仍努力继续保持超然的态度，固守书斋。《独立时论》群体中政治色彩不鲜明的教授们，大部分是在“大环境”的逼迫下，受以许德珩为核心的民主教授的鼓励和督促，通过一次次的被邀请演讲、签名等社会运动缓慢转变的。

而《时与文》群体成员的群聚，虽也得力于西南联大、复旦大学等联结纽带，但在群体的形成过程中，社会性的组织联系成为比大学更具凝聚力的关系纽带。因此，相对于《独立时论》成员而言，《时与文》的自由知识分子具有更为多元的社会身份，如伍丹戈，他既是复旦大学经济系教师、中国工业经济研究所的特约研究员，又是《时与文》的社务委员、多家杂志的撰稿人，还是民建会员，同时也是工商业界各种形式聚餐会、座谈会上的常客。这些自由知识分子大多没有留学经历，他们能够成为大学教授，很大程度上是自学成才，且这一过程不是在相对封闭的“知识人社会”（包括大学、科研机构等）中，而是在不断地参与社会运动中逐渐完成的，比如周谷城、翦伯赞、施复亮、许杰、杨晦、林焕平、张明养、伍丹戈等。他们的学术关怀和问题意识，大多与国家、民族有关，与现实的社会问题相关，因此，他们的民族主义色彩较为浓厚。

① 参见章清：《“胡适派学人群”与现代中国自由主义》，第223—230页。

贾植芳先生晚年说："我不是学问中人，我是社会中人。"[①]"学问中人"与"社会中人"是一种非常形象化的修饰语，但将它们分别用在《独立时论》群体与《时与文》群体身上，是再恰当不过的了。

冯至与杨晦是北京大学校友，曾共同创办沉钟社，20 世纪 30 年代又共同执教于同济大学，交谊颇深。冯至将杨晦看作长辈式的兄长，遇事多征求他的意见，杨晦也很关心冯至的成长变化。但是，两人无论从教育背景、知识构成还是个人经历上都有很大不同，因此也就呈现出不同的精神面貌。全面抗战期间，冯至离开同济入西南联大任教，据姚可崑回忆：

> 冯至到了西南联大，走入了另一个环境，那里文人荟萃，继承北大、清华、南开三校的优良学风，思想自由，各不相扰，只要把书教好，谁也管不了谁。冯至回国已经四年，可以说是首次找到适合于他成长的土壤。[②]

而杨晦则担心冯至从此一头扎入书斋不问世事，从而丧失追求进步的朝气，杨晦写信给他说：

> 你在同济附中两年多的工作和政治态度还是可以肯定的。现在你在西南联大，这是北平和天津三个最高学府联合起来的大学，我担心有人会把"京派"的士大夫气带到这里来。时代不同了，那种士大夫气也不会原封不动，不过你要警惕，还要保持在同济附中时的那股朝气。[③]

---

① 李东：《胡适印象·序》， 郜元宝编：《胡适印象》，学林出版社，1997 年，第 2 页。

② 姚可崑：《我与冯至》，第 79 页。

③ 冯至：《从癸亥年到癸亥年——怀念杨晦同志》，北京大学中文系文艺理论教研室编：《中国新文论的拓荒与探索——杨晦先生纪念集》，北京大学出版社，2001 年，第 5 页。

还是在 20 世纪 30 年代，冯至发表了一首名为《威尼斯》的诗，杨晦看到后致信冯至，说："你的诗在技巧上比过去成熟些了，但是你的诗里对待事物那种冷冰冰的态度，我读后很不舒服，我不希望你写这样的诗。"①

而冯至则这样评价杨晦：

> 杨晦不像有些作家那样，把创作看成是自己的第二生命。他认为有比写几个剧本更重要的工作。他在课堂上讲课，像是永不枯竭的泉源，引导许多青年去懂得人生的意义和革命的道理；他帮助朋友，关怀朋友的生活思想，有时比被帮助、被关怀的人想得还多；他担任行政工作，不随声附和，独立思考，折腰耗费更多的精力……如此等等，都是他更要的工作，而不是用笔写得出来的。②

从杨晦与冯至的例子不难看出，《独立时论》群体与《时与文》群体在精神面貌上差别很大。《时与文》群体中的绝大部分自由知识分子自青年时代起，就是各种救亡运动、民主运动的参与者甚至领导者。如王亚南，大学毕业后即参加大革命，后又参加"福建事变"，失败后遭国民党通缉逃亡德国。1931 年留日归国后，王亚南先后在暨南大学、中山大学、福建省研究院、厦门大学等院校任教，但他"却不纯粹是学府里的教授、书斋里的学者，仍然是与社会的火热斗争息息相关的政治活动家。他与学校里的地下党组织经常往来，支持反内战、反迫害、反饥饿的学生运动"。③

① 冯至：《从癸亥年到癸亥年——怀念杨晦同志》，《中国新文论的拓荒与探索——杨晦先生纪念集》，第 5 页。

② 冯至：《从癸亥年到癸亥年——怀念杨晦同志》，《中国新文论的拓荒与探索——杨晦先生纪念集》，第 8—9 页。

③ 周元良、胡培兆：《王亚南传略》，晋阳学刊编辑部编：《中国现代社会科学家传略》第一辑，山西人民出版社，1982 年，第 10 页。

其实，《时与文》群体中的许多人在青年时期也抱有“教育救国”“学术救国”的理想。就拿王亚南来说，他进入武昌中华大学教育系求学时，就抱着“教育救国”的志愿，但毕业后面临失业，“一个堂堂正正的大学教育系毕业生，竟连一个小学教师的职位都谋求不到。教育救国的夙愿顿成泡影”。[①]残酷的现实迫使他冷静思考，认识到只有投入社会的潮流中去，才能有所作为，从此成为各种社会运动的积极参与者。全面抗战后，担任厦门大学法学院院长的王亚南已经成为知名学者，但仍以各种方式参与民主运动，他在《时与文》周刊上发表文章多达20篇，对以“四大家族”为首的官僚政治进行激烈的批判，并不断发表联合宣言，接受学生邀请演讲，还将一些被解聘的教授邀来厦大任教，为进步师生提供保护。再比如，翦伯赞青年时期信仰“实业救国”的思想，钦羡西方文明，所以于1924年夏赴美留学，入加利福尼亚大学研究经济。但归国之后，北洋军阀的黑暗统治，彻底打碎了他的憧憬。1926年，亲身经历了“三·一八”惨案、差点丧命的翦伯赞决计南下参加革命，“他痛恨帝国主义，痛恨北洋军阀，也最后放弃了憧憬多年的‘实业救国’的幻想”，[②]之后加入中共投身革命与民主事业，从而逐渐成长为中共知识分子统战工作的能手[③]。

踏上社会之初即失业，四处奔波谋生，饱尝生活之苦，或因从事政治运动遭到国民党迫害，不得不东躲西藏，颠沛流离，《时与文》群体中的许多人都有这样的遭遇，如翦伯赞、蔡尚思、王亚南、郭大力、周谷城、漆琪生、杨晦、楚图南、许杰、李平心、吴泽等人。杨晦自1920年北大毕业，至新中国成立前不到30年的时间里，先后在沈阳、太原、北京、河北、

① 周元良、胡培兆：《王亚南传略》，《中国现代社会科学家传略》第一辑，第8页。

② 张传玺、杨济安：《翦伯赞传略》，《中国现代社会科学家传略》第一辑，第366页。

③ 翦伯赞对上层知识分子的统战工作，章诒和曾做过精彩的分析和描述。可参见章诒和：《心坎里别是一般疼痛——忆父亲与翦伯赞的交往》，《社会科学论坛》2004年第7期。

山东、上海、陕西、重庆等地的15所学校教过书，有时还要失业[1]；楚图南自1923年北京高师毕业后，即遵李大钊嘱托去云南以教师身份做地下工作，以后到吉林、山东、河南、上海、昆明，1946年又来到上海，一边在中学、大学任教，一边继续从事民主运动。《时与文》群体知识分子的社会流动非常大，在这一过程中，他们与社会各个方面的民主力量产生联系，因此其社会联系就更为广泛而深入。比如楚图南因地下工作，与中共方面一直保持密切的联系，第一次进入上海后，与上海的进步人士如许杰、郑振铎、周谷城、周予同等人建立了良好的关系，全面抗战期间到昆明任教于云南大学，通过民盟又结识了西南联大的潘光旦、闻一多、费孝通、曾昭抡、吴晗等人，通过民盟这一组织，与沈钧儒、黄炎培等民盟领导人也联系起来。

而抱有“教育救国”“学术救国”理想的《独立时论》自由知识分子，普遍出身国内著名高校，毕业后又有机会去国外留学，获得硕士、博士学位，归国后又被各大高校争相聘请。因而，他们的工作、生活都比较稳定。更重要的是，他们长期在北大、清华、南开等校任教，逐渐建立起自己的学术交往网络，且彼此交叉、重叠，从而形成更大的学术交往网络。这个网络为他们的求学、工作、生活等各方面提供信息、机会。比如，在北大就读时即围绕在胡适身边的姚从吾、毛子水，毕业后留在北大任教，后被史学系派往德国留学，归来继续任教北大。比他们晚几年从北大毕业的冯至，虽然留德期间与国内的学校或机关没有保持联络，归国后即受到留德同学蒋复骢的邀请，要他“务必到南京去看一看，那里有不少留德的同学”，还说只要到了南京，“不愁没有事做，想做什么，甚至可以自己选择”。[2]

---

① 吕德中：《纪念杨晦同志诞辰一百周年》，《中国新文论的拓荒与探索——杨晦先生纪念集》，第179页。

② 姚可崑：《我与冯至》，第47—49页。

冯至辞谢了蒋复璁的好意来到北平，通过北京大学文学院院长胡适的关系进入中华教育文化基金董事会编译委员会从事翻译工作，又受留德学者、北平图书馆馆长袁同礼邀请，为中德学会校阅书稿，靠这两份工作维持生活。后来冯至任教同济大学、全面抗战期间进入西南联大，都与他在读书时期建立起来的关系网络分不开。

二、国或共：不同的政治选择

无论是《独立时论》群体还是《时与文》群体，在其成员聚合的过程中，政党这一社会组织性联系也起到不小的作用。《独立时论》的核心成员绝大多数为国民党员，即使朱光潜、陈友松、邱椿、雷海宗、郑华炽等与《独立时论》群体核心靠得比较近的知识分子，也大部分为国民党员。而《时与文》群体成员中，绝大多数自由知识分子为各民主党派人士，其中更有不少中共地下党员及曾有过中共经历的自由知识分子。在国共日益激烈的斗争中，《独立时论》群体与《时与文》群体都带有非常鲜明的政治色彩，前者倾向于国民党，后者支持共产党。

由于从事民主运动，《时与文》群体成员不断遭到国民党及其政府的迫害，在这一群体中，施复亮、周谷城、翦伯赞、楚图南、许杰、漆琪生、林焕平、李平心、王亚南、宦乡、石啸冲、程应镠等人都曾遭到政府当局的通缉或逮捕，而在国民政府的控制下，他们也频繁被学校解聘。全面抗战期间，林焕平逃难到贵州赤水大夏大学任教，1945 年 8 月抗战胜利，“由于我领导学生搞民主运动，国民党政府教育部长朱家骅密令大夏大学解聘我”，不得已另谋生路。1946 年 4 月，林焕平赴上海，“在上海，想教书，但高等学校都控制在 CC 手里。叶圣陶、郭绍虞、傅彬然联名介绍我到复旦，打不进去。进同济大学，校长同意了，人事部门不同意。这时上海《文汇报》延揽大批文化人进去工作。总主笔徐铸成邀我任《文汇报》社论委员。这段时间，我真正是卖文为生了”[①]。施复亮战后回到上海，“那时国民党教育部长朱家骅通令全国各学校不准聘用施复亮教书，因此，施处于失业境地。他连房子都找不到”[②]，后来还是共产党派人为他提供了住所，生活则靠写文章赚稿费维持。1947年，杨晦由于支持学生运动被中央大学校方解聘，在他的两个学生（上海幼师校长陈鹤琴的女儿）的帮助下来上海幼师教书，才解决了生活问题[③]。

战后，这些饱受迫害的《时与文》知识分子，与国民党的仇恨已经不共戴天了。而《独立时论》群体成员，虽对国民党的专制、残暴统治不满，但无论是胡适、崔书琴、毛子水、姚从吾、陈雪屏、燕树棠等国民党的坚定支持者，还是朱光潜、陈友松、邱椿、郑华炽、雷海宗这些政治立场较右的知识分子，与国民党都有过密切的合作，或多或少保持着一定的联系[④]。朱光潜回忆说：

> 抗战胜利后我回到北大，就怀了一个戒心，想不要再钻入党的漩涡，想再抱定十余年前初到北大时的那个简单的志愿，谨守岗位，把书教好一点，再多读一些书，多写一些书。可是事与愿违，一则国民党政府越弄越糟，逼得像我这样无心于政治的人也不得不焦虑忧惧；二则我向来胡乱写些文章，报章杂志的朋友们

① 林焕平：《林焕平自述》，《世纪学人自述》第四卷，第155－157页。

② 王水湘：《施复亮传》，金华县政协教文体与文史资料委员会：《纪念施复亮百岁华诞专辑》（金华县文史资料第十辑），第77页。

③ 乔象锺：《缅怀杨晦老师》，《中国新文论的拓荒与探索——杨晦先生纪念集》，第172页。

④ 《独立时论》群体成员的都是“学术救国”的实践者，而要树立一个“学术社会”，为中国重建社会重心，他们就必须与政府建立起密切的联系，获得其支持。关于自由知识分子与政府的关系亦即其“权势网络”与“学术社会”的关系，相关分析可参见章清：《“胡适派学人群”与现代中国自由主义》，第314－368页。

常来拉稿，逼得我写了一些于今看来是见解错误的文章，甚至签名附和旁人写的反动的文章。在这里我可以约略一说过去几十年中我的政治态度。像每个望中国好的国民一样，我对于国民党政府是极端不满意的；不过它是一个我所接触到的政府，我幻想要中国好，必须要这个政府好；它不好，我们总还要希望它好。我所发表的言论大半是采取这个态度，就当时的毛病加以指责。由于过去的教育，我是一个温和的改良主义者，当然没有革命的意识。①

虽然这些自由知识分子仍然保持着大学教授的面貌，但在《时与文》这些政治态度较左的知识分子来看，他们是落后分子的代表，甚至就是国民党的帮凶。因此，《时与文》群体对以胡适为代表的《独立时论》群体持批评态度，特别是对胡适、陈雪屏、姚从吾、崔书琴等人，批判更烈②。直至新中国成立后很多年，周谷城在一次演讲中还曾这样评价胡适：

辩论失败是他送给我的礼物；驱逐美国教授，他骂我们没有理性；我讲封建势力猖獗，他说我荒唐，因此在感情方面，交谊方面关系很坏。直接讲话，一句也没有讲过，打笔墨官司是打过的，对他一点也没有好感，直到今天还是这样的。但如果今天有人问我，胡适之是否有功劳，是否应该恢复他的名誉，我看他的

① 朱光潜：《自我检讨》，载《人民日报》，1949 年 11 月 27 日。

② 可参见伯迦：《胡适的昨日与今日》，载《时与文》第 1 卷第 11 期，1947 年 5 月 22 日；向晓：《大学教授精神的堕落》，载《时与文》第 2 卷第 9 期，1947 年 11 月 7 日；董冰如：《司徒的失态与胡适的媚外》，载《时与文》第 3 卷第 10 期，1948 年 6 月 18 日；蔡尚钰：《胡适论》，载《时与文》第 3 卷第 11 期，1948 年 6 月 28 日。

名誉也没有什么损失，恢复与否也无所谓。[①]

《独立时论》主张美国式的宪政民主，《时与文》则提出了“中间派的政治路线”，向往东欧式的民主政治，在思想史的视野下，二者并非截然对立。但是，在政治立场上，《独立时论》群体与《时与文》群体却存在着无法调和的分歧，且随着战场上国共力量对比的变化，逐渐对立起来，特别是在 1947 年 10 月 27 日民盟被解散后，《时与文》的自由知识分子对国民党彻底绝望，放弃了“中间道路”的主张，倒向了共产党方面，而《独立时论》群体的核心人员则大多倒向国民党一方。最终，胡适、傅斯年、崔书琴、张佛泉、王聿修、毛子水、陈雪屏、姚从吾等人逃往台湾或者美国，而《时与文》成员则全部留在大陆，且大多数人进入新政府各部门、机关担任领导工作，参加新中国的建设。

三、北平与上海：不同的都市文化空间

《独立时论》群体成员大多在北平，《时与文》群体成员则大多在上海。北平与上海，在民国时期是两个各具特色的城市。二者都是中国教育界、学术界重镇，高校林立，科研机构众多，是自由知识分子的聚集地。但是，两座城市却有着截然不同的都市文化空间。

北平远离中国的政治中心，是一座历史悠久、遗迹众多的文化古城，是知识分子从事教育、学术工作的理想城市。1930 年底，留法归国的严济慈第一次来到北平：

① 周谷城：《与清华学校学生辩论知识分子地位问题》，见吕涛、周骏羽整理：《周谷城传略》，山西人民出版社，1988 年，第 54 页。

> 当时北京给我的印象非常好，很安静，又有这样的规模。北京人大半保持旗下遗风，待人接物彬彬有礼。我是第一次到北京，觉得北京是可以安定下来作工作的地方。……所以我决心留在北京，不再南下。[①]

萧公权也非常喜欢北平的“书卷气”，旧书店、书摊、古玩铺、餐馆和小吃店非常多，店员对顾客颇有礼貌，不像上海店员多带着市侩气[②]。况且，当时中国最著名的高校都集中在北平，且多为国立或教会性质，有稳定的经费来源，在校园建设、图书资料、实验设备等各方面都不是私立大学可比的，这对知识分子尤其是那些从国外留学归来、抱有“教育救国”理念的自由知识分子有着极大的吸引力，从而使北平成为自由主义力量非常集中的城市。

在北平，这些身处大学等科研机构的自由知识分子通过各种关系纽带，彼此间建立起各种各样的联系，特别是在1927—1937年“黄金十年”里，他们不但将中国的高等教育和学术研究推向了一个新的高度，也在平津知识圈搭建起一张庞大的自由主义知识分子学术人际网络，形成了一个“知识人社会”。在这个“知识人社会”中，留学欧美的知识分子占据着核心和领导的位置，这些人有着相似的学术追求，都是经历过五四洗礼的一代，而且，他们都接受了欧美的自由主义教育，对于民主、自由等价值有着大致相同的认知，从而，在这样的“知识人社会”中产生了一种“思想气候”，正如张东荪所说的：“中国接受西方文化虽只短短将近五十年，然而却居然在思想界文化界中养成一种所谓 Liberal Mind。此字可译为‘自由胸怀的陶养’，乃是一种态度，或风格，即治学、观物，与对人的态度或性情，

① 金涛：《严济慈先生访谈录》，《中国科技史料》1999年第20卷第3期，第239页。

② 萧公权：《问学谏往录》，学林出版社，1997年，第148页。

亦可说是一种精神”[①]，或者是一种“暗合视为当然的价值标准”。这种“思想气候”对他们自身有相当大的约束力，当面对社会问题时，他们所能借助的力量往往来自这个“知识人社会”内部，而处理的方式也一般遵照“思想气候”统摄下的、能为其他人认同的原则。这个“知识人社会”不断有新成员加入，也在培养着新的后备力量，如费孝通、杨人楩、吴世昌、楼邦彦、吴恩裕、杨西孟、冯至、王铁崖、龚祥瑞、鲍觉民等人都是在这样的“思想气候”中成长起来的。

但正如许纪霖先生指出的，老北平是一个典型的“二元社会”，除了发达的高等教育外，工业、商业、金融业、新闻出版业、服务业均非常薄弱，呈现出大学一枝独秀的局面。因此，这个由留学欧美的自由知识分子构建起来的“知识人社会”是封闭的，与本土的社会没有多少直接联系，带有相当浓郁的精英主义色彩[②]。因此，《独立时论》中的大学教授，除胡适等少数人外，社会身份都比较单纯，如毛子水、陈友松、吴之椿、邱椿、郑华炽、杨西孟、韩寿萱、王铁崖、陈振汉、吴恩裕、楼邦彦、杨人楩等人，虽也为一些报刊撰稿，但他们的精力主要是在教学、科研上。

然而，即使这个封闭的“知识人社会”也在知识分子政治化和战争的侵蚀下，逐渐走向瓦解的境地，《独立时论》群体也就越来越难以从中汲取力量。与20世纪30年代的《独立评论》相比，胡适领导的独立时论社的力量和影响衰弱了太多。即使与《观察》《时与文》比起来，也大大不如。一方面，这与“政治左转”的国内大环境及此背景下《独立时论》群体内部结构的断裂有关，另一方面，则与“知识人社会”的逐渐瓦解有关。

《独立时论》群体的力量，来自《独立时论》群体的内部结构，胡适邀请平、津教授加入独立时论社，以“公正的立场”发表时论，“很希望我们

① 张东荪：《知识分子与文化的自由》，《观察》第5卷第11期，1948年11月6日。

② 许纪霖：《重建社会重心：近代中国的“知识人社会”》，《学术月刊》2006年第4期。

的意见能够有助于国家政治、经济、社会、教育、文化及科学的进步”[①]，目的就是要将这些自由知识分子团结起来，远离国共斗争的漩涡，凭借这些教授的学识、名望和自由主义精神在北平甚至是全国的舆论界形成一股稳定的力量，以此来平衡国内渐走极端的社会风气，同时，这样做也等于在给国民党及其政府减少批评的声音，减轻压力。但正如上文所分析的，那些坚决支持国民政府的核心成员仅仅是《独立时论》群体中的一小部分人，群体中的绝大部分成员则是那些政治态度并不明显的教授。对于国民政府，这些政治色彩不明显的教授们并不像《独立时论》群体核心人物那样抱有异常宽容的心态，而是随着国民党统治的越来越残暴、黑暗，随着因内战引起的生活的日益艰难，对国民党由失望、愤怒到痛恨，最后终于诅咒其赶紧倒台了。况且，在一次又一次地被邀请签名、演讲的压力下，他们也越来越无法以“学术研究”的名义来推托或者自我安慰，而是一步一步地发生着政治态度的转变，从《独立时论》群体中慢慢脱离出来。即使与《独立时论》群体核心层靠得比较近的自由知识分子如赵迺抟、朱光潜、陈友松、邱椿、蒋硕杰、雷海宗、郑华炽等人，虽犹疑不定，但在抗议书上签名次数越来越多，在“歧路的徘徊”中一点一点地发生政治态度上的变化。与之形成反差的则是《独立时论》群体核心成员对国民政府的一味宽容和支持，其中最突出的一个人恰恰是《独立时论》的领袖人物胡适。随着国共战局的恶化，《独立时论》群体的其他核心成员姚从吾（1946 年离开北大）、陈雪屏（1947 年夏离开北大）、燕树棠（1947 年 9 月离开北大）、汪敬熙（1948 年离开北大）、崔书琴（1948 年夏离开北大）、张佛泉（1948 年 11 月离开北大）等人相继离开北大，彻底抛弃了“公正的立场”，纷纷加入国民政府，最后独立时论社于无形中解散，《独立时论》群体终于分崩离析。

---

① 《独立时论·序》，北京大学出版部 1948 年 4 月刊行。

在《独立时论》群体45人中，北大教授有27人，占了很大的比例，可以说，独立时论社是在北大教授的基础上、依靠胡适的强大号召力建立起来的，北京大学这一学术社群也就成为《独立时论》群体所依存的社会组织性力量。这些加入独立时论社的北大教授，大多为北大各院系的领导，如陈雪屏（北大训导长、教育系主任）、姚从吾（史学系主任）、毛子水（图书馆馆长）、汪敬熙（动物系主任）、燕树棠（法律系主任），朱光潜（文学院院长）、陈友松（陈雪屏离开北大后继任教育系主任）、郑华炽（教务长）、郑天挺（秘书长，后兼史学系主任）、韩寿萱（博物馆专科主任）、季羡林（东方语言文学系主任）、马大猷（工学院院长）、王铁崖（燕树棠离开北大后继任法律系主任）等，几乎所有北大的头面人物都被胡适拉入了独立时论社。这些北大的院系领导人物，是胡适管理、建设北大所依赖的重要力量，是实践其“学术救国”的理想帮手。同时，战后胡适的身份已经不是单纯的学术界、教育界领袖，因其与政府间复杂的权势网络而变成了“政学之枢纽”[①]，是国民政府在北平稳定人心的重要依靠力量。因此，胡适将北大的这么多院系领导拉入《独立时论》，也有依靠他们的力量消弭学潮、安定教师、维护北大稳定进而安定北平教育界的用意。

但是，由内战带来的社会、政治、经济危机，极大损害了北大学术社群的物质基础。森林系主任汪振儒致信胡适说：

> 七月份的薪水，承校方的好意，在六月下旬便已预支完了。但到本月中旬，虽是预支的，但也一样地用完，无奈只得再向学校打主意，拟再预支八月份的薪水一百万元。……郑秘书长批准借四十万，心想总可以挨到八月了。不过事实是自批准到现在为止，已经近十天，款始终领不到，因为学校同私人一样，也是穷

① 《张其昀致胡适》（1945年9月15日），《胡适来往书信选》（下），第38页。

到万分，实在再也挤不出钱来了。在个人方面以为学校既然肯借，早晚总可有钱，所以便一等再等，不想等到今天仍然无消息，而个人手中实存的现款，仅有一万四千二百元了，明天买了菜，就是想进城活动借款，甚至于车钱都没有了，觉得这真是一种笑谈。

先生或者以为我的家庭负担很重，所以出超很高，但个人的家庭，只有一妻二子（其中之一还远远养在外婆家，到北平几个月从未曾寄过任何钱去），最近添加一位投靠的难民，以劳动服务换取每日的口粮，如此而已。个人无任何嗜好，不抽烟，不吃酒，不打牌，也不请客应酬，买书穿衣服则更谈不到，但是预支的薪水仍然是维持不到月底。学校中的同人，薪水比我少的很多，负担比我重的也很多，我尚如此，他们将如何度日，这对我是一个百思不能解答的问题。①

薪水入不敷出，靠透支工资过日子仍面临挨饿的危险，北大教授们的生活艰难至此，学术又从何谈起呢。国民党坚持武力“剿杀”共产党，财政支出绝大部分用在战场上，用到教育上的不足 3%，其中还包括了三青团的活动经费。北大的理、工、农诸学院多年未添仪器设备，已有的也破陋不堪，甚至散落丢失，科学研究基本处于停顿状态。汪振儒说：

农学院现在有十系，可以说没有一系的设备是够得上水准的。现在举一个最显著的例：森林学系，我到北大两学年，兼系主任已满三学期，森林学系的仪器，不要说没能添加一件，就是桌椅也不知下落，实验用的桌子、架子更不用说。外面听见是笑话，但外面来人参观看到则更是笑谈。我现在将我办公室兼实验室的

① 《汪振儒致胡适》（1947 年 7 月 25 日），《胡适来往书信选》（下），第 219 页。

设备列单如下：

公文柜一个，办公桌一张，书架一个，靠椅一把，木椅一张，衣架一个，以上的设备，若在衙门中则已充分足用，写签呈，画行，都可以完成任务，若是作实验，作研究，则我个人能力实所未能。此外，其他本系中各同人的办公室兼实验室中设备的平均数与我的相去不远。现在因为没有办法，有很多标本便要老老实实一堆一堆地放在地上，我曾经有一把椅子是两用的，有客人来给客人坐，没客人来我看显微镜，但还是向外系借来的。我想森林系幸而没有仪器，设如有仪器，也只能放在地上。农学院有这样的学系是农学院的耻辱，北大有这样的学系，也就是北大的耻辱。我不愿意将这耻辱玷污北大，所以希望能将系主任的聘书奉还，或是转让。[①]

为了维持生活，北大的讲助教联合会首先行动起来，联名上书校长胡适，又向教育部发出通电，继而发表对国民政府的抗议书，甚至不惜以罢教相威胁，到 1948 年教授们都放下了“架子”和“面子”，加入了罢教的行列。而以各种名目云起的学潮，连绵不绝，正常的教学秩序面临崩坏。在这样的情况下，别说教育的提高，能维持已经是非常勉强了。

更为严重的是，北大、清华、燕京等高校教授所建立起来的“知识人社会”内部的关系网络也在不断发生着断裂。在全面抗战前，胡适是北平“知识人社会”的象征性人物及重心所在，其影响力之大无人企及。从他 1946 年 7 月归国到 1947 年 5 月初创办独立时论社之间，胡适的表现让不少他以前的朋友产生了疑虑，特别是清华那边的教授朋友们。所以，当他发起成立独立时论社的时候，在全面抗战期间已经成为民主教授的张奚若、

① 《汪振儒致胡适》（1948 年 9 月 3 日），《胡适来往书信选》（下），第 424－425 页。

潘光旦、钱端升、曾昭抡等人都没有加入。北大与清华的分化（可参见第五章第五节）昭示着这个“知识人社会”内部出现了关系网络的断裂，而北大内部教授之间的分化则证明“知识人社会”内部的分裂进一步加深。胡适等《独立时论》群体核心成员对国民党的过分宽容，给它“做面子”、唱赞歌甚至是无原则地吹嘘，让北大的这些对国民党越来越失望的教授们很是不满，尤其对于胡适，北大教授们的批评、怨气逐渐增多，这从他们对胡适 1948 年 12 月逃离北平的评论中可以看出来。1948 年 12 月，共产党的军队包围了北平城，城郊的清华大学已经解放。15 日，胡适匆忙逃离北平，南下到南京。身为北大校长，胡适的临阵脱逃，令北大教授们非常失望。季羡林认为，“胡适临阵脱逃，应该明正典刑”。向达教授则说：“我们上了胡校长一个当，教授会议不过是一个咨询机构，遇到事情还是要他们‘三长’才能决定。”又有的教授“主张给胡校长写一封信，问他走了还要不要照顾学校”①。12 月 18 日，是北大五十周年校庆的日子，身在南京的胡适在校庆会上大哭，说自己当了逃兵，而北大的师生则对此不以为然。罗荣渠在日记中记道：“今天报上说，胡适在南京举行的北大校庆会上哭起来了。真是不害臊，是独效包胥之哭呢？还是猫哭老鼠呢？又听说他以擅离职守故向教育部自请处分，果真如此的话，那真亏他做得出来了。大人物们多是沐猴而冠，善于演习者也！”②

与北平不同，上海是新闻出版业、工商金融业、教育业的中心，各种社会组织和私人学术团体众多，也是各民主党派的所在地。相比于北平，上海的民间社会更为多元，结构更为复杂，力量更为强大。处于这种都市空间中的知识分子，其社会身份也是多重的，与社会的联系也就更为紧密。正是因为上海多元化的社会结构，为那些从事民主运动、革命运动的自由

① 罗荣渠：《北大岁月·日记》，《罗荣渠文集》之四，商务印书馆，2006 年，第 428—429 页。

② 罗荣渠：《北大岁月·日记》，《罗荣渠文集》之四，第 422 页。

知识分子提供了各种生存的机会和保障。上海多私立、教会大学，这些大学在校务管理上很少受政府控制，从而使得许多进步教授通过各种关系厕身其间。比如在战后，马寅初被国民政府教育部禁止在大学教书，于是就进入了职教社创办的中华工商任教；李正文被大夏大学解聘后亦进入中华工商任教；而沈体兰任校长的麦伦中学、曹未风姐姐任校长的培成女中、职教社创办的比乐中学（孟闻任校长）及中华职业学校，都为那些被迫害的民主教授提供工作的机会。做教师并不是唯一的选择，如施复亮被禁止教书后，以主编民建机关刊物《平民》杂志、给各大报刊投稿赚取稿费为生。在生活陷入困难的时候，他们还可得到工商业界的经济援助，比如商务印书馆、盛丕华和张䌹伯等人对“大教联”的资助。当然，也有不少知识分子离开上海，如洪深被复旦大学解聘后受王亚南邀请任教厦门大学，沈志远、林焕平、楚图南等在民盟被解散后潜往香港。因此，相对于北平，上海的自由知识分子的流动性非常大，带有“草根”性质。

大学的国立与私立，不仅仅是名称上的差别，更是实际内容上的差别[①]。相比于私立大学，国立大学拥有诸多优势：其一，经费比较充足；其二，占据更多的学术资源，如出国机会、人才引进、科研项目、基金会等；其三，与政府有密切合作，联系紧密。特别是中国为数不多的基金会及科研院所，如中华教育文化基金会、中英庚款董事会、“清华基金”、中央研究院、中国科学社、北平研究院、中央博物馆等多为北平的自由知识分子及其朋友们控制。他们所掌握的学术资源，也吸引了大批优秀学生奔往北平读书，从而在求学、就业等各方面获得了不少便利。比如由“清华基金”考选留美学生，出题人大多为北平的专家、教授。据李树青回忆：

① 可参见王东杰：《“国家”的地方意义——20世纪20年代成都两所大学对“国立”名分与实力的竞争》，《社会科学研究》2004年第5期。

> 当三十年代初期，清华遵部令于每年暑期考送一批留美学生，出国深造。一九三五年即笔者毕业那一年，清华正准备第三届留美考试。是年春节，在教授会讨论遴选的项目时，吴先生以教务长资格，参与决定本届的专题及名次，知道本届社会学的专题，可能是“土地问题”，会后即嘱我及时留意这方面的资料。[①]

对于《独立时论》群体与《时与文》群体而言，虽然都在大学任教，但这种学术资源分配不均的现象，早就引起上海自由知识分子的强烈不满。

前文提到的周谷城对胡适的不谅解，并不仅仅是学术观点、政治态度的不同，而是与学术资源的分配不均有着很大关系。1927 年国民党“清党”后，周谷城逃到上海避难，无依无靠，生活陷入困境。幸得北京高师同学周予同（当时在商务印书馆编辑《教育杂志》）接济，并介绍他给《教育杂志》投稿赚稿费，却因一篇讨论中国封建制度的文章与胡适发生了矛盾，胡适在《新月》上点名批评了周谷城。当时的胡适，声誉之隆远过五四时期，大有执教育界、学术界和舆论界牛耳之势，说话的分量很重，用周谷城的话来说“几乎等于圣旨，文化教育界都害怕”。于是，商务印书馆通知周予同不能再刊登周谷城的文章，这样一来，其他杂志也不敢刊登周谷城的文章了，周谷城“混一点稿费做生活费也不可能了”。自此，周谷城彻底恨上了胡适。再如郑振铎的例子。全面抗战前，郑振铎特地到南京中央研究院史语所拜访傅斯年，要求看一看殷墟和其他考古资料，不料竟被一口回绝。郑振铎对吴晗说：“你看，发掘经过多少年了，自己不研究，也不许人家研究，不止是资本垄断了，连学术也垄断了。这就是国民党！不如此又怎么叫国民党呢？”说时很气愤，说完，他又笑了，接着说：“总有这一天，这些被长期封存在库房里的资料会重见天日的，会有这一天！”

---

① 李树青：《纪念杰出的社会学家吴景超先生》，《传记文学》（台北）第 46 卷第 1 期。

吴晗说：“是的，不要很久，会有这一天。”[①]

尽管《独立时论》群体与《时与文》群体成员均以高校教授为主体，也共享着五四记忆，在政治价值理念上均居于国共之间，都试图通过再造社会的方式重建国家，但他们之间的分化是不可避免的，是近代以来中国社会转型的必然结果。特别是在国共斗争的大背景下，政治态度的差异，社会资源的竞争，最终演变成了敌我式的对立。无论是《独立时论》群体的核心成员，还是《时与文》群体的骨干力量，最终都放弃了知识分子独立的立场，而卷入了政治斗争的浪潮之中[②]。

① 吴晗：《忆西谛先生》，陈福康编选：《回忆郑振铎》，学林出版社，1988 年，第 90 页。

② 郑志峰、冶芸：《〈独立时论〉群体与〈时与文〉群体比较研究》，《兰州大学学报（社会科学版）》2012 年第 6 期。

第五章　《新路》群体

1947 年 10 月，对于自由知识分子而言是一个历史性的转折点。民盟被迫解散后，以《时与文》群体为代表的民主党派人士与国民党决裂，彻底站在了共产党一方，另有不少自由知识分子与国民党走在了一起，但更多的知识分子没有做任何选择，仍旧保持独立的立场。然而，内战丝毫没有停止的迹象，反而愈演愈烈。自由知识分子的呼吁成了自言自语。施复亮说：“三个月来，我一直以沉默代替抗议，没有发表任何文章。内战打得这样起劲，叫我们这些向来反对内战的人说些什么好呢？要说的话，差不多过去都已经说过了。用不着重复，所以不想再说。”[①]就连《观察》主编储安平也不免灰心沮丧：“我们现在则连批评这个政府的兴趣也没有了。即以本刊而论，近数月来，我们已很少刊载剧烈批评政府的文字，因为大家都已十分消沉，还有什么话可说？说了又有什么用处？”[②]在战场上，国共力量对比也发生了很大变化，战局开始朝着有利于共产党的方向发展，而在国民党统治区域，政府当局更加严厉地压制言论，自由知识分子的生存空间再度紧缩。夹在国共之间，他们终于将批评和拷问转向自身，发出了“自由主义者”往何处去的疑问，从而展开了关于“自由主义”的大讨

① 施复亮：《错误的“看法”与反动的“对策”》，《时与文》第 1 卷第 24 期，1947 年 8 月 22 日。
② 储安平：《政府利刃指向〈观察〉》，《观察》第 4 卷第 15 期，1948 年 6 月 5 日。

论。正是在这种背景下，《新路》[①]创刊了。

第一节 《新路》的创刊

《新路》的创办，最初是钱昌照[②]与吴景超[③]、刘大中一起商议的[④]。刘大中是经济学界的青年才俊，在美国留学时期认识了钱昌照。吴景超任职政府时与钱昌照结识，钱昌照长期负责资源委员会的工作，全面抗战期间资源委员会隶属于经济部，吴景超为经济部秘书。1947年，钱昌照、吴景超同时辞去政府工作，钱昌照打算带吴景超、刘大中、王崇植等人出国考察，终未成行[⑤]，吴景超遂重回清华大学教书。一次，钱昌照到北平，在清华大学住了两天。

> 一天在吴景超家，一天在刘大中家。朋友们住在一起，谈到想办一个杂志，批评时政，对国民党和共产党都批评。杂志的名

① 《新路》于1948年5月15日在北平创刊，1948年12月18日被查封，共出版两卷，第1卷24期，第2卷6期。

② 钱昌照（1899—1988），江苏常熟人。1918年毕业于上海浦东中学，1919年赴英国留学，就读于伦敦大学政治经济学院，1922年进牛津大学深造，1922年参加北洋政府派出的考察团到英国、美国、日本考察，回国后，到全国各地游历。从1928年至1947年，一直在国民政府部门就职，长期担任资源委员会的领导职务。1947年春辞去资源委员会工作，创办《新路》周刊。1948年出国考察。1949年6月回国。

③ 吴景超（1901—1968），字北海，安徽歙县人。1914年入南京金陵中学就读，翌年考入北京清华留美预备学校。1923年夏天赴美国入明尼苏达大学，后入芝加哥大学继续深造。1928年获得博士学位并回国，入金陵大学任教。1931年秋转入清华大学任教，次年兼任清华大学教务长。1935年底离开清华，随翁文灏入阁任国民政府行政院秘书。1937年国民政府迁至重庆，任经济部秘书。1945年任战时物资管理局主任秘书，1946年任中国善后救济总署顾问，1947年重回清华大学社会学系任教。1952年调任中央财经学院教授。后加入中国民主同盟，并当选为中央常委，全国政协委员。

④ 钱昌照：《钱昌照回忆录》，中国文史出版社，1998年，第101页。

⑤ 钱昌照：《钱昌照回忆录》，第100页。

> 字，就叫《新路》，是我题的。我们还决定在北平找所较大的房子，买些参考书籍，在北平的朋友可以在那里讨论问题；从南方来的朋友可以住在那里。后来我们看中了一所房子，就在东直门大街。[①]

吴景超在拜访胡适的时候也提及了此事，并顺便征求胡适的意见，“吴景超来谈，他说，钱昌照拿出钱来，请他们办一个刊物。要吴半农主编，景超任社会，刘大中任经济，钱端升任政治，萧乾任文艺”。[②]胡适日记时间为1948年1月24日，可见，1948年初甚至更早的时候，这帮朋友们已经在商议、筹备《新路》的创刊工作了。

此后，吴景超利用他在北平教育界的关系，邀请朋友们加盟，在1948年3月的一次会议上，选出了五人委员会，由吴半农、钱端升（钱未回国前由楼邦彦代理）两人负责政治，刘大中负责经济，萧乾负责文艺和外交，吴景超负责社会；刊物将于5月正式出版。[③]在创刊的时候，编辑人员发生了变化，改为周炳霖负总责，经济编辑是刘大中，政治编辑是钱端升和楼邦彦。周炳琳、钱端升和吴景超是多年老朋友了，楼邦彦出身清华，是钱端升的入室弟子。负责文艺的编辑原定为萧乾，但据他说，“没等刊物问世，我就在复旦大学一些学生和杨刚的劝阻下，拍了个电报把它辞了。《新路》出刊以后，我由于开始答应负责部分编职，后来又打了退堂鼓，所以也确实为它写了几篇文字，但是该刊每期都标有‘吴景超主编’的字样，而我从未做过它的主编，却确实是千真万真的事实”。[④]萧乾的回忆可能有误，因为《新路》周刊上并没有列出主编。不过，萧乾确实没有参与《新路》的编辑工作，接替他的极有可能是杨振

---

① 钱昌照：《钱昌照回忆录》，第100页。

② 曹伯言整理：《胡适日记全编》（7），第704页。

③ 裴仁：《“新第三方面”——中国社会经济研究会》，《时与文》第2卷第23期。

④ 丁亚平：《萧乾 文洁若》，中国青年出版社，1995年，第41页。

声。据姚可崑说，1948 年夏天，杨振声邀请冯至和沈从文一家去颐和园度假，在园内冯至写出了《郊外闻飞机声有感》，拿给杨振声看，杨振声就在《新路》上发表了，“那时杨振声负责《新路》文艺方面的编辑”。[①]

《新路》周刊的问世，可谓生不逢时。蒋介石得知《新路》是钱昌照办的，怒不可遏。他对陈布雷说“钱昌照是叛徒”，陈布雷劝钱昌照早点出国，“于是我从一位不离蒋介石左右的人逐渐成为蒋的敌人，不得不自我流放，连我并不重视的国民党党籍也被开除了”。[②]于是，钱昌照取道香港离开了大陆。而共产党方面，对《新路》也是大张挞伐。1949 年钱昌照到北平，周恩来提起《新路》时说：“那时《新路》这个刊物的论调，冲淡了共产党的宣传，所以要组织力量去批判。如果是早三年办这个刊物，应该算是进步的，到现在办也还可以，就是那个时候办不适宜。”[③]

第二节 《新路》成员的群聚

《新路》各个栏目的主持人和撰稿人均为北平各大高校的知名教授，他们大多具有欧美留学背景。以《新路》为阵地，他们经常聚在一起，就某个专题进行辩论，发表集体宣言或抗议，由此形成了一个自由知识分子群体。

考察《新路》群体的组成情况（请参见附表 8），可以发现他们之间存在多重关系，联系紧密。具体说来，主要有两条线索：一是清华大学，二是伦敦大学政治经济学院。

首先从业缘上来讲，《新路》周刊的 22 位撰稿人中，13 人任教于清华

① 姚可崑：《我与冯至》，第 130 页。
② 钱昌照：《钱昌照回忆录》，第 89 页。
③ 钱昌照：《钱昌照回忆录》，第 101—102 页。

大学，7 人任教于北京大学。

清华大学方面，吴景超、潘光旦、吴泽霖、陈达、全慰天、袁方、胡庆钧在社会学系（人类学系）[①]；邵循正为历史系教授；刘大中、赵人儁、徐毓枬、戴世光在经济学系，赵人儁是徐毓枬和戴世光在清华经济系就读时的老师，戴世光同时在社会学系兼课，与潘光旦、吴景超、陈达、吴泽霖等人颇为熟稔，且与潘光旦关系密切。龚祥瑞也于 1948 年夏来清华任教。北京大学方面，周炳琳为法学院院长，钱端升与王铁崖、楼邦彦、吴恩裕在政治学系，蒋硕杰、陈振汉在经济学系。其中，周炳琳、钱端升早年均曾在清华任教，并且钱端升出身清华，他们与吴景超都是多年的老同事老朋友。吴景超与刘大中通过钱昌照而结识，后来又成为清华同事。刘大中则与蒋硕杰均为学术界的后起之秀，二人虽然到北平工作后才相识，一个在清华一个在北大，但却是“焦不离孟，孟不离焦”的关系，通过刘大中，蒋硕杰认识了钱昌照，从而加入了《新路》[②]。蒋硕杰说：“那时北大和清华有一个联合研讨会，每月举行一次讨论学术或经济现状及政策等问题，因此时常听到他的谠论。我们又同时为《经济评论》撰写文章，交换意见的机会很多。”[③]而胡寄窗即为《经济评论》的主编。

其次从学缘视角分析，《新路》22 位撰稿人之中，有 15 人是在清华（或西南联大）接受的大学教育，都受过清华学术传统的熏陶，这一点尤以社会学系最为明显。在《新路》的撰稿人中，有七人属于清华社会学系：潘光旦、吴泽霖、陈达、吴景超四人是五四一代知识分子，是老师辈，四人都出身清华并留学美国，其中二人毕业于哥伦比亚大学；全慰天、袁方、胡庆钧三人是学生辈，同时就读于西南联大社会学系，共同的老师就是潘

① 抗战胜利后，清华创建了人类学系，与社会学系一起办公。

② 陈慈玉、莫寄屏访问，陈南之、蔡淑瑄、潘淑芬纪录：《蒋硕杰先生访问纪录》，台湾“中央研究院”近代史研究所，1992 年，第 46—47 页。

③ 蒋硕杰：《我与刘大中三十年的友谊》，《传记文学》（台北）第 63 卷第 6 期。

光旦、陈达、吴泽霖。这三人年龄相仿，胡庆钧和袁方同年，全慰天大一岁，而且三人都是湖南人，全慰天和袁方还是临县大同乡。三人差不多同时毕业，又几乎同时留在清华社会学系任教。四位老师和三个学生具有明显的学术传承关系。

再看几个留学英国的撰稿人（表 5-1）。

表 5-1　《新路》作者群体中留学英国伦敦大学政治经济学院的成员

作者	籍贯	生年	国内教育	留学	专业	任职
胡寄窗	四川天全	1903	北京大学	英国伦敦大学政治经济学院	经济学	中国大学
龚祥瑞	浙江宁波	1911	清华大学		政治学	北京大学
楼邦彦	浙江鄞县	1912	清华大学		政治学	北京大学
吴恩裕	辽宁沈阳	1909	清华大学		政治思想史	北京大学
王铁崖	福建福州	1913	清华大学		法学	北京大学
蒋硕杰	上海市	1918			经济学	北京大学
徐毓枬	江苏无锡	1912	清华大学	英国剑桥大学、伦敦大学政治经济学院听课	经济学	清华大学

如上表所示，龚祥瑞、楼邦彦、吴恩裕、王铁崖、徐毓枬五人都出身清华，年龄不相上下，虽然专业不同，但他们都受过清华校风和学术传统的熏陶。楼邦彦与龚祥瑞是同学，曾在钱端升的指导下共同编著了《欧美员吏制度》一书，与王铁崖、吴恩裕同在北大政治系任教，与蒋硕杰亦为北大同事。表中所列七人都毕业于伦敦大学政治经济学院（或在伦敦大学政治经济学院听课），楼邦彦、吴恩裕都是拉斯基的弟子，属于同门师兄弟，王铁崖、龚祥瑞也几乎与他们同时在伦敦大学政治经济学院读书，蒋硕杰和徐毓枬还是半个同学；除胡寄窗、蒋硕杰外，其余五人都是 35 岁上

下的年纪，差不多同时在伦敦大学政治经济学院学习，他们面对的是同样的教师以及同样的知识，拥有共同的知识框架和学术研究的“家法”。这种知识上的相通或者谱系，以及由此推演出来的知性原则，统摄着他们的思想，当面临同样的问题时，他们就会不约而同地做出同样的选择。这种基于知识上的群聚，比靠人脉关系的聚集更加稳固。傅斯年说：“最纯粹，最精密，最能长久的感情，是在知识上建设的感情，比着宗族和戚属的感情纯粹得多。恩怨造成的感情是不可靠的，因为恩怨容易变化，容易掺杂；独有知识造成的感情，随着知识进化。”①

可以看出，这是一个由多重纽带联系起来的自由知识分子群体。在面临着知识界不断分化、国家即将陷入崩溃的危难时刻，他们围绕在《新路》周围，挺身而出要为民族寻找国、共之外的另一条道路。

第三节 《新路》群体与清华大学

通过考察《新路》的诞生背景、撰稿人详细情况以及这些知识分子的言论主张，可以发现，《新路》群体具有浓郁的自由主义色彩。就政治立场而言，在国共军事、政治斗争出现逆转，很多知识分子已经开始“站队”的情况下，这些知识分子秉持自由主义立场，不袒国，不附共，努力在国、共之外为中国开辟一条“新路”。如上所述，在《新路》22 位撰稿人中，任教于清华的有 13 人，在清华（或西南联大）接受大学教育的有 15 人，因此，可以说，《新路》是清华大学教授们的言论阵地。在清华园内，《新路》群体的政治立场具有一定的普遍性。但是，处于国共斗争的大背景下，清华内部也在发生着各种变化。面对越来越腐败的国民政府、接连不断的

① 傅斯年：《新潮社之回顾与前瞻》，《新潮》第 2 卷第 1 号。

学生运动、形形色色的联合宣言、通电，教授们或自愿或被迫地走向前台，表达自己的看法。其中，值得关注的是以吴晗为核心的自由知识分子群落。

清华园旧西院12号，是复员后吴晗的寓所。以吴晗寓所为活动中心，聚集着一批积极参与民主运动或对民主运动持同情态度的自由知识分子，战后北平知识分子的绝大部分联合宣言、通电、声明都是在这里产生的。

吴晗（1909—1969），字辰伯，浙江义乌人。1929年考入中国公学，1931年转入清华大学历史系，1934年毕业后留校任教。全面抗日战争爆发后，应云南大学聘任文史系教授，1940年转入西南联合大学任历史系教授。1943年加入民盟，任民盟云南省支部青年部长，1944年10月，当选民盟中央执行委员。1946年随校复员回北平，继续任教于清华大学历史系，同时积极投身爱国民主运动。1946年10月任民盟华北支部委员、北平市支部主任委员。1948年8月，在中共北平地下党组织安排下进入解放区。新中国成立后，历任北京市副市长、中央人民政府文化教育委员会委员、全国青联副主席、中国民主同盟北平市委员会主任、民盟中央副主席等职。1957年加入中国共产党。

吴晗是胡适的得意门生。当他在中国公学求学时，胡适担任该校校长，后来，吴晗追随胡适来到北平，并在其帮助下进入清华大学就读。无论在生活上还是学术上，胡适都一度是吴晗的领路人。据吴晗的中学同学千家驹回忆，全面抗战前，吴晗与左派教授或青年从不来往，“在他思想深处，他看不起他们，他只崇拜胡适”。①吴晗自己也说过：“受胡适、顾颉刚、傅斯年的思想影响都很大，虽然和他们的往来并不多，读他们的文章却很多，治学的方法，以至立场基本上是胡适的弟子。”②从1928年吴晗来北平后，他就逐渐被编织入以胡适为核心的学术人际网络中。举凡学习、生

① 千家驹：《我与吴晗》，《传记文学》（台北）第57卷第2期。

② 苏双碧主编：《吴晗自传书信文集》，中国人事出版社，1993年，第5页。

活、研究、工作甚至个人的烦恼，吴晗无一不向胡适请教、倾诉。而在胡适、傅斯年、陈寅恪等人的影响下，吴晗一头扎入了书斋，专心学术别无旁骛，被朋友们戏称为“腐儒”。1931 年九一八事变后，不问世事的吴晗思想上出现了很大的波动。面对着日本的侵略蚕食和国民政府的妥协退让，吴晗为国家的前途深感焦虑而又找不到出路。1932 年 1 月 30 日，他致信胡适，请教时局问题，并道出了自己的困惑和苦恼。

适之先生：

有一疑难问题，数月来亘亘于胸，未能解决，盼望先生指示一条出路！

处在现今的时局中，党国领袖卖国，政府卖国，封疆大吏卖国，每日看报所能得到的是最初“镇静，镇静！”次之是“政府已有最后准备，下最大决心，请信任，信任！”现状是：“一切你们所要求的都答应，只要不拆我们的台就感谢不尽，无条件的屈服，屈服！”

翻开任何国任何朝代的史来看，找不出这样一个卑鄙无耻丧心病狂的政府，也很难找到这样麻木不仁浑浑噩噩的国民。

学生不应离开学校去作无聊的举动！如发传单，喊打倒之类。但是应否作个别行动，为自己争人格，为国家争光荣？这行动是否有意义？学生一无可杀人的枪械，二无可凭借的势位，三无可号召的群众，空口说“救国”是否有用？（现在平津一带连“救国”都无人提起了）假如不，看着人家大批出卖你的父母兄弟，听着若干千万同胞的被屠宰的哭声，成天所见到的消息又只是“屈服”“退让”，假使自己还是个人，胸膛中还有一滴热血在着的时候，这苦痛如何能忍受？

……

过去四个月，无时无刻不被这种苦痛所蹂躏，最初的克制方法，是把自己深藏在图书馆中，但是一出了馆门，就仍被袭击。后来专写文章，冀图避免此项思虑，但是仍不成功……在就睡后仍陷于一种无可奈何的深思中，结果是成为照例的失眠。

……

为着要知道现状的进展，不得不每天看报，但是看报的结果又只是使你气不得，笑不得，"不幸而为中国人"，这一天便也再不能沉下气去做一点甚么事了。

这苦痛不能向有党籍的人吐露，也不能告诉根本没有主张的人，生在过去，备受先生的训诲指导，盼望此时先生也同样地予以解决的方法并指示一条应走的路。敬颂

康健

学生吴春晗上　一月卅日[①]

很明显，对于胡适主张的"读书救国"，吴晗产生了怀疑。从目前的资料来看，无法确定胡适是否曾给吴晗回信。一个多月后即1932年3月5日，吴晗发表了一篇《过去种种》的文章，激烈指责国民党是"中国的专杀同胞不作别用的革命军阀"，称赞清华学生运动是"民族复兴"的开始。此后，吴晗在书斋中推开了一扇窗子，不时发表一些时论性的文章，但并没有走上街头，仍彷徨于学术与时政之间。也就是说，胡适的思想仍对他起着重要影响。

吴晗的逆转发生在全面抗战的昆明时期。尤其是在1940年以后，吴晗逐渐走出书斋，走上街头，投入了轰轰烈烈的民主运动，一跃而成为与闻一多齐名的民主斗士。关于吴晗的转变，固然有很多原因，但经济状况的

① 《吴晗致胡适》（1932年1月30日），《胡适来往书信选》（中），第102－104页。

恶化以及交往圈子的改变是其中两个最为关键的诱因。

1937年，吴晗应云南大学校长熊庆来之聘往昆明任教，他的母亲、弟弟、妹妹、侄子等六七口人都到了昆明投靠他。1937年春，袁震（吴晗的女朋友，二人于1939年10月结婚）三姐妹也来到昆明，袁震因患骨结核病一直卧病在床，吴晗的负担一下子增加了数倍，他的薪资不但要担负八口人的吃饭、弟弟妹妹的学费，还要留出一部分给袁震治病。受战争的影响，昆明的通货膨胀日益严重，吴晗的生活几乎陷入了难以为继的境地。再加上国民党的贪腐，对自由的压制，还得提防日机轰炸，吴晗对国民政府的不满日益增加，“在文章里，在讲坛上，写的说的都是这些”。[①]吴晗开始走出书斋，与青年学生接触，思想也渐渐发生了变化。

何兆武先生说，看吴晗1949年后写的检讨，总觉得他在心理上有一个情结（complex），或者说，心里有一个疙瘩，希望自己跻身于名教授之列。比如他说自己拿桶到井里打水，老打不上来，便感叹教授生活的悲惨，总是念念不忘自己是个名教授。教授为什么就不可以去打一桶水呢？[②]何兆武先生的说法有道理，但如果将吴晗放置回那个年代，会发现这个“情结”出现在吴晗身上并非偶然。那个年代的知识分子，尽管已经接受了来自欧美的自由主义观念，但传统的文化、习俗仍对他们起着重要的影响。他们普遍抱有“教育救国”“学术救国”的思想，尤其是北平的自由知识分子，他们身处高校或者科研机构，通过文字和阅读与社会产生联系，他们生活在一个相对封闭的交往圈子内，与下层的工人、农民是有相当距离的。吴晗回忆说：

> 就在这个时候，我被迫学会了劳动。……说实在话，手是在

① 苏双碧主编：《吴晗自传书信文集》，第6—7页。

② 何兆武口述，文靖撰写：《上学记》，生活·读书·新知三联书店，2007年，第154页。

> 做，心里是万分不愿意的。倒不是为了失身份，身份早已经没有了，穿得破破烂烂，除了自己的学生，谁都以为你是个难民。不愿意的实在心里，第一是挤去了休息的时间，第二是挤去了工作的时间；更重要的是对这些体力工作无兴趣，甚至厌恶。①

而不断恶化的经济情势，使吴晗不得不从事他所厌恶的劳动。吴晗结婚后，袁震几年内仍然不能下床，因为穷，请不起人帮忙，家务几乎全落在了吴晗肩上，“一面教书，一面写书，一面还得干家务，照料病人——我的妻。在搞柴米、油盐、扫地、炒菜、洗碗的时候，还得和学生、和朋友谈话，讨论问题”。②

贫困的生活不仅摧残着他的学术理想，也在不断消磨着他的心理和精神。而所有的这一切，都使愤怒的吴晗将矛头指向了国民政府，也正如许多知识分子所说的：我不想过问政治，政治却来过问我了。因此，对于全面抗战时期知识分子生活状况对政治态度的影响，必须给予充分的重视，例如有人说闻一多参加民主活动是因为穷疯了。因此，吴晗由一个不问时事的“书呆子”，到课堂上、文章里对国民政府大肆批评，进而走出书斋与进步青年学生接触，最后亲自走上街头，投入了轰轰烈烈的民主运动，这样的转变实在无法抛开经济因素的影响。

同时值得注意的是，吴晗的教育背景中并没有留学经历，这对于吴晗来说，在某种程度上具有相当重要的意义。其一，无论是在北平的清华还是在昆明的西南联大，具有留学背景的，特别是那些具有欧美硕士、博士学位的知识分子，在当时的高校中占有重要的位置，几乎垄断了为数不多

---

① 苏双碧主编：《吴晗自传书信文集》，第20—21页。

② 苏双碧主编：《吴晗自传书信文集》，第20页。亦可参见吴浦月的回忆，见吴浦月：《怀念吴晗大哥》，庄丽君主编：《世纪清华（之二）》，光明日报出版社，1998年，第111—112页。

的各种教育、学术资源。王晴佳在《学潮与教授：抗战前后政治与学术互动的一个考察（之二）》引用 John Israel 的话说：在联大教授中，喝过洋墨水的占绝对多数，像吴晗、沈从文那样既年轻又“土生土长”的教授，并没有太多的朋友和声望，而资深的张奚若、闻一多，则要受人尊重得多[①]。由于具有相似的教育背景，这些留洋的教授们很容易通过各种联系纽带走到一起，从而形成一个个的交往圈子，相互扶持。这一点，对于全面抗战中陷于经济困境的自由知识分子而言至关重要，因为，成为某个交往圈子的成员，就意味着获得安慰、支持、信息、机遇的可能性大大增加。吴晗虽然具有很高的学术天赋，并深得胡适、傅斯年等前辈的欣赏和帮扶，但他与那些留洋派圈子是有距离的。其二，在民国时期，国立大学，尤其像北大、清华这样的名校，在聘任教师时，对于所聘人员的教育背景相当重视，比较而言，留学并取得学位的知识分子比没有留学背景的知识分子更容易得到校方的接纳和认可。薛愚在回忆中提及 20 世纪 30 年代清华的情况时说：

> 清华大学是一个等级森严的学校。教授、讲师、助教、主任、职员、事务员不能越级，薪水收入差别很大，而且政治待遇亦很悬殊。同时留洋回国的博士、教授，还因不同的国籍而异，赴德、英、美、法、日的留学生回国后待遇都不同，就是国内大学毕业的学生，由于所毕业的学校不同，待遇也有差别。于是我也患了“留洋梦”，想到外国去进修，喝点洋水，取得个博士学位，身价也就提高了。[②]

---

① 转引自王晴佳：《学潮与教授：抗战前后政治与学术互动的一个考察（之二）》，《历史研究》2005 年第 4 期。

② 薛愚：《我走过的路》，九三学社中央研究室编：《中国科学家回忆录》第二辑，学苑出版社，1990 年，第 19 页。

1938年，北大、清华、南开在昆明组成西南联大，吴晗就考虑回母校工作，西南联大不仅能为他提供更好的学术条件和资源，也代表着更高的社会地位。当时的历史系主任是刘崇鋐，他同意吴晗回来工作，但是不能聘为教授，只能聘为副教授。从云南大学教授变为西南联大副教授，这不仅仅是荣誉问题，最主要的是薪资的降低，这对生活已经陷入困境的吴晗来说，无异于雪上加霜。但考虑再三，吴晗还是回到西南联大任教。不过，这件事却使他很不愉快。

在以留洋派教授为主体的清华大学和西南联大教授群中，吴晗虽然得到包括胡适、蒋廷黻、傅斯年、陈寅恪等著名教授的赏识和提携，但是无论在生活中还是在学术上，他都缺乏一定的安全感，他急于要得到同事和领导的认可。比如，在钱穆离开西南联大后，吴晗来到西南联大，教授中国通史课。中国通史课是公共必修课。何兆武先生回忆：

> 上课的人很多，有一年的第一次考试全班都不及格。当时也有类似的情况，比如周培源先生教物理系二年级的必修课力学，据说第一次月考也是全班不及格。这有点像《水浒传》里讲的，犯人来了先打三百杀威棒，要你尝点苦头，不过必须是权威教授才可以耍这个派头，大家也吃他这一套。可是当时吴晗辈分很低，还是个青年教师，这种做法难免给人一种妄自尊大的感觉。同学们派代表和他交涉，首先自我检讨没有学习好，然后表示老师的教法是不是也有可以改进的地方。吴晗一怒之下宣布罢教，在校园里引发一场不大不小的风波。[①]

在留洋派教授成群、老资格教授众多的西南联大，吴晗是有一定压力

① 何兆武口述，文靖撰写：《上学记》，第154页。

的。在处理“一二·一”惨案的过程中，教授会内部展开了激烈的讨论，由于教授会中进步教授势单力薄，最终没能通过潘光旦、闻一多、吴晗等人的“罢教”提案。在会议上，吴晗激愤地说：“被打死了，我们再不行动就不是人！”一个老教授出言相讥：“自己不牺牲，专让青年去牺牲，那才真的不是人呢！”[①]这对吴晗的刺激非常之大，也让吴晗认识到了大学中各种委员会的重要性。在大学，各种各样的教育资源都掌握在委员会中，一个人成为委员会的委员既是有威望的象征，也是拓展其工作和生活空间的重要渠道，而对吴晗来说，进入各种委员会还能够为民主运动提供与教授们的联络渠道。后来吴晗回忆说：

> 评议会的组成人员是元老和元老有关系的一些人，没有青年人说话的余地。
>
> 有一次评议会要改选了，我们四五个人商量了一下，一定要想法插一个进去。那时候，我们这些人都不到四十岁，在元老们看来，一群毛头孩子，是上不了台盘的。
>
> ……尽管我们几个人不投元老的票，结果还是他们占多数，我们连一个也选不上，我们失败了。
>
> 这次失败的教训，教会我们通过选举是无论如何争取不到发言权的。……得采取别的办法，也就是采用我们自己的办法，依靠青年，依靠群众。
>
> 元老们看出有些青年教授要造反，也看出我是最不守本分的。好吧，给你一个坚壁清野。清华复校之后，成立了几十个委员会，哪一个委员会上都没有我的名字，甚至连一个搞中国史的什么委

---

① 《姚从吾给陈雪屏、郑毅生的信》，中共云南省委党史资料征集委员会、中共云南师范大学委员会编：《一二一运动》，中共党史资料出版社，1988年，第411—414页。

员会也把我排除了。我不能参加他们的委员会，却参加了我们自己的委员会，不只是青年人来的一天天多了，中年以至老年人来的也一天天多了，我们的力量更加壮大了。①

由全面抗日战争引起的国内教育的大迁移，不但极大损害了教育和学术的发展前途，也大大改变了全面抗战前早已形成的自由知识分子的人际交往网络。对于吴晗而言，由于战乱，之前的师友分散各地，即使有朋友来到昆明，但来来往往，始终不能凑到一起。吴晗需要结识一些新的朋友，尤其是在生活日渐陷入困境、思想上彷徨无依的时候，新的朋友圈子不仅给他以心理上的依靠，而且还有可能给他的工作和生活带来些许帮助。

在昆明时期，吴晗之所以能够融入以民盟为核心的自由知识分子人际网络，关键的一个人物就是他的妻子袁震。

袁震，1907年出生在湖北光化县袁冲乡的一个书香门第。1921—1922年就读于武昌湖北女子师范学校，同学中有袁溥之（袁震堂姐）、李文宜，是中共元老董必武的学生；她们三人都是陈潭秋、李汉俊、董必武所器重的女弟子，而陈、李、董三位老师都是中共一大的代表，于1925年和1926年加入中国共产党。随后，袁溥之和李文宜赴苏联留学，而袁震则考入武汉大学就读，不久被政府当局逮捕，后于1930年考入清华大学历史系就读。袁溥之和李文宜从莫斯科回来后，接受党组织的安排从事地下工作，而袁震在入清华后不久即失去与党组织的联系，但并未放弃共产主义的理想。②

1937年春，袁震和一直照顾她的堂姐袁溥之（还有袁溥之的妹妹）一起来到昆明。受袁震和袁溥之的影响，吴晗不知不觉接受了共产党的很多

① 苏双碧主编：《吴晗自传书信文集》，第30—31页。

② [美]马紫梅：《时代之子吴晗》，曾越麟等译，中国社会科学出版社，1996年，第373页。

理论。袁溥之接受中共南方局负责人董必武的直接领导，因而吴晗对董必武也渐渐熟悉起来。1939 年秋，袁溥之离开昆明去了延安，以后遂通过董必武与吴晗夫妇联系，故吴晗也偶尔与董必武通信。1940 年 9 月，吴晗夫妇途经重庆时，还曾到曾家岩亲自拜见了董必武，作了一番倾谈。

1943 年秋，袁震的同学李文宜接受董必武的指派来昆明开展统战工作。李文宜是中共地下党员，并以国民党员的身份加入民主政团同盟。来昆明后，李文宜亲自拜访老同学袁震，从而认识了吴晗。李文宜又介绍吴晗与自己的丈夫，同是共产党员、民主政团同盟盟员的周新民认识，周的公开身份是云南大学的教授。1937—1940 年吴晗任该校文史系教授，当时的系主任楚图南，为中共地下党员，也是民盟的领导人物之一。

李文宜夫妇经常来看望吴晗夫妇，并长时间地谈论政治形势，介绍共产党的各种理论、政策。李文宜夫妇不但在生活上给吴晗夫妇以各种照顾，并为袁震解决了求医上的困难，李文宜夫妇通过朋友兼盟友李公朴的关系，请来一位医生为袁震看病。后来吴晗对李文宜说，她帮助他解决了两个棘手问题，一是给他指明了政治活动的方向，二是解决了袁震看病的问题[①]。1943 年，另一位中共党员华岗，亦受董必武的指派来昆明开展工作。在李文宜夫妇的介绍下，吴晗与华岗见面，交谈之下，二人还是同乡，自小在相邻的两个县长大，关系更近一层。当华岗提出需要一个公开身份的时候，吴晗将他引荐给云南大学社会学系主任费孝通，华岗化名为“林少侯”，在该系任教。而费孝通早在清华读书时期，即与袁震成为很好的朋友，吴晗与费孝通结识，还是通过袁震介绍的。在社会学系任教的尚钺也是民盟盟员，费孝通后来亦加入民盟。

从以上可以看出，在吴晗与中共、民主政团同盟发生联系的过程中，袁震的角色（还有袁溥之的潜在影响）相当重要。美国学者马紫梅通过

① [美]马紫梅：《时代之子吴晗》，第 375 页。

研究指出：“自他与袁震结婚以来，他对政治不再反感。他甚至开始认识到自己国家过去的历史确实与国家当前形势密切相关，而且不仅仅是从胡适曾主张的有限制的文化改革的意义上讲。”[①]费孝通后来也说，他深信正是通过袁震，吴晗才对华岗和周新民谈及的活动产生了兴趣。他的印象是吴晗和袁震“妇唱夫和”。[②]而正是因为袁震、袁溥之的关系，华岗、李文宜夫妇特别倚重吴晗来开展统战工作，以团结更多的自由知识分子。

1943 年秋，在周新民和潘光旦的介绍下，吴晗加入民盟。一直以来，吴晗都是以一个不问政治的纯学者的身份出现在人们面前的。他的史学天赋和成绩，在老一辈的教授如胡适、蒋廷黻、傅斯年、陈寅恪、潘光旦等人那里颇有口碑，在青年教师和学生中间，吴晗也有着一定的影响。因此，加入民盟后的吴晗，迅速融入角色，充当了中共和自由知识分子中间的“桥梁”[③]，“说服和团结”了一大批著名的进步教授，如钱端升、张奚若、向达、费青等人，“争取他们参加签名，作公开讲演，送给他们书报刊物”。[④]为了壮大进步力量，吴晗还特别注意从青年学生中吸引一些进步分子，将他们团结起来。在吴晗的领导下，他与他担任主讲的中国通史班上经常来往的几个学生如洪季凯（中共党员）、谭正儒（中共党员）、肖松（中共党员）等商量，将进步青年组织起来成立一个团体，定名为“民主青年同盟”（简称“民青”），开始只有六七个人，后来发展到各校都有小组。这些团结在吴晗周围的进步教授以及民青成员，就成为战后吴晗在北平开展民主运动的力量来源。

---

① [美]马紫梅：《时代之子吴晗》，第 376 页。

② [美]马紫梅：《时代之子吴晗》，第 379 页。

③ 费孝通：《信得过的人——忆吴晗同志》，北京市历史学会编：《吴晗纪念文集》，北京出版社，1984 年，第 22 页。

④ 苏双碧主编：《吴晗自传书信文集》，第 8 页。

值得注意的是，在吴晗加入民盟前后很长一段时间里，几个民盟的成员和一些进步教授比邻而居，无形中形成了一个进步教授圈子。闻一多、潘光旦、吴晗都住在昆明西仓坡联大教职员宿舍，张奚若、金岳霖也在左近居住。西南联大生物学教师吴征镒则住在粮仓的大殿内，之间离得很近。吴征镒在从长沙到昆明的“长征”中与闻一多结识并成为忘年交，因此，他经常去闻一多先生家，并在那儿认识了吴晗。不久，吴征镒即在闻一多和吴晗的介绍下加入了民盟。这些人无论在公共交往还是私人往来中，都保持着密切的关系。

吴晗的妹妹回忆道：

> 大哥与闻先生住在昆明西仓坡联大教职员宿舍时，门户相对，隔窗相望。他们经常一起交流思想，探讨中国的前途命运。闻先生曾书赠大哥一条用钟鼎文写的横幅：“鸟兽不可与同群，吾非斯人之徒与而谁与”。这个横幅，直到解放后，大哥还一直挂在墙上。[①]

这样，通过袁震的关系，在中共代表华岗、李文宜夫妇的指导下，形成了一个以民盟为组织依托，以闻一多、吴晗为共产党与民主党派人士的沟通桥梁，以潘光旦、费孝通、曾昭抡、楚图南、闻家驷、潘大逵、尚钺等人为主体，以张奚若、向达、费青、钱端升等同情民主运动的教授及以民青为外围支持性力量的自由知识分子群体。

回到北平后，吴晗继续投身于民主运动，在清华大学校园内，团结起了一批少壮教授，如钱伟长、孟庆基（中共党员）、沈元、屠守谔等人，通过他们去争取他们的老师参加各种签名运动，也争取了一批老年教授，如

---

① 吴浦月：《怀念吴晗大哥》，庄丽君主编：《世纪清华（之二）》，第112页。

朱自清、金岳霖、陈寅恪等。[①]

在昆明的时候，潘光旦、闻一多、吴晗等人即商定，将来也将胡适争取过来，支持甚至参与他们的民主运动。西南联大结束以后，吴晗带领妻子袁震先一步离开昆明到上海，为袁震治病。此时，胡适也刚刚从美国回到国内，恰巧也在上海，于是，吴晗就给胡适写了一封信，胡适没有回应。回到北平后，吴晗亲自登门拜访，“只说两句话，他就走开了。从此不再见面，切断了关系。事后听人说，曾和人谈起，说吴晗可惜，走错了路”。[②]此后，吴晗与胡适不但在政治上分道扬镳，在私人生活中也彻底断绝了往来。胡适倒向了国民党一方，最终跑到了美国，而吴晗全身心从事民主运动，最终在政治上选择了共产党，留在了大陆，并参加了新政府的工作。

在清华，吴晗除了得到一批少壮教授和一些进步的老教授的同情与支持外，他从事民主运动所依靠的主要力量还是青年，其中包括两股力量，一个是民青成员，一个是吴征镒[③]所领导的“读书会”成员。

吴征镒与闻一多在从长沙到昆明的徒步征程中相识，二人很谈得来，结成了忘年交。到昆明后，吴征镒也经常拜访这位前辈，还曾一度与闻一多、吴晗、潘光旦等人同住在西仓坡。后来，在闻一多、吴晗介绍下，吴征镒加入民盟，并于 1946 年加入中国共产党。回到北平后，受党组织安排，吴征镒负责领导清华大学教职员读书会的工作。通过读书会，吴征镒将很大一批进步的青年助教、教员团结起来，积极协助吴晗开展民主运动。张

---

① 苏双碧主编：《吴晗自传书信文集》，第 12 页。

② 苏双碧主编：《吴晗自传书信文集》，第 12 页。

③ 吴征镒（1916—2013），江西九江人。1937 年毕业于清华大学生物系，留校任教。1938—1946 年一直在西南联大任教、学习，并兼任云南大学、中法大学教员及国立中国医药研究所研究员。1945 年经闻一多、吴晗介绍加入中国民主同盟。1946 年 2 月，经云南大学生物系同事殷汝棠介绍加入中国共产党。1946—1948 年任教清华大学，1948 年 9 月奔赴冀中解放区。可参见《吴征镒年谱》，周鸿、吴玉：《绿色的开拓者——中国著名植物学家吴征镒》，科学普及出版社，1994 年，第 148－149 页。

澜庆、汪志华、范宁、季镇淮、李赋宁、王瑶等人都是读书会的骨干力量，他们与吴征镒都是30岁左右的年轻人，都毕业于清华大学。其中，吴征镒与张澜庆两家为世交，二人同时在清华读书，并义结金兰。范宁、季镇淮、王瑶都毕业于清华大学（西南联大）中文系，无论是在学术上还是在政治上，都深受闻一多影响。王瑶曾经加入中国共产党，范宁在闻一多介绍下，也加入了民盟。他们团结在吴晗周围，积极投入民主运动。

吴晗寓所旧西院12号是一个活动中心：“在那里经常聚集着民盟、民青的革命同志，有时还有地下共产党员和无党派民主人士参加。民盟成员如潘光旦、费孝通、王瑶以及盟友钱伟长、无党派民主教授张奚若、朱自清也经常到这里评议时政。”[①]战后北平的许多知识分子的集体宣言和声明都是在这里起草，然后各自出头去征集签名[②]。在以吴晗寓所为中心的知识分子群落中，张奚若是个关键人物。张奚若是“老清华”，无论是在教授群体还是在学生中，都具有很高的威望。虽然未参与任何民主党派，但从抗战后期开始，张奚若的政治态度逐渐激进起来，尤其是在闻一多被暗杀后。吴晗回忆：“张奚若教授是在昆明时认识的，我和闻一多同志常去找他，在多次反蒋反内战的活动中常见面，但来往并不十分密切。一多同志牺牲后，他和我的来往便非常多了。他住在清华新南院，离旧西院相当远，却常到我家来，有时一星期好几次，在和国民党斗争最激烈的时候，晚上也来，有时讨论到深夜。”“在这两年中，我们常交换意见，讨论问题，共同战斗，有时候还商量修改文件。在我们发出的宣言，声明，通电

① 关世雄：《古城黎明之前——民盟北平市临工会活动追忆》，中国民主同盟文史委员会编：《我与民盟——中国民主同盟成立50周年纪念文集》，群言出版社，1991年，第89页。

② 关于战后吴晗在清华的寓所旧西院12号，还是郑天挺形容得形象。他说：“这几间古老房子，在一九四六—一九四八两年多期间，它却是民主青年、进步教授的聚会所，地下党员的交通站，收抄散发解放区广播消息的流动点，又是许多次运动宣言、通电的起草间。”可参见郑天挺：《有学力、有能力、有魄力的历史学家——追念吴晗同志》，郑天挺：《探微集》，中华书局，1980年，第454页。

中，他没有一次不签名。通过他的影响，好些老年、中年教授也逐渐和我们接近了。”[①]

吴晗与《新路》没有关系，彼此在政治态度上也有很大差异，但彼此仍能保持相互尊重，这其间有潘光旦的因素在起作用。在清华大学，潘光旦这个人很有意思。他是民盟盟员，经常参加在吴晗寓所举行的各种活动和会议；又是《新路》的主要人物，《新路》举办的辩论和论坛他也积极与会；在清华大学的教授中间，潘光旦也有着较高的威望。他的寓所是清华教授们生活交往的一个中心。翻检潘光旦的日记，可以发现，潘光旦用简洁优美的语言描绘了一幅清华教授生活交往的精彩画卷。经常来潘家的如雷海宗、张奚若、费孝通、吴景超、吴泽霖、吴晗、戴世光、袁方、全慰天、陈岱孙、沈履等人，其他如赵凤喈、张子高、朱自清等也是潘家常客，一般通过“聚餐”“共饭（同食、同饭）”“便饭”“饭叙”“茶叙”“饮叙”“招宴”“招饮”“聚谈”“闲话”“小座”等方式，相互之间来往很是频繁。如1947年的1月，潘光旦日记中有如下描述：

1日，“夜食烫鱼片，四弟外，同座有佛同、之方”。

5日，“至福田寓小坐。伯伦兄嫂假寓中为四弟饯行”。

7日，“伯伦兄嫂来寓共饭。……夜涵师约与校务会议诸同人同饭”。

10日，“循正来，出示美国犹太民族智识分子所编印之《评论》月刊（*Commentary*）去年九月号，其中有专栏名‘人的研究’……知余于人文思想与社会学之关系最感兴趣，故举以相示”。

12日，“来客多，时作时辍。……桐荪、子高两先生先后来，谈良久”。

---

① 吴晗：《吴晗自传》，苏双碧主编：《吴晗自传书信文集》，第32页。

18 日，“鸣岐来谈美水兵奸污北大女生一案，……为阅其所提出之英文文件，于其文字上酌加订正，鸣岐所学习者为法文也”。

19日，“辰伯来，南洋有捐款致一多家族，商如何存放生息及保管，拟设一五人委员会为之，家驷、辰伯与余外，将添约月涵校长及佩弦”。

20 日，“午，涵师约冠贤兄嫂来校宴集，余亦在座”。

21 日，“午后准备祭祖……祭罢，约之方、宝昀、志诚、子寿、厚坤、助民同食，十一时散”。

22 日，“夜约伯伦全家、才澄、慰天、之方、胡君毓源、卫君旭升同饭；才澄昨自津来，……十时许散”。

23日，“心一自兰州来，伴其同候月涵校长后，至寓中同饭，并约伯伦兄嫂、泽霖、茀斋作陪”。

24日，“业治夫妇来寓，留共晚食”，“鸣岐见示祝寿四绝句，为酌易三五字”。

25日，“近晚奚若来闲话。夜赴正宣兄嫂招饮，同席为姚农卿先生及其夫人，子高、观亭、茀斋三家兄嫂；农卿先生，佛同父也”。

26日，“午前至茀斋、仲衡寓小坐，并在茀斋处早食”。

28日，“近晚寿民兄嫂来。至伯伦寓洽谈同学申请恢复《清华周刊》事，旋又同至士荃寓，约其同谒校长未值。出，即与自治会同学会谈，听取其对复刊计画。夜约前鼎全家至寓中同食”。

29 日，“昨汝江自沪来校，今午约其全家至寓中共饭。……夜希渊兄嫂来”。[1]

---

① 参见潘光旦著，潘乃穆、潘乃和编：《潘光旦文集》（11），第 227—235 页。

潘光旦虽然是民盟盟员，但属于民盟中的“温和分子”，与人交往，始终坚持性情、才情的标准，并不太注重其政治上的态度。1947年夏，吴晗与清华大学学生自治会商议，邀请政治上比较进步的教授举办暑期讲座。雷海宗在学生眼中是保守分子，他主编《周论》（国民党北平市党部创办），但很少学生去阅读。7月28日，自治会的学生来邀请潘光旦参加暑期讲座，谈及约请讲员的问题，潘光旦提醒学生“应以学问人品为主，不应以政治见解之倾向为轩轾”，并“坚属其添请伯伦加入”①。正是因为有潘光旦这样的“温和分子”，清华大学不同政治倾向的教授之间才不至于出现多大的裂痕。但即便如此，他们之间也在逐渐分化，相互之间的关系越来越微妙。“由于奚老参加了我们的活动，他在清华元老派的地位动摇了。清华定例，教授教学满五年可以出国休假一年。1948年暑假，奚老和我都满六年了……奚老呢，身体不大好，老朋友劝他出去一下调理也好，出乎意料的是学校竟然不准，他被统治集团除名了。”②

第四节 《新路》群体与中国社会经济研究会

中国社会经济研究会（简称“社经会”）是一个以研究经济问题为主要任务的民间团体，它虽然不是政治团体，更非政党，却带有浓厚的政治色彩。对于中国的发展道路，社经会从政治、外交、经济、社会等四个方面提出了三十二条主张，简单地说，就是要求“政治制度化、制度民主化、民主社会化”。③

社经会是由钱昌照倡议发起的。钱昌照抱有坚定的工业救国信念，战

① 参见潘光旦著，潘乃穆、潘乃和编：《潘光旦文集》（11），第277页。

② 吴晗：《吴晗自传》，苏双碧主编：《吴晗自传书信文集》，第33页。

③ 《中国社会经济研究会的初步主张》，《新路》创刊号，1948年5月15日。

后，他本希望可以趁机大力发展中国的工业经济，而蒋介石却一意以战争解决政治问题。钱昌照知事不可为，遂离开了任职达 15 之久的资源委员会，与朋友商议创办一个研究经济的组织，为中国的前途谋一新路。于是，钱昌照找到了朋友吴景超、周炳琳、刘大中、萧乾等商议，大家一拍即合，并决定创办一个刊物，即《新路》。随后，钱昌照邀请钱端升、周炳琳、吴景超、陶孟和、刘大中、萧乾等教育界人士，再邀集实业界中志同道合的朋友孙越崎、王崇植、吴半农、孙拯等人共同组成了“中国社会经济研究会筹备委员会”（请参见附表 9）。其中，陶孟和曾留学伦敦大学政治经济学院，与钱昌照为校友，二人又是连襟；钱昌照与吴景超曾在同一个政府部门任职，与周炳琳、钱端升也是老朋友，且周炳琳亦曾在伦敦大学政治经济学院听课；孙越崎为钱昌照多年的同事，他担任资源委员会副委员长还是钱昌照举荐的；孙拯、王崇植为实业界人士，与资源委员会关系密切；时任中国驻日代表团代表的吴半农，此前亦任职于经济部，且为清华出身。

在筹备工作中，除吴景超外，萧乾起到了关键的作用。萧乾任《大公报》驻外记者时，在英国与钱昌照结识，而且，萧乾曾在伦敦大学东方学院做讲师并听课，与钱昌照算得上是校友。萧乾对社经会的筹办很是热心。据姚可崑回忆：“大约在 1948 年 2 月，有一天钱昌照和萧乾到我们家来，与冯至谈话，他们说，国内政治、社会、经济各大问题非常复杂。人们感到彷徨苦闷，想集合一些有专长的朋友们组织一个‘中国社会经济研究会’，对那些大问题进行研究，为中国寻找一条新路。他们还附带说，这个研究会既不反苏，也不反美。还筹备一种刊物，就叫作《新路》。”[①] 沈从文也提到，萧乾曾到他家邀请他参加《新路》的筹办，并在发起人名

① 姚可崑：《我与冯至》，第 130 页。

单上签名。[①]1948 年 3 月 1 日，社经会成立大会在北平南池子欧美同学会召开，经过讨论，选出理事 11 人，即钱昌照、孙越崎、王崇植、吴景超、周炳琳、潘光旦、钱端升、刘大中、陶孟和、萧乾、楼邦彦；吴景超、钱昌照、周炳琳为常务理事；监事 3 人，即邵力子、吴蕴初和童冠贤。大会决定创办《新路》为会刊。

在社经会会员 59 人（请参见附表 9）中，教育界人士 34 人，其他则为资源委员会人士、实业界以及相关经济管理部门的政府官员。社经会的成立和《新路》的创办，是知识界与实业界联手探索中国出路的开始。社经会为《新路》提供了充足的资金支持，而《新路》的研究对于社经会背后的资源委员会以及相关实业界都具有重要的指导意义。实业界能够与教育界联合起来，离不开钱昌照与吴景超、萧乾等人于其间的牵线搭桥作用。

值得注意的是，《新路》群体中具有留英背景的自由知识分子占了很大比例，而且以留学伦敦大学政治经济学院为主。在社经会筹备委员 11 人中，具有英国教育背景的有 4 人，即钱昌照、周炳琳、陶孟和、萧乾，因钱端升不在国内，代替其工作的楼邦彦亦为伦敦大学政治经济学院毕业生。这种情况的出现并非偶然，它与资源委员会、实业界人士的教育背景、思想、主张等有很大关系。

1942 年，中国留英同学会编写的《中国留英同学录》收录各个时期的留英学生 344 人，其工作的单位类别如表 5-2 所示：

① 凌宇：《沈从文传》，北京十月文艺出版社，2003 年，第 334 页。

表 5-2 留英人士任职行业领域数据统计[①]

分类类别	人 数	排 名
国民政府各院、各部以及各委员会、各局	130	1
各学校	72	2
各工厂及公司	41	3
银 行	13	4
各独立的研究院及文化部门	12	5
各省、市政府	11	6
医 院	2	7
不 详	63	占总人数的 18.31%
总 计	344	

在从政人员中，任职国民政府中央各部门的人数最多，达 130 人，主要集中于“军事委员会下属各部（海军部、军训部、军令部、军政部）、行政院下属各部（交通部、财政部、外交部等）。在军事委员会下属各部的留英生主要供职于资源委员会、航空委员会、海军部、军政部……在行政院下属的经济委员会，交通部、财政部、外交部中任职的留英生较多，任职于外交部的留英生多毕业于伦敦大学政治经济学院国际关系专业，财政部的留英生也以毕业于伦敦大学政治经济学院居多，基本上属于学以致用”。[②]在学校就职的有 72 人，占第二位，在工厂及公司任职的有 41 人，占第三位。因此，无论是在资源委员会还是在实业界，都有数量不小的留英知识分子。这些留英知识分子当中，又以留学伦敦大学的为最多。[③]无论是在教育界还是实业界，或者是隶属于国民政府的资源委员会，这些留英

① 资料来自刘晓琴：《中国近代留英教育史》，南开大学出版社，2005 年，第 419 页。

② 刘晓琴：《中国近代留英教育史》，第 420 页。

③ 刘晓琴：《中国近代留英教育史》，第 375 页。

的自由知识分子都不同程度地接受了费边主义的影响，特别是资源委员会。

1954年，胡适回台湾参加第一届国民大会第二次会议，在一次演讲中谈到了资源委员会，他说："中国士人夫阶级中，很有人认为社会主义是今日世界大势所趋；其中许多人受了费边社会主义的影响，还有一部分人是拉斯基的学生。但是最重要的还是在政府任职的许多官吏，他们认为中国经济的发展只有依赖政府，靠政府直接经营的工业矿业以及其他的企业。从前持这种主张最力的，莫过于翁文灏和钱昌照，他们所办的资源委员会，在过去二十年之中，把持了中国的工业矿业，对于私有企业（大都是民国初年所创办的私有企业）蚕食鲸吞，或则被其窒息而死。他们两位（翁文灏、钱昌照）终于靠拢，反美而羡慕苏俄，也许与他们的思想是有关系的。"[①]

第五节 《新路》群体与《独立时论》群体

《独立时论》是北大自由知识分子的论坛，《新路》则为清华自由知识分子的言论阵地。北京大学与清华大学，中国高等教育的双子星座，它们都有着自由主义的传统，也都被称为"民主堡垒"。作为中国的学术重镇，北大和清华共处于同一个都市文化空间中，彼此之间有着千丝万缕的联系。但是，北大和清华毕竟有着不同的校史、专业与学科结构，学校管理模式也不相同，因此，它们在各自的发展道路中，形成了不同的校风和学术传统。

北大是新文化运动和五四运动的发祥地，学生有争取自由民主的传统。中国近代史上的历次学生运动，大都是北大学生走在队伍的前列。蔡元培以"思想自由，兼容并包"的理念治校，使北大具有包容一切的恢宏气概，

① 胡颂平编著：《胡适之先生年谱长编初稿》（七），台湾联经出版事业公司，1984年，第2374页。

也使北大成为不同知识分子和思想的熔炉，因而，北大师生个性化的自由色彩相当浓重，北大也成为各种新思潮的策源地。据胡伟希分析，不仅新思潮如西方自由主义、马克思主义流行于北大，“国粹派”思潮以及后来蔚为大观的新儒家，其开山人物（梁漱溟、熊十力）亦出身北大。“即从学术史而言，北大的学术风气、路数、风格均与‘思潮’密切相连。”[①]这种开创新思潮的学术传统是与北大尚自由、反传统的文化性格分不开的，也表明北大具有深切的现实关怀，讲究经世致用。与北大不同，清华以勤勉朴质著称，实行“德智体三育并进”的教育思想，塑造学生的“全面人格”，其校训“自强不息，厚德载物”即为明证。由于是庚子赔款办学，师生普遍存在文化殖民主义的危机意识而具有强烈的爱国主义情结。胡伟希以“日神精神”来形容清华学术传统，古今中外融会贯通，同时格外强调“学术独立”，有“为学术而学术”的倾向，与现实保持一定的距离。

金克木先生以幽默的笔调比较了北大与清华的不同：“规规矩矩的学校是清华，门门功课一样紧，学完了总能出国，得了博士回来干什么都行。清华同学会有的是力量，本来是留美预备学校啊。”北京大学则是个特别的学校，“听说是蔡元培办出来的，叫做‘兼容并包’。这些大学的所有特点，北大全包了，要什么，有什么。愿意干哪样都行，都有机会，只看你自己，学校一概不管。求学也好，革命也好，拉关系做官也好，从事教育办中学当教员也好，考出国留学也好，混文凭也好。总之，不管真上学，假上学，北大都容得下。这叫做‘此北大之所以为北大也’”。[②]虽近于戏谑，但金克木先生讲得很有道理。王元化则从学术与政治的角度来比较北大与清华，并以王瑶先生为例子佐证：“清华从美国引进政治与学术分开

① 胡伟希：《清华学派的“日神精神”——兼论20世纪中国的学术类型》，《学术月刊》1998年第1期。

② 金克木：《孔乙己外传：小说集附评》，生活·读书·新知三联书店，2000年，第333页。

来的教育原则和治学态度，我认为直到今天仍具有重大意义”，“我十分向往过去北大的自由空气，但是在治学方面，我还是倾向于清华的那种自由思想和独立精神”。王瑶先生出身清华，到北大任教，但他“不认为自己是北大人，而是清华人。这话也含有对治学态度的看法”。[①]

北大、清华不同的校风和学术传统，在《独立时论》和《新路》两个群体中也反映出来。

《独立时论》是一松散的自由知识分子群体，他们缺乏共同主张和纲领的维系，仅仅是对时事作出个性化的判断和解析，即使是其核心成员之间的关系，也不能与《努力》或《独立评论》时期的胡适派学人群体相比较，而是充满了各种异质性。他们能够聚合起来，很大程度上是依靠胡适“奇理斯玛”式的人格魅力及其象征资本，是胡适已有人脉关系延续的结果。《新路》群体则不同。《新路》群体不但有共同的主张[②]，且其群体建构更多的是基于思想基础而非人脉关系，主要体现为两条学术脉络，一是清华学术传统，二是伦敦大学政治经济学院学术传统。

无论是《独立时论》群体还是《新路》群体，这些自由知识分子大都留学欧美。布尔迪厄将“文凭”作为知识分子认同的一种具有归属意义的归属空间[③]。近代知识分子为了获得更多的文化资本，努力考入名校或出国留学，归国后他们又形成了一个半封闭的交往共同体[④]。《独立时论》群体和《新路》群体即是如此。无论是在生活、教学或其他学术活动中，还是在欧美同学会、基金会、中央研究院等机构中，这两个群体的知识分

① 可参见李辉：《和老人聊天》，大象出版社，2003年，第151页。

② 可参见《新路》创刊号，1948年5月15日。

③ [法]布尔迪约、[法]帕斯隆：《再生产：一种教育系统理论的要点》，邢克超译，北京商务印书馆，2002年，第256页。

④ 许纪霖：《都市空间视野中的知识分子研究》，《天津社会科学》2004年第3期。

子都有着密切的交往[①]，尽管他们的政治背景和倾向有很大区别。有许多人同时参加了这两个群体（徐毓枬、蒋硕杰、陈振汉、王铁崖、吴景超、刘大中、楼邦彦七人），说明《独立时论》和《新路》这两个刊物在精神上有相通性。

但是，这种精神上的相通性仅仅是问题的一个方面，另一方面却是北大与清华的分化。其实，这种分化早在抗战末期即开始了，“一二·一”运动就是一次集中展示。“一二·一”运动结束以后，冯友兰写道：“联大在表面上平静无事了，其实它所受的内伤是很严重的，最严重的就是教授会从内部分裂了，它以后再不能在重大问题上有一致的态度和行动了。……就我个人说，我在这次运动中当了两派调和人的角色，……可是进步方面的人，认为我带头破坏运动。我很觉得灰心，觉得这种调和矛盾的角色很难当，本来想照顾两面，可是两面都不满意。”[②]复员回到北平后，北大与清华不但在建制上分离了，教授之间的裂痕也越来越大。

战后的北平自由知识分子，特点之一是普遍带上了政治色彩，更有不少的教授加入了政党组织。北大教授中，既有国民党员，也有各民主党派如民盟、九三学社社员，国民党员的教授占据着绝对的数量优势。在国民政府的官员中，也是以北大出身的人为多。因此，以北大教授为主体的《独立时论》群体，就呈现中间偏右的整体面相，其核心成员与政府有着千丝万缕的联系。

---

① 从《胡适的日记》、《潘光旦日记》、《梅贻琦日记》（黄延复、王小宁整理：《梅贻琦日记：1941—1946》，清华大学出版社，2001 年）和浦江清的《清华园日记》（浦江清：《清华园日记　西行日记》，生活·读书·新知三联书店，1984 年）中可以看出，清华、北大的这些留学欧美的自由知识分子通过聚餐、相互拜访、逛琉璃厂、书信等方式，始终保持着密切的私人交往，同时，还存在着公共事务如关于教育、刊物、学生运动等方面的公共交往。

② 蔡仲德：《冯友兰先生年谱初编》，河南人民出版社，2000 年，第 297—298 页。关于西南联大内部教授的分裂，还可参考杨奎松所作《国民党人在处置昆明学潮问题上的分歧》（《近代史研究》2004 年第 5 期）一文。

清华教师中，则以加入民盟的为多，如潘光旦、费孝通、吴晗、吴征镒、关世雄、范宁、屠守谔、王遵明等人，即使无党无派的知识分子，有许多也与民盟保持着密切的联系，如张奚若、袁伟长、朱自清等人。至于清华中的“党团势力”（即指国民党和三青团），浦江清认为：“清华比南京、上海的国立大学好得多，而且比北大也好些。平心而论，党团势力并不在清华肆无忌惮地发展，民主教授的言论，影响于学生大于党团势力。”①因此，《新路》群体与政府的关系比较疏离，与实业界关系密切，而在群体精神上，这一群体则呈现出自由主义的气质。

北大和清华教授的不同党派身份、《独立时论》群体和《新路》群体不同的政治态度，决定了随着时局的变化，战后北平自由知识分子不可避免地会加剧分化，这一点从胡适派学人的解体上可以清晰地展现出来。

在不同时期，钱端升、周炳琳、吴景超、张奚若、潘光旦等人都曾是胡适的追随者。但在战后，这些人与胡适都渐行渐远了。胡适在北大的两个干将周炳琳、钱端升都没有加入独立时论社，而是积极协助钱昌照筹办社经会，并成为《新路》群体中的重要成员。张奚若早年在中国公学补习英文时，胡适是他的老师，那个时候两人就相识，后与胡适同时在美国留学，来往十分密切。归国后，张奚若也成了胡适的追随者，1920 年代胡适把《努力周报》复刊的重任交给了张奚若，此后张奚若又成为《独立评论》派的重要成员。有人批评胡适亲美，张奚若演讲中公开声援胡适：“人家说胡适中了美国的毒，我也就仅次于胡适之了。”②但在战后，张奚若与胡适之间开始有了不能不回避的话题，那就是政治。1947 年 1 月，上海的《评论报》刊载了一篇对张奚若的专访，题目就是“不与胡适谈政治的张奚若教授”，张奚若说：“我与胡适先生的私人感情很好，但今日我们见了面

① 浦江清：《清华园日记　西行日记》，生活·读书·新知三联书店，1984 年，第 266 页。
② 张起钧：《儒林逸话》，台湾学海出版社，1982 年，第 177 页。

却尽可能避谈政治，以免影响感情。”[①]张奚若与胡适疏远了，却与吴晗走得越来越近。潘光旦与胡适被一帮朋友戏称“胡圣潘仙”，私交很好，在北平也时常见面，但在公共事务的看法上已经分道扬镳。1947 年 1 月，有学生拜访潘光旦，中间谈到胡适，潘说“和他私人感情很好，老朋友，现在是见面不谈国事”[②]。还有吴景超。吴景超是胡适颇为赏识的后辈，胡适是吴景超极力推崇并服膺的前辈，在很多事情上，吴景超都会征求胡适的意见。但是，从政府辞职归来的吴景超，思想上发生了剧烈变化。曾与吴景超共事经济部的李树青说，吴景超的从政经历是非常不愉快的，通过切身体验，吴景超看到了外面学者看不到的东西，对国民党也更加失望。这段经历，“对于吴先生在四十年代后期的决定行止的影响，笔者虽无事实依据，认为是相当重要的”。[③]在全面抗战爆发前夕，吴景超曾就参加政府工作、为国家效力的问题请教胡适，而当 1948 年胡适推荐吴景超去翁文灏内阁帮助处理金融危机时，吴景超却坚决不去。在政治问题上，吴景超与胡适的距离越来越远了。

自由知识分子之间的分化，随着国共战局的明朗化，朝着更深的方向进行。当国民党溃败、共产党胜利在望的时候，最后的抉择到来了。对某些自由知识分子而言，走还是留，都得做出自己的选择。

① 谢华：《不与胡适谈政治的张奚若教授》，《评论报》（上海）第 1 卷第 10 期，1947 年 1 月 11 日。

② 潘乃谷辑：《桃李思故园——回忆社会系、庆祝清华大学 80 周年校庆》，见潘乃穆等编：《中和位育——潘光旦百年诞辰纪念》，中国人民大学出版社，1999 年，第 225 页。

③ 李树青：《纪念杰出的社会学家吴景超先生》，《传记文学》（台北）第 64 卷第 1 期。

结　语

自1905年科举制度废除后，传统的“士”开始向近代知识分子转型。与“士”相比，近代知识分子无论是在社会身份与地位、知识来源与结构、生存空间与职业分布，还是在思想价值上都发生了巨大的变化。知识分子逐渐由偏远的乡镇向城市集中，生存空间的变化，将知识分子从一个自然静止的熟人社会带到一个变动不居的陌生人社会。费孝通先生说：“我们这些从乡土社会里生长大的人，不大习惯于在一个不熟悉的人群中间生活。我们讲得来的人总要是同乡、同学、同事，总有个同什么同什么的。”①正是因为他们来自不同的地域，有着不同的社会背景和文化背景，因此，他们特别需要公共交往，“通过各种各样的私人的和公共的交往，建构新的关系网络”，并在这样的关系网络中实现自我的认同。②

在这个转型过程中，传统的地缘、血缘以及私塾、书院衍生出的学统都曾经是知识分子实现自我认同的重要标准，特别是地缘因素，在民族国家的建构、城市的社会化以及以大学为核心的“知识人社会”形成的过程中发挥了重要的作用。美国学者顾德曼就通过对上海同乡会的研究，认为“旅居者社会中亚民族的同乡网络制度化，在反对帝国主义、民族国家建

① 费孝通：《从私交到公关》，潘乃穆等编：《中和位育——潘光旦百年诞辰纪念》，第318页。

② 许纪霖：《都市空间视野中的知识分子研究》，《天津社会科学》2004年第3期。

立和清末民初上海的社会民众动员等事业中起了构架作用”[①]，从而得出“同乡会成了民族国家序列的中心”[②]的结论。美国学者魏定熙和中国学者桑兵的研究则证明[③]，在北大学术社群的形成中，浙籍知识分子的地位和作用至关重要，而他们所揭示的浙籍教授与以胡适为代表的新派教授之间的矛盾和争斗，更能说明地缘因素对自由知识分子的交往起着非常关键的影响。

桑兵认为：“中国为人情社会，而且实际上地缘较血缘作用更大，同乡同学又是维系人情的重要纽带，这种感情因素往往制度化为社会组织功能。”[④]在“士”向知识分子转型的初期，地缘确实是最为重要的联系纽带。但是，随着知识分子流入城市并安居下来，他们与乡土的联系越来越弱，在城市中获得了崭新的知识空间，即学术社群和文化传媒。他们彼此认同的标准也逐渐从新的知识空间中产生，于是，由大学（包括与大学关系密切的各种学术社团、基金会等）衍生出来的同学、师生、校友、同事、同研[⑤]、教育背景等各种因素变得越来越重要，而地缘、血缘因素则逐渐淡出。章清先生在分析《独立评论》群体形成的时候，就着重指出了教育背景的重要性[⑥]。同时，知识分子的演生与城市化是一个共时性的过程，特别是对于上海这样社会组织程度较高的城市而言，由各种社会团体衍生出来的关

---

① [美]顾德曼：《家乡、城市和国家——上海的地缘网络与认同，1853－1937》，宋钻友译，周育民校，上海古籍出版社，2004 年，第 229 页。

② [美]顾德曼：《家乡、城市和国家——上海的地缘网络与认同，1853－1937》，第 214 页。

③ 可参见[美]魏定熙：《北京大学与中国政治文化》，金安平译，北京大学出版社，1998 年；桑兵：《近代中国学术的地缘与流派》，《历史研究》1999 年第 3 期。

④ 桑兵：《近代中国学术的地缘与流派》，《历史研究》1999 年第 3 期。

⑤ 即指从事相同学科的学术研究。

⑥ 章清在分析《独立评论》群体时说：“他们差不多都有相似的教育背景，先是在国内清华学校或北京大学等著名学校接受教育，然后留学欧美获得博士、硕士学位，归国以后则在中国学术重镇占据重要位置，其声名之显赫往往表现在他们对为数不多的基金会的控制上。”章清：《“胡适派学人群”与现代中国自由主义》，第 92 页。

系，如同业、同界等也逐渐成为知识分子聚合的联结纽带[①]，救国会的成立就是一个典型的例子。

就本书而言，无论是《观察》《时与文》《独立时论》还是《新路》，在其群体建构过程中，大学均扮演了极为重要的角色，地缘的作用已经隐没不彰，内嵌在他们进入《观察》《时与文》等群体之前的关系网络中。如《观察》群体与伦敦大学政治经济学院，《时与文》群体与西南联大、复旦大学，《独立时论》群体与北京大学、哥伦比亚大学、哈佛大学，《新路》群体与清华大学及伦敦大学政治经济学院。许纪霖先生通过研究指出，“不管如何，学校的出身在都市公共关系网络中是知识分子实现自我认同、相互认肯的第一层空间关系”。[②]

值得注意的是，通过学校出身聚集而形成的自由知识分子群体，其形成过程自身即已呈现出知识分子演生史的清晰脉络。比如，同处于北平“知识人社会”的《独立时论》与《新路》，尽管彼此成员有交叉（如吴景超、徐毓枏、蒋硕杰、陈振汉、王铁崖、吴恩裕、楼邦彦七人），但是，作为核心联结纽带的北京大学与清华大学是两个不同的学术社群，无论是校风、学风还是社会文化网络，二者的差别都不可小觑。从留学背景而言，《独立时论》多为留美知识分子，《新路》则大多是留英知识分子，不同的教育背景意味彼此的知识来源、知识结构的不同，也就难免产生学术上及思想上的分歧，比如费孝通就说过美国学术不如欧洲的话。[③]比如吴景超、徐毓枏、王铁崖、吴恩裕、楼邦彦五人，虽然同属于《独立时论》与《新路》群体，但毕竟在学术人际脉络上属于清华一系，最后从《独立时论》群体

① 可参见章清：《省界、业界与阶级：近代中国集团力量的兴起及其难局》，《中国社会科学》2003年第2期等。

② 许纪霖：《都市空间视野中的知识分子研究》，《天津社会科学》2004年第3期。

③ 费孝通：《芳草天涯》，苏州大学出版社，2005年，第15—16页。关于留欧留美的差别，还可参见刘晓琴：《中国近代留英教育史》，第355页。

中疏离出来，做出了与《新路》群体同样的政治选择。再比如以留英知识分子为主体的《观察》群体，因为潘光旦及伦敦大学政治经济学院这两层关系，相比于北大，储安平与清华的教授要亲近得多[①]。

《时与文》群体的形成过程则从另一方面揭示了知识分子的发展脉络。《时与文》群体的创刊，得益于西南联大这一关系纽带，但群体的形成过程，则内化于上海社会结构的变迁中，独具特色。上海是一个民间社会发达的城市，《时与文》群体成员大多从事民主运动，生活、工作都不稳定，时常在社会的各种机构、团体中流动，也就从中产生出各种各样的社会联系。因此，《时与文》群体的形成过程中，不仅仅是大学，就连社会团体、政党组织、新闻出版机构都扮演了重要的角色。

但是，学校（教育）出身仅仅是知识分子实现认同的第一层空间关系。是校友未必一定能走到一起，同属于某个社会团体也未必就一定能再次聚合在另外一个群体中。知识分子群体的形成还有除此之外的第二层空间关系，即意识形态空间网络[②]。这两层空间关系密切相连。

虽然近代知识分子在文化、思想上并没有一致的认同基础，按张灏先生的话来说，他们缺乏"文化认同"[③]，但这些自由知识分子群体均以"大学"为身份认同标准聚集起来，学校出身不仅仅是种名分，更重要的是名分之中的内涵，它包括了价值观念及其来源、知识构成、思维方式以及生活习性、

① 潘光旦是储安平光华大学读书时期的老师，与储安平同样留学伦敦大学政治经济学院的费孝通、楼邦彦、吴恩裕等人均出身清华，因此，储安平与清华教授们格外亲近。而作为老师的潘光旦，也将储安平当作学生对待。比如 1947 年 7 月，储安平到北平，曾亲自拜望胡适、许德珩、潘光旦等《观察》撰稿人。清华方面的潘光旦、费孝通、雷海宗、吴泽霖、吴景超等人分别作东，款待储安平，潘光旦又与费孝通帮助储安平为《观察》设计民意测验题。在日记中，潘光旦详细记录了储安平的行踪，而在同时期的胡适日记中，则不见储安平曾来拜访的记录。可参见潘光旦著，潘乃穆、潘乃和编：《潘光旦文集》（11），第 276－278 页。

② 许纪霖：《都市空间视野中的知识分子研究》，《天津社会科学》2004 年第 3 期。

③ 张灏：《转型时代在中国近代思想史和文化史上的重要性》，《张灏自选集》，第 114－125 页。

历史记忆等多项内容[①]。学校出身相同或相似的知识分子，尤其是具有留学背景的知识分子，很容易就能实现彼此认同与群聚，并产生较为明显的思想主张。比如《观察》对社会主义充满好感，也不排斥计划经济，要求政治民主与经济民主并重，向往英国工党式的民主政治；在对外关系上虽批评苏联的不民主，但对其取得的经济成就则交口称赞。《时与文》群体以施复亮和张东荪为代表提出了“中间派的政治路线”，宣扬新民主主义的政治、新资本主义的经济及“兼亲美苏”“调和国共”的主张，并大力挞伐美国的帝国主义政策，对苏联充满好感；他们极力赞扬东欧式的社会主义民主政治，要求在中国进行实践。《独立时论》群体主张的民主模式则是美国式的，对经济民主虽不反对，但更重视政治民主和自由，认为没有政治上的自由民主，经济上的民主亦将失去；他们普遍对美国抱有美好的意愿，对苏联却极力批判，尤以胡适、崔书琴、王聿修为最。《新路》群体也要求政治民主与经济民主，但吴景超、蒋硕杰等人反对实行计划经济，认为社会主义可以和计划分开而与市场联姻；在美苏问题上，他们对美国的批评越来越严厉，虽对苏联亦多所指摘，但对其经济上的成绩表示钦佩。

然而，在国共斗争的独特历史时空下，四个群体之间思想上的分歧并不能总是通过自由辩论来呈现，而是随着时局的恶化渐渐演变成政治上的矛盾和冲突。他们的思想价值观念、社会政治主张等意识形态要素，因缺乏落地生根的土壤与机遇，一直处于悬浮状态，当政治日益渗透进日常生活事务、公共交往领域与私下往来空间的时候，一切都染上了政治的色彩，

---

① 这些因素或可称为“惯习”，“它是某个共同体成员在长期的共同社会实践中所形成的高度一致、相当稳定的品味、信仰和习惯的总和，是特定共同体的集体认同和身份徽记，也是其内部整合和区别于其他共同体的最重要标志”。参见许纪霖：《都市空间视野中的知识分子研究》，《天津社会科学》2004 年第 3 期；[法]布迪厄、[美]华康德：《实践与反思——反思社会学导引》，李猛、李康译，中央编译出版社，1998 年，第 131－186 页；[法]朋尼维兹：《布迪厄社会学的第一课》，孙智绮译，台湾麦田出版公司，2002 年，第 72－87 页。

意识形态上的差异就很自然地转化成政治上的不同乃至对立。知识分子群体的分化必然带来知识分子群体的重组，而政治方面的因素就逐渐成为一个重要的认同标准。

例如，在抗战全面爆发后，各高校进行大迁徙，自由知识分子原有的关系网络随着人员流动被打散。如在全面抗战初期的昆明，随着学术机关、文化团体的南迁，聚集了形形色色的知识分子，他们都脱离了原来的空间网络关系，只有找到或培育出大家都接受的认同标准才能实现相互之间的融合。在中共中央南方局特派员华岗和民盟的安排下，成立了以昆明大学教授为主要成员的“西南文化研究会”，通过座谈、讨论、协商、争辩，消除了成见，加深了了解，“本地人与外来人的隔阂也逐渐消除，学者中‘洋’教授与‘土’教授间的歧见，学者教授对文化人、对政治活动者的偏见等等，在抗日救亡、争取民主进步的大旗下，共同携手前进，使当时矛盾分裂的各个方面都团结了起来”。[①] 通过这个组织，来自各处的不同类型的知识分子逐渐建立起崭新的认同准则，即政治上的觉悟或者政治态度。因为政治立场和态度的相近，西南文化研究会的很多成员都参加了民盟。

同时应该注意到，党派类型的关系网络建构的基础仍然是学校出身、业缘、地缘等这些因素，正如费孝通所分析的：“我们那时的知识分子间的社会关系并不是从政治上开始结合的。师生、同学、同乡等等常是他们类聚的基础。政治的觉悟导致原有的朋友之间分出亲疏；有些谈得拢，有些谈不拢了。有些信得过，有些信不过了”，“以我自己说，潘光旦先生是我的老师，在我进清华以前就熟识的。这个师生关系是我接受政治启蒙的基本社会关系。闻一多先生是潘先生的同学和经常来往的朋友。吴晗同志是我的老同学，但也是由于他是个常到潘先生家去的朋友所以特别熟，昵称

---

① 麻星甫：《楚图南传略》，麻星甫编：《一生心事问梅花：楚图南诞辰百周年纪念文集》，朝华出版社，1999 年，第 286—288 页。

老晗。从许多老师和同学中逐渐突出这几个人，那就是和民盟组织关系的升始”。[①]因此，民建的会员大多为工商银行界人士和研究经济学的知识分子，民进成员则多是新闻出版界人士，而九三学社中科技工作者比较多。

随着国共斗争的加剧，在知识分子的交往中，政治态度这个新的认同标准越来越重要，比如《独立时论》群体与《时与文》群体的形成，都与政党组织存在着密切的关系，即使无党无派人士也普遍政治化了。战后知识分子的政治化与分化，其间也隐藏着中国近代知识分子演生的内在规律，即以知识为基础的社会文化网络作用机制。比如，全面抗战前曾为“胡适派学人群”成员且出身清华的罗隆基、潘光旦、吴泽霖、吴景超、钱端升、吴晗等人，在抗战胜利后的政治选择上，均与胡适分道扬镳。尽管张奚若、潘光旦都说与胡适在私下仍是朋友，但在公共事务的见解和主张上，已经谈不拢了，既然谈不拢，也就无话可说了。没有了公共交往上认同的标准，无论私人交往多么密切，他们始终无法走到一起，也就无法群聚到一个团体中去。而因为留学背景上的相似、相同，《观察》群体的核心成员、主体力量作出了与《新路》知识分子同样的政治选择。

况且，在战后这个非常态的中国社会中，所谓的政治并不仅仅是争取自由、民主，而是随着战局的恶化演变成为生存问题。北京大学的一个办事员说得形象：“从前我对‘罢工’这个名词怕得很，以为罢工就必带政治色彩，现在我明白啦，政治也不是什么玄妙的玩意儿，什么是政治，窝头就是政治，为了吃饭还怕什么，不然就要饿死，我们要罢，罢，罢！”[②]

其实，自全面抗战以来，大学教授们的生活就一步步贫困化，费孝通回忆说：“我们穷得要命。我为什么写文章？家里面米不够了。我是摆摊头写文章。云南大学下面有个茶馆店，我就坐在那儿，这不是摆摊头吗，

① 可参见费孝通：《政治上的启蒙》，《我与民盟——中国民主同盟成立50周年纪念文集》，第10页。

② 《北大半月刊》第三期，1948年4月16日。

他们都到那儿来找我要文章，当天拿去，第二天报纸就出了。”[①]抗战胜利后，他们的生活不但未能改善，反而因为内战的关系进一步恶化，几至“三餐不给，儿女啼饥号寒”，甚至“有的弄到神经失常，以至于疯狂，有的服毒，有的跳楼自杀”。[②]为了增加收入，他们不得不多兼课，还要靠卖文赚钱填补点生活费用。程应镠最多的时候，每周上30节课，“在三所大学、两所中学任教。剩下来的时间，还要在几个刊物上发表议论”。[③]张申府在回忆起给《观察》写《呼吁和平》一文时说：“我写这篇文章，赚了三千元，您要知道，当时这是一笔不少的收入。教授们那时都断粮断饷，吃饭是一个问题。”[④]

日益恶化的经济状况逐渐侵蚀着自由知识分子的力量基础。由于经费不足、设备荒废，各大学的科学研究都处于停滞状态，大学教师在生活的重压下，也无法专心从事学术研究。学生运动风起云涌，联绵不断，“上课反成了罢课间的休息了，故名之曰‘休罢’”。[⑤]为了生存，大学教师们不断地发出呼吁，要求政府调整工资，讲助员工甚至进行了罢教、罢工，在这样的情况下，正常的教育秩序都难以维持。也难怪胡适心灰意懒，慨叹“这样的校长真不值得做”[⑥]了。

由内战引起的经济恶化，对新闻出版业也造成了沉重的打击。正如本书中所分析的，《观察》的出版发行业务因读者阶层的普遍贫困化，非但不能扩大销路，连刊物的投邮工作都因战争受到极大破坏。随着在战场上

---

① 陈群记录，朱学勤订正：《费孝通先生访谈录》，《南方周末》2005年4月28日。

② 《北大、清华讲助员工联合会等为争取合理待遇告社会人士书》，《胡适来往书信选》（下），第372页。

③ 程应镠：《程应镠自述》，高增德、丁东编：《世纪学人自述》第五卷，北京十月文艺出版社，2000年，第319页。

④ [美]舒衡哲：《张申府访谈录》，第220页。

⑤ 罗荣渠：《北大岁月・日记》，《罗荣渠文集》之四，第283页。

⑥ 曹伯言整理：《胡适日记全编》（7），第278页。

的失利，国民党对国统区的新闻封锁也变本加厉起来。《观察》《时与文》《新路》等杂志屡屡受到当局的停刊处分，在1947年5月20日一天之内就有上海三家进步报刊《文汇报》《联合晚报》《新民报》同时被勒令永久停刊。《观察》《时与文》与《新路》也于1948年先后遭到了永久停刊的处分。

由战争引发的政治、经济危机，对自由知识分子造成了巨大的伤害，他们所赖以生产力量的社会制度性媒介——大学、新闻出版机构及会（社）都在逐渐地丧失原来的力量，因此，他们依靠这些社会组织所建构起来的关系随时面临着崩溃的可能。更为严重的是，知识分子政治上的分歧与冲突，也在朝着更深更广的方向进行。比如，教授要求提高工资待遇而罢教，毛子水对此就很不以为然。他认为，教师是种神圣的事业，工资不够用，尽可以与政府商量，动辄以罢教相威胁实在有失身份；而且，教师是接受国家的聘请而教书，他们与政府应当是甘苦与共的关系。因此，当有学生征求毛子水对讲助员工罢教的意见时，他明确地说："我不赞成。"[①]支持国民党及其政府的《独立时论》核心成员，如胡适、崔书琴、张佛泉、毛子水、王聿修、汪敬熙、姚从吾、陈雪屏、燕树棠等人从未在此类宣言上签过名。张东荪则认为"时局严重已超过了说话的阶段"，"向现实的当局说话……自政协破坏以后久已不做此想"。[②]也就是说，现政府不是一个可以与之对话的政府，不罢教就意味被剥夺生存的权利。因政治立场与政治态度的不同，《独立时论》群体中的边缘人物不断从中疏离出来，逐渐与许德珩等民主教授群靠近，甚至有的加入了民主教授的行列，从而与胡适等人分道扬镳。

在抗战胜利后的几年中，自由知识分子的参政热情一直保持着高涨的

① 毛子水：《关于罢教和要钱》，《周论》（北平）第1卷第19期，1948年5月21日。

② 张东荪：《增产与革命》，《观察》第4卷第23、24合期，1948年8月7日。

态势。无论是《观察》提出的“中国需要重建权威”，还是《时与文》主张的“中间路线”，或者是胡适宣扬的“学术独立的十年计划”，《新路》开列的三十二条主张，都是做着同一种努力，即在国共之外试图塑造一种能够与国共抗衡的势力，壮大民间社会，重建中国的社会重心，由这个“社会重心”引导中国走上自由、民主的正常发展轨道上来。他们认为，这个责任只能由国共之外的人士来承担。这是历史赋予他们的神圣使命。无论是哪个群体，都意识到了当前自由知识分子联合起来的重要性和紧迫性，只有联合起来，才能壮大力量。

然而，这个愿望始终未能实现，反而朝着相反的方向发展。由于自由知识分子的普遍政治化，他们之间的分化越来越严重。而随着战争引发的经济危机，他们的生存日益受到威胁，“教授教授，越教越瘦”，“自救唯恐不及，哪里还能‘救国’？”[①]生存的压力，不但使他们没有能力去担当起“历史使命”，反而由此加剧了彼此之间政治上的对立，从而出现了一个恶性循环。战争终于掏空了自由知识分子的所有力量，而政治化又促使他们更加分化甚至对立。如此，自由知识分子“重建社会重心”的努力终于化为泡影，在历史的河流上空一吹而散了，尽管它曾那么绚烂夺目、动人心弦。

① 谢立惠：《中国科学工作者协会的建立和发展》，九三学社中央研究室编：《中国科学家回忆录》第一辑，光明日报出版社，1988 年，第 240 页。

附　　表

附表1　《观察》撰稿人

作者	籍贯	生年	国内教育	留学国家	专业	任　职
储安平	江苏宜兴	1909	光华大学	英国	政治学	复旦大学政治系
伍启元	广东台山	1912	沪江大学	英国	经济学	英国某大学任教
吴世昌	浙江宁海	1908	燕京大学	英国①	文学	中央大学中文系
陈维稷	安徽青阳	1902	复旦大学	英国	纺织学	交通大学纺织系主任
笪移今	江苏句容	1909			经济学	立信会计专科学校、上海银行经济研究专员
杨人楩	湖南醴陵	1903	北京师大	英国	历史学	北京大学史学系
吴恩裕	辽宁沈阳	1909	清华大学	英国	政治思想史	北京大学政治学系
楼邦彦	浙江鄞县	1912	清华大学	英国	法学	北京大学政治学系
费孝通	江苏吴江	1910	清华大学	英国	社会学	清华大学社会学系
钱清廉				英国	法学	中央干部学校
钱歌川	湖南湘潭	1903	东京高师	英国	文学	台湾大学②
鲍觉民	安徽巢县	1909	中央大学	英国	经济地理	南开大学

① 1948年初应英国文化工作委员会邀请赴英讲学，1955年返国。

② 1946年7月，钱歌川辞东吴、沪江、之江联合大学训导长之职；夏，应朱世明邀出任中国驻日代表团专门委员；不久工作完成返国出任教育部学术审查委员会专门委员；8月，赴台任台湾大学文学院外文系教授，后兼文学院院长。

（续表）

作者	籍贯	生年	国内教育	留学国家	专业	任　职
戴文赛	福建漳州	1911	福州协和	英国	天文学	燕京大学
戴镏龄	江苏镇江	1913		英国	外国文学	武汉大学
萧　乾	北京市	1910	燕京大学	英国	文学	复旦大学新闻系
钱锺书	江苏无锡	1910	清华大学	英国	文学	国立编译馆、暨南大学
杨　绛	江苏无锡	1911	清华大学	英国	文学	震旦女子文理学院
黄正铭	浙江海宁	1903	东南大学	英国	法学	中央大学政治系
张印堂	山东泰安	1902	燕京大学	英国	地理学	清华大学地学系主任
夏炎德	上海市	1911	暨南大学	英国	经济学	复旦大学经济学系
李浩培	上海市	1906	东吴大学	英国	国际法	武汉大学法律系
卞之琳	江苏海门	1910	北京大学	英国	文学	南开大学
韩德培	江苏如皋	1911	中央大学	美国、加拿大	法学	武汉大学法律系主任
陈衡哲	湖南衡山	1893	清华学校	美国	历史学	
任鸿隽	浙江吴兴	1886	中国公学	日本、美国	化学	
戴世光	天津市	1908	清华大学	美国	统计学	清华大学经济系
潘光旦	江苏宝山	1899	清华学校	美国	社会学	清华大学社会学系主任
雷海宗	河北永清	1902	清华学校	美国	历史学	清华大学历史系主任
吴泽霖	江苏常熟	1898	清华学校	美国	社会学	清华大学人类学系主任
冯友兰	河南唐河	1895	北京大学	美国	哲学	清华大学文学院院长
李广田	山东邹平	1906	北京大学		文学	清华大学中文系
王讯中						清华大学
钱端升	上海市	1900	清华学校	美国	政治学	北京大学政治学系
曾昭抡	湖南湘乡	1899	清华学校	美国	化学	北京大学化学系主任
许德珩	江西九江	1890	北京大学	法国	政治学	北京大学政治学系
季羡林	山东临清	1911	清华大学	德国	语言学	北京大学东语系主任
陈友松	湖北京山	1899		美国	教育学	北京大学教育学系
冯　至	河北涿州	1905	北京大学	德国	文学	北京大学西语系
杨西孟	四川江津	1900	北京大学	美国	经济学	北京大学经济学系
胡　适	安徽绩溪	1891	中国公学	美国	哲学	北京大学校长

（续表）

作者	籍贯	生年	国内教育	留学国家	专业	任　职
高觉敷	浙江温州	1896	香港大学		心理学	国立编译馆、金陵大学
章靳以	天津市	1909	复旦大学		文学	复旦大学
曹　禺	天津市	1910	清华大学		戏剧	戏剧学校
傅　雷	上海南汇	1908	持志大学	法国	文学	
刘大杰	湖南岳阳	1904	武昌高师	日本	文学	暨南大学
马寅初	浙江绍兴	1882	北洋大学	美国	经济学	中华工商专科学校
赵家璧	江苏松江	1908	光华大学		编辑	晨光出版公司总经理
赵超构	浙江瑞安	1910	中国公学		新闻	上海《新民报》总编辑
杨　刚	湖北沔阳	1905	燕京大学	美国	新闻	《大公报》驻美特派员
王芸生	天津静海	1901			新闻	《大公报》总主笔
许君远	河北安国	1905	北京大学		新闻	《大公报》编辑部主任
徐　盈	山东德州	1912	金陵大学		新闻	《大公报》平津特派员
李纯青	台湾台北	1908	中央政校	日本	新闻	《大公报》社论委员
吕　复	河北涿鹿	1887		日本	社会学	中央大学
沈有乾	江苏吴县	1899	清华学校	美国	哲学	
沙学浚	江苏泰州	1907	中央大学	德国	地理学	中央大学
周子亚	浙江杭州	1911	中英大学	德国	政治学	浙江大学法学院
周东郊	浙江绍兴	1907	东北大学		历史学	
宗白华	江苏常熟	1897	同济大学	德国	美学	中央大学
柳无忌	江苏吴江	1907	清华学校	美国	外国文学	中央大学外文系主任
陈瘦竹	江苏无锡	1909	武汉大学		戏剧	国立戏剧专科学校
萧公权	江西泰和	1897	清华学校	美国	政治学	国立政治大学
傅斯年	山东聊城	1896	北京大学	英德	历史学	中研院历史语言研究所所长
梁实秋	北京市	1902	清华学校	美国	文学	燕京大学
胡先骕	江西新建	1894	京师大学	美国	植物学	静生生物调查所所长
张东荪	浙江杭州	1886		日本	哲学	燕京大学

（续表）

作者	籍贯	生年	国内教育	留学国家	专业	任 职
王赣愚	福建福州	1906	清华大学	美国	政治学	南开大学政治系
何永佶	广东番禺	1902	清华学校	美国	政治学	中央政治学校
蔡维藩	江苏南京	1898	金陵大学	美国	世界史	昆明师范学院
张沅长	上海市	1905	复旦大学	美国	文学	
孙克宽						国民政府内政部参事
张忠绂	湖北武昌	1901	清华学校	美国	政治学	
叶公超	广东番禺	1904	南开中学	英国、美国	外国文学	国民政府外交部参事
钱能欣	浙江湖州	1917	北京大学	法国	国际问题	中国驻法大使馆秘书
陈之迈	广东番禺	1908	清华大学	美国	政治学	中国驻美大使馆参事
顾翊群	江苏淮安	1900	北京大学	美国	经济学	国际基金银行执行理事
郭有守	四川资中	1901	北京大学	法国	经济学	联合国教科文委员会委员
程希孟	江西南城	1901	北京高师	美国、英国	经济学	中国驻联合国代表团顾问
张德昌	河南林县	1907	清华大学	英国	经济史	国民政府某部门

附表 2 《客观》作者群

姓名	籍贯	生年	国内教育	留学国家	专 业
储安平	江苏宜兴	1909	光华大学	英国	政治学
吴世昌	浙江宁海	1908	燕京大学	英国	文学
陈维稷	安徽青阳	1902	复旦大学	英国	纺织
张德昌	河南林县	1907	清华大学	美国、英国	经济史
钱清廉				英国	法律
聂绀弩	北京京山	1903	黄埔军校二期	苏联	作家
笪移今	江苏句容	1909			经济学

（续表）

姓名	籍贯	生年	国内教育	留学国家	专　业
吴恩裕	辽宁沈阳	1909	清华大学	英国	政治思想史
伍启元	广东台山	1912	沪江大学	英国	经济学
杨人楩	湖南醴陵	1903	北京师大	英国	历史学
高觉敷	浙江温州	1896	香港大学		心理学
周子亚	浙江杭州	1911	中英大学	德国	政治学
戴文赛	福建漳州	1911	福州协和大学	英国	天文学
戴镏龄	江苏镇江	1913		英国	外国文学
徐　盈	山东德州	1912	金陵大学		新闻
宗白华	江苏常熟	1897	同济大学	德国	美学
陈瘦竹	江苏无锡	1909	武汉大学		戏剧
李慕白	浙江海宁	1913			书画家
钱　蘋			中山大学		教育学
陈衡哲	湖南衡山	1893	清华学校	美国	文学
任鸿隽	浙江吴兴	1886	中国公学	日本、美国	
潘光旦	江苏宝山	1899	清华学校	美国	社会学
李浩培	上海市	1906	东吴大学	英国	国际法
陈友松	湖北京山	1899		美国	教育学
冯　至	河北涿州	1905	北京大学	德国	文学
萧公权	江西泰和	1897	清华学校	美国	政治学
张东荪	浙江杭州	1886		日本	哲学
吕　复	河北涿鹿	1887		日本	社会学
郭有守	四川资中	1901	北京大学	法国	经济学
林焕平	广大台山	1911	暨南大学	日本	文学

附表 3 《时与文》作者群

作者	籍贯	生年	国内教育	留学国家	专业	任 职	备 注
程博洪（程程）	湖南醴陵	1917	西南联大		政治学	复旦大学政治系	国民党员、《时与文》主编、发行人
汤德明	湖南华容	1916	西南联大		经济学	立信会计专科学校	大教联、国民党员、中共地下党员、《时与文》编辑
周天行	上海市	1915	西南联大		经济学	康宁书店上海办事处主任	中共党员、《时与文》编辑
周谷城	湖南益阳	1898	北京高师		历史学	复旦大学历史系主任	大教联干事、民盟
施复亮	浙江金华	1899	杭州一师	日本	经济史		中共经历、民盟、民建常务理事、民建机关刊物《平民》编委
伍丹戈	江苏常州	1912	光华大学		经济学	复旦大学经济系	民盟、民建、有社联经历、《时与文》社务委员
张明养	浙江海宁	1906	复旦大学		国际问题	复旦大学政治系	大教联、中共经历、《文摘》编委、中国工业经济研究所特约研究员
周伯棣	浙江余姚	1901	大阪商科大学	日本	经济学	复旦大学银行系主任	大教联
漆琪生	四川江津	1904	京都帝国大学	日本	经济学	复旦大学经济系主任	大教联、中共经历、民建
蔡尚思	福建德化	1905	北京大学		历史学	沪江大学历史系	大教联发起人、中苏文化协会会员、民进
徐中玉	江苏江阴	1915	中山大学		文学	沪江大学中文系	大教联、民盟
林焕平	广东台山	1911	暨南大学	日本	文学	大夏大学、《文汇报》社委员	曾有中共和左联经历
陈旭麓	湖南双峰	1918	大夏大学		历史学	大夏大学历史系	大教联

（续表）

作者	籍贯	生年	国内教育	留学国家	专业	任　职	备　注
翦伯赞	湖南桃源	1898	武昌商校	美国	历史学	大夏大学历史系	大教联、中共党员、中苏文化协会会员
吴　泽	江苏常州	1913	中国大学		历史学	大夏大学历史系主任	大教联、中共党员
石啸冲	辽宁辽阳	1908	北京大学	德国	政治学	大夏大学	民盟
许　杰	浙江天台	1901	浙江五师		文学	东吴大学	大教联、中共党员、民盟
郑伯奇	陕西长安	1895	震旦大学	日本	文学	陕西省立师范专科学校	中共党员
孟宪章	湖北均县	1895	北京高师	日本	经济学	上海民治新专	大教联、民盟、九三学社
楚图南	云南文山	1899	北京高师			上海法学院	大教联、中共经历、民盟
郭森麒	福建福州	1917	西南联大		经济学	立信会计、大夏大学	大教联
流金（程应镠）	江西新建	1916	西南联大		历史学	上海法政学院、光华大学	大教联、民盟
夏康农	湖北鄂城	1903	北京高师	法国	动物学	上海幼师	大教联干事、民盟
杨　晦	辽宁辽阳	1899	北京大学		作家	上海幼师	大教联
钱实甫	湖南常德	1909	北平大学		历史学	同济大学	大教联
沈炼之	浙江永嘉	1904	北京高师	法国	历史学	暨南大学	大教联、民盟
冯　契	浙江诸暨	1915	清华大学		哲学	同济大学	大教联、中共党员
宦乡（范承祥）	贵州遵义	1909	上海交大	日英	国际问题专家	《文汇报》副主笔	中共党员、中国工业经济研究所特约研究员
林沧白（钦本立）	浙江长兴	1918	朝阳学院		经济学	《商务日报》编辑	中共党员
臧克家	山东诸城	1905	山东大学		诗人	《侨声报》副刊编辑、《文萃》编辑	

（续表）

作者	籍贯	生年	国内教育	留学国家	专业	任 职	备 注
吴清友							
沈志远	浙江萧山	1902	苏联中央大学	苏联	经济学	达德学院	中共经历、民盟
周建人	浙江绍兴	1888	会稽学堂		生物学	生活书店、新知书店编辑	民进、大教联
杨卫玉	上海嘉定	1888	上海理科专校				民建常务理事、“职教社”成员
马叙伦	浙江杭州	1885		日本	教育家		民进常务理事
沈钧儒	浙江嘉兴	1875	东京法政大学	日本	法学	上海法学院	民盟
张西曼	湖南长沙	1895	京师大学堂	俄国			民盟、民进、中苏文化协会常务理事
樊 弘	四川江津	1900	北京大学	英国	经济学	北京大学	
吴 晗	浙江义乌	1909	清华大学		历史学	清华大学	民盟
张东荪	浙江钱塘	1886	东京帝国大学	日本	哲学	燕京大学	中共经历、民盟
曾昭抡	湖南湘乡	1899	清华学校	美国	化学	北京大学	民盟
王亚南	湖北黄冈	1901	中华大学	日本、德国	经济学	厦门大学	
郭大力	江西南康	1905	大夏大学		经济学	厦门大学	

附表 4 “大教联”全部会员名单①

姓名	任职单位	备注	姓名	任职单位	备注
沈体兰	圣约翰大学	干事兼召集人	张志让	复旦大学、光华大学	干事兼会计
李正文	大夏大学、立信会计、中华工商	干事兼秘书	蔡尚思	沪江大学	干事

① 根据蔡尚思《上海大教联与信史实录》[《复旦学报（社会科学版）》1984 年第 2 期]一文整理。

（续表）

姓名	任职单位	备注	姓名	任职单位	备注
曹未风	光华大学	干事	潘震亚	复旦大学	干事
郑太朴	中华工商	干事	孙大雨	复旦大学	干事
彭文应	上海法学院	干事	漆琪生	复旦大学	会员
邱汉生	复旦大学、大夏大学	会员	周伯棣	复旦大学	会员
余遂辛	复旦大学	会员	周予同	复旦大学	会员
张明养	复旦大学	会员	林举岱	复旦大学	会员
洪　深	复旦大学	会员	陈仁炳	复旦大学	会员
顾仲彝	复旦大学	会员	方令孺	复旦大学	会员
翦伯赞	大夏大学	会员	王国秀	大夏大学	会员
沈嗣庄	中华工商	会员	章靳以	复旦大学	会员
叶圣陶	中华工商	会员	周谷城	复旦大学	会员
方光焘	暨南大学、中山大学	会员	焦敏之	上海法学院	会员
陈望道	复旦大学	会员	张光业		会员
杨　晦	上海幼师	会员	曹　杰	东吴大学	会员
周熙良	武汉大学	会员	许　杰	东吴大学	会员
陈仁炳	圣约翰大学	会员	胡厚宣	复旦大学	会员
盛澄华	复旦大学、清华大学	会员	钱崇澍	复旦大学	会员
赵宋庆	复旦大学	会员	张孟闻	复旦大学	会员
吴　泽	大夏大学	会员	陈　逵	暨南大学	会员
刘佛年	暨南大学	会员	章乃器		会员
朱锦江	复旦大学	会员	赵纪彬	东吴大学、山东大学	会员
吴文祺	暨南大学	会员	马寅初	中华工商	会员
杜守素	中华工商	会员	张定夫	复旦大学	会员
马宗融	复旦大学、台湾大学	会员	张泽瀛	交通大学	会员
蔡　仪	大夏大学、杭州艺专	会员	夏康农	上海幼师	会员
郭绍虞	同济大学	会员	楚图南	上海法学院	会员
胡梅郇	暨南大学	会员	盛叙功	复旦大学	会员
卢于道	复旦大学	会员	张文郁	上海幼师	会员

（续表）

姓名	任职单位	备注	姓名	任职单位	备注
戴望舒	上海市立师专	会员	吴逸民	麦伦中学	会员
潘世兹	圣约翰大学	会员	王师复	复旦大学、台湾大学	会员
胡文淑	复旦大学	会员	彭信威	复旦大学	会员
陈子展	复旦大学	会员	萧子风	暨南大学、云南大学	会员
王以中	复旦大学	会员	林穆光	圣约翰大学	会员
吴　天	戏剧专校	会员	刘　笃	同济大学	会员
萧　乾	复旦大学	会员	董每戡	戏剧专校	会员
程应镠	政法学院、上海市立师专	会员	陈旭麓	大夏大学	会员
陈四维	中华工商	会员	杨　烈	同济大学、中华工商	会员
陈文彬	暨南大学	会员	朱伯康	复旦大学	会员
汤德明	立信会计	会员	郭森麒	立信会计	会员
赵书文	复旦大学	会员	林志纯	大夏大学	会员
陈守实	复旦大学	会员	许幸之	戏剧专校	会员
薛葆鼎	光华大学、交通大学	会员	浦寿海		会员
范云迁	苏社教	会员	胡曲园	复旦大学	会员
穆木天	同济大学	会员	郑权中	复旦大学	会员
杨村彬	戏剧专校	会员	郑建国	沪江大学	会员
勾适生	大夏大学	会员	章洪楣	暨南大学	会员
杨一之	同济大学	会员			
以上 97 人，以下为最后入会的会员					
邓尔敬	音专	会员	杨嘉仁	音专	会员
劳景贤	音专	会员	范　杨	新中国法商学院	会员
冯　契	同济大学	会员	李炳焕	复旦大学	会员
徐中玉	沪江大学	会员	曹亨闻	复旦大学	会员
朱绍文		会员	孟宪章	民治新专	会员
凌舒谟	上海商学院	会员	曹辛汉		会员
以上全部 109 人					

附表 5　“大教联”干事名单

年份	干事成员
1947 年	张志让、沈体兰、彭文应、蔡尚思、潘震亚、李正文、孙大雨
1948 年	干事：沈体兰、张志让、曹未风、李正文、郑太朴、夏康农、孙大雨、卢于道、马寅初 候补：蔡尚思、潘震亚、周谷城、彭文应、刘佛年
1949 年 2 月 13 日	补选：董每勘、林穆光、陈仁炳
1949 年 5 月 27 日（上海解放）	干事：曹未风、潘震亚、陈望道、周予同、蔡尚思、周谷城、许杰、刘佛年、李正文 候补：张孟闻、吴泽、郑太朴、郭绍虞、吴文祺、章靳以、孙大雨、陈逵、杨烈、张明养

附表 6　“大教联”附设“文化研究所”委员名单

文化研究所委员列表	
常委	沈体兰、张志让、曹未风、郑太朴、蔡尚思
委员	沈体兰、张志让、曹未风、郑太朴、蔡尚思、李正文、翦伯赞、萧子风、许杰、吴逸民、孙大雨

附表 7　《独立时论》撰稿人

姓名	籍贯	生年	国内教育	留学国家	专业	任　职
胡　适	安徽绩溪	1891	中国公学	美国	哲学	北京大学校长、中文系教授、主任
崔书琴	河北故城	1906	南开大学	美国	政治学	北京大学政治系
张佛泉	河北宝坻	1908	燕京大学	美国	政治学	北京大学政治系
王聿修	天津市			美国	政治学	北京师院政治系
赵迺抟	浙江杭州	1898	北京大学	美国	经济学	北京大学经济系

（续表）

姓名	籍贯	生年	国内教育	留学国家	专业	任 职
毛子水	浙江江山	1893	北京大学	德国	历史学	北京大学史学系
汪敬熙	山东济南	1893	北京大学	美国	动物学	北大动物学系①
陈雪屏	江苏宜兴	1902	北京大学	美国	教育学	北京大学教育系
燕树棠	河北定县	1891	北洋大学	美国	法学	北京大学法律系
朱光潜	安徽桐城	1897	香港大学	英国、法国	美学	北京大学西语系
郑天挺	北京市	1899	北京大学		历史学	北京大学秘书长、史学系主任
郑华炽	广东中山	1893	南开大学	奥地利	物理学	北大教务长、物理系
邱　椿	江西宁都	1897	清华学校	美国	教育学	北京大学教育系
杨西孟	四川江津	1900	北京大学	美国	经济学	北京大学经济系
陈振汉	浙江诸暨	1912	南开大学	美国	经济学	北京大学经济系
蒋硕杰	上海市	1918		英国	经济学	北京大学经济系
马大猷	广东潮阳	1915	北京大学	美国	物理学	北京大学物理系
陈友松	湖北京山	1899		美国②	教育学	北京大学教育系
冯　至	河北涿州	1905	北京大学	德国	文学	北京大学西语系
韩寿萱	陕西神木	1899	北京大学	美国	历史学	北京大学史学系
周作仁	江苏淮安	1895	北京大学	美国	经济学	北京大学经济系
沈从文	湖南凤凰	1902			文学	北京大学中文系
邓嗣禹	湖南长宁	1905	燕京大学	美国③	历史学	北京大学史学系
吴之椿	湖北沙市		文华大学	美国	政治学	北京大学政治系
王铁崖	福建福州	1913	清华大学	英国	法学	北京大学政治系
楼邦彦	浙江鄞县	1912	清华大学	英国	法学	北京大学政治系
吴恩裕	辽宁沈阳	1909	清华大学	英国	政治思想史	北京大学政治系
胡先骕	江西新建	1894	京师大学堂	美国	植物学	静生生物调查所所长
吴景超	安徽徽州	1901	清华学校	美国	社会学	清华大学社会学系

① 1948—1952 年汪敬熙任联合国教科文组织科学组织部主任。

② 陈友松曾在菲律宾师范学校学习。

③ 1948 年 5—6 月间，邓嗣禹休假期满，回美国芝加哥大学历史系教书。

（续表）

姓名	籍贯	生年	国内教育	留学国家	专业	任　职
雷海宗	河北永清	1902	清华学校	美国	世界史	清华大学历史系主任
陈岱孙	福建闽侯	1900	清华学校	美国	经济学	清华大学法院院长、经济系主任
张印堂	山东泰安	1902	燕京大学	英国	地理学	清华地学系主任
戴世光	天津市	1908	清华大学	美国	统计学	清华大学经济系
徐毓枬	江苏无锡	1912	清华大学	英国	经济学	清华大学经济系
齐思和	山东宁津	1907	燕京大学	美国	西洋史	燕京大学历史系
郑林庄	广东中山		燕京大学	美国	经济学	燕京大学经济系
粟寄沧					经济学	铁道学院经济系
陈序经	广东文昌	1903	复旦大学	美国	社会学	南开大学政治系
张　锐			南开大学		经济学	南开大学经济系
袁贤能	浙江天台	1898	燕京大学	美国	经济学	南开大学经济系
傅筑夫	河北永年	1902	北京师大	英国	经济学	南开经济研究所
萧公权	江西泰和	1897	清华学校	美国	政治学	政治大学政治系
陶孟和	天津市	1888	南开学校	英国	社会学	中研院社会科学研究所所长
巫宝三	江苏句容	1905	清华大学	美国	经济学	中研院社会科学研究所
彭光钦	重庆长寿	1906	清华大学	美国	生物学	重庆工业试验所所长

附表 8 《新路》作者群

作者	籍贯	生年	国内教育	留学教育	专业	任　职
吴景超	安徽徽州	1901	清华学校	美国芝加哥大学	社会学	清华大学
潘光旦	江苏宝山	1899	清华学校	美国哥伦比亚大学	社会学	清华大学
钱端升	上海市	1900	清华学校	美国哈佛大学	政治学	哈佛大学
周炳琳	浙江黄岩	1892	北京大学	美国哥伦比亚大学硕士，伦敦大学政治经济学院、法国巴黎大学听课三年	经济学	北京大学

（续表）

作者	籍贯	生年	国内教育	留学教育	专业	任 职
戴世光	天津市	1908	清华大学	美国密执安大学硕士、美国哥伦比亚大学深造	经济学	清华大学
袁 方	湖南汉寿	1918	西南联大		社会学	北京大学
龚祥瑞	浙江宁波	1911	清华大学	伦敦大学政治经济学院	政治学	清华大学
刘大中	江苏武进	1914	交通大学	美国康奈尔大学	经济学	清华大学
楼邦彦	浙江鄞县	1912	清华大学	伦敦大学政治经济学院	政治学	北京大学
徐毓枬	江苏无锡	1912	清华大学	英国剑桥大学博士，伦敦大学政治经济学院听课	经济学	清华大学
陈 达	浙江余杭	1892	清华学校	美国哥伦比亚大学	社会学	清华大学
翁独健	福建福清	1906	燕京大学	美国哈佛大学	历史学	燕京大学
蒋硕杰	上海市	1918		伦敦大学政治经济学院	经济学	北京大学
陈振汉	浙江诸暨	1912	南开大学	美国哈佛大学	经济学	北京大学
吴泽霖	江苏常熟	1898	清华学校	美国俄亥俄州立大学	社会学	清华大学
王铁崖	福建福州	1913	清华大学	伦敦大学政治经济学院	法学	北京大学
全慰天	湖南南县	1917	西南联大		社会学	清华大学
胡寄窗	四川天全	1903	北平大学	伦敦大学政治经济学院	经济史	
周锡卿	湖南宁乡	1915	交通大学	美国宾夕法尼亚大学	经济学	驻日代表团技术专员
邵循正	福建福州	1909	清华大学	法国法兰西学院	历史学	清华大学
胡庆均	湖南宁乡	1918	西南联大		社会学	清华大学
赵人儁	浙江兰溪	1900	清华学校	美国哈佛大学	经济学	清华大学

附表 9　中国社会经济研究会资料[①]

1.中国社会经济研究会筹备委员会名单

中国社会经济研究会筹备委员会名单						
王崇植	吴半农	吴景超	周炳琳	孙　拯	陶孟和	孙越崎
刘大中	钱昌照	钱端升（缺席期中由楼邦彦先生代理）				萧　乾

2.成立大会的情况

1948 年 3 月 1 日下午 2 时，中国社会经济研究会假欧美同学会举办成立大会，会员缺席及代理情况如下：

缺席人	代理人	缺席人	代理人
江季平	姚念庆	朱忠道	钱昌照
谷春帆	刘大中	吴蕴初	钱昌照
张文潜	刘大中	张志让	萧　乾
卢作孚	孙越崎	卢郁文	吴景超
沈家祯	姚念庆	邵力子	钱昌照
段锡朋	周炳琳	章靳以	萧　乾
万家宝	丁　忱	霍亚民	吴景超

选举情况：

提名委员	吴景超、周炳琳、孙越崎	
提名候选人	理事	王崇植、王铁崖、朱光潜、朱忠道、谷春帆、吴半农、吴景超、周炳琳、孙拯、孙越崎、翁独健、陶孟和、章靳以、叶景莘、杨振声、楼邦彦、刘大中、钱昌照、钱端升、霍宝树、萧乾、徐毓枬
	监事	吴蕴初、邵力子、段锡朋、孙多钰、童冠贤、卢作孚

① 根据北京市档案馆藏档案整理，卷宗号 J2-2-332。

选举结果：

理 事				常务理事	监 事
周炳琳	钱昌照	吴景超	孙越崎	吴景超	邵力子
萧 乾	潘光旦	刘大中	钱端升	钱昌照	吴蕴初
陶孟和	王崇植	楼邦彦		周炳琳	童冠贤

3.中国社会经济研究会会员名册

姓 名	任 职
丁 忱	申新二五厂管理处秘书
王崇植	开滦矿务局总经理
王铁崖	北京大学教授
石志仁	交通部平津区铁路管理局局长
任 华	清华大学教授
朱光潜	北京大学教授
朱忠道	前行政院副秘书长
江季平	中国派驻联合国安全理事会专门委员
谷春帆	汇政储备汇业局局长
沈家祯	久大企业公司总经理
吴之椿	北京大学教授
吴半农	中国驻日代表团代表
吴景超	清华大学教授
吴蕴初	天原天利日化厂总经理
吴泽霖	清华大学教授
李庆海	清华大学教授
邵力子	国民参政会秘书长
周炳琳	北京大学法学院院长
林耀华	燕京大学教授
姚念庆	资源委员会秘书
段锡朋	中央委员

（续表）

姓　名	任　职
孙　拯	资源委员会委员
孙乾方	南开大学教授
孙多钰	开滦矿务局董事
孙越崎	资源委员会副委员长
徐淑希	中国派驻联合国安全理事会副代表
徐毓枬	清华大学教授
翁独健	燕京大学教授
高　植	中央大学教授
陈　达	清华大学教授
陈　源	教育部驻英文化委员
陈振汉	北京大学教授
马大猷	北京大学工学院院长
陶孟和	中央研究院社会科学研究所所长
陶葆楷	清华大学教授
章靳以	复旦大学教授
张文潜	大生纺织公司经理
张志让	复旦大学教授
张祖良	前行政院善后救济总署南京合署总务科长
冯　至	北京大学教授
童冠贤	北京大学教授
万家宝	戏剧学校教授
费孝通	清华大学教授
叶景莘	前国防设计委员会秘书
杨西孟	北京大学教授
杨振声	北京大学教授
赵人儁	清华大学教授
赵迺抟	北京大学教授

（续表）

姓　名	任　职
楼邦彦	北京大学教授
刘大中	清华大学教授
潘光旦	清华大学教授
蒋硕杰	北京大学教授
卢作孚	民生实业公司总经理
卢郁文	资源委员会参事
钱昌照	资源委员会顾问
钱端升	北京大学教授
霍宝树	输出入管理委员会主任委员
戴世光	清华大学教授
萧　乾	复旦大学教授

参 考 文 献

1.报刊/馆藏资料

《观察》。

《时与文》。

《独立时论》（时论集）。

《新路》。

《世纪评论》。

《周论》。

《中国建设》。

《独立评论》。

《新民报》。

《大公报》。

上海档案馆藏“《观察》档案”，卷宗号 Q06-12-160。

上海档案馆藏“《时与文》档案”，卷宗号 Q6-12-93。

北京市档案馆藏“中国社会经济研究会”档案，卷宗号 J2-2-332。

2.著作

华彬清：《五二〇运动史》，南京：南京大学出版社，1989。

邓野：《联合政府与一党训政——1944—1946年间国共政争》，北京：社会科学文献出版社，2003。

金冲及：《转折年代——中国的 1947 年》，北京：生活·读书·新知三联书店，2002。

钱理群：《1948：天地玄黄》，济南：山东教育出版社，1998。

张泽石：《1949 我不在清华园：一位清华学子在共和国诞生前后的经历》，北京：当代中国出版社，2003。

陈虎：《解放日记：1949 年的故事》，北京：当代中国出版社，2004。

闻黎明：《第三种力量与抗战时期的中国政治》，上海：上海书店出版社，2004。

陈明远：《文化人的经济生活》，上海：文汇出版社，2005。

张仁善：《1949 中国社会》，北京：社会科学文献出版社，2005。

李璜：《学钝室回忆录》，香港：明报月刊社，1979。

[美]司徒雷登：《在华五十年——司徒雷登回忆录》，北京：北京出版社，1982。

马嘶：《燕园师友记》，北京：北京燕山出版社，1998。

朱文华编：《自由之师：名人笔下的胡适　胡适笔下的名人》，上海：东方出版中心，1998。

罗尔纲：《师门五年记　胡适琐忆》，北京：生活·读书·新知三联书店，1998。

冯英子：《风雨故人来》，济南：山东画报出版社，1998。

胡适等：《四十自述　我在六十岁以前　我的半生》，长沙：岳麓书社，1998。

耿云志编：《胡适评传》，上海：上海古籍出版社，1999。

王富仁、石兴泽编：《谔谔之士：名人笔下的傅斯年　傅斯年笔下的名人》，上海：东方出版中心，1999。

马嘶：《负笈燕园》，北京：群言出版社，1999。

费孝通：《人物随笔》，北京：群言出版社，2000。

苏云峰：《从清华学堂到清华大学　1911—1929》，北京：生活·读书·新知三联书店，2001。

鲲西：《清华园感旧录》，上海：上海古籍出版社，2002。

温源宁：《不够知己》，江枫译，长沙：岳麓书社，2004。

[马来西亚]温梓川：《文人的另一面——民国风景之一种》，钦鸿编，南宁：广西师大出版社，2004。

何廉：《何廉回忆录》，朱佑慈等译，北京：中国文史出版社，1988。

徐铸成：《徐铸成回忆录》，北京：生活·读书·新知三联书店，1988。

竺可桢：《竺可桢日记》，上海：上海科学出版社，1989。

费正清：《费正清对华回忆录》，陆惠勤等译，上海：知识出版社，1991。

萧公权：《问学谏往录：萧公权治学漫议》，上海：学林出版社，1997。

钱昌照：《钱昌照回忆录》，北京：中国文史出版社，1998。

胡适：《胡适口述自传》，合肥：安徽教育出版社，1999。

邹鲁：《回顾录》，长沙：岳麓书社，2000。

顾毓琇：《一个家庭　两个世界》，上海：上海人民出版社，2000。

蒋廷黻：《蒋廷黻回忆录》，长沙：岳麓书社，2003。

萧乾：《萧乾自述》，郑州：大象出版社，2003。

萧乾：《萧乾回忆录》，北京：中国工人出版社，2005。

王嘉良、周健男：《萧乾评传》，北京：国际文化出版公司，1990。

萧乾：《未带地图的旅人》，北京：中国文联出版公司，1991。

文洁若：《我与萧乾》，南宁：广西教育出版社，1992。

孔庆茂：《钱锺书传》，南京：江苏文艺出版社，1992。

马勇：《梁漱溟评传》，合肥：安徽人民出版社，1992。

闻黎明：《闻一多传》，北京：人民出版社，1992。

[美]贾祖麟：《胡适之评传》，张振玉译，海口：南海出版公司，1992。

麻天祥：《汤用彤评传》，南昌：百花洲文艺出版社，1993。

何炳棣：《读史阅世六十年》，桂林：广西师范大学出版社，2005。

李辉：《萧乾传》，南京：江苏文艺出版社，1993。

岳玉玺、李泉、马亮宽：《傅斯年：大气磅礴的一代学人》，天津：天津人民出版社，1994。

罗志田：《再造文明之梦——胡适传》，成都：四川人民出版社，1995。

胡明：《胡适传论》，北京：人民文学出版社，1996。

鲁西奇：《梁实秋传》，北京：中央民族大学出版社，1996。

郑大华：《张君劢传》，北京：中华书局，1997。

顾潮：《我的父亲顾颉刚》，上海：华东师范大学出版社，1997。

雷启立：《丁文江印象》，上海：学林出版社，1997。

朱光潜：《朱光潜自传》，商金林编，南京：江苏文艺出版社，1998。

左玉河：《张东荪传》，石家庄：河北人民出版社，1999。

陈清泉、宋广渭：《陆定一传》，北京：中共党史出版社，1999。

[美]李欧梵：《铁屋中的呐喊》，尹慧珉译，长沙：岳麓书社，1999。

徐德明、李真：《朱自清传》，北京：团结出版社，1999。

胡适：《丁文江的传记》，合肥：安徽教育出版社，1999。

焦润明：《傅斯年传》，北京：人民出版社，2002。

王芝琛：《一代报人王芸生》，武汉：长江文艺出版社，2004。

余英时：《中国知识分子论》，郑州：河南人民出版社，1997。

余英时：《士与中国文化》，上海：上海人民出版社，2003。

许纪霖：《中国知识分子十论》，上海：复旦大学出版社，2003。

许纪霖：《智者的尊严》，上海：学林出版社，1988。

许纪霖：《无穷的困惑：黄炎培、张君劢与现代中国》，上海：上海三联书店，1998。

许纪霖：《许纪霖自选集》，桂林：广西师范大学出版社，1999。

沈卫威：《自由守望——胡适派文人引论》，上海：上海文艺出版社，1997。

张济顺：《中国知识分子的美国观（1943—1953）》，上海：复旦大学出版社，1999。

章清：《“胡适派学人群”与现代中国自由主义》，上海：上海古籍出版社，2004。

谢泳：《清华三才子》，北京：新华出版社，2005。

谢泳：《储安平与〈观察〉》，北京：中国社会出版社，2005。

谢泳：《西南联大与中国现代知识分子》，长沙：湖南文艺出版社，1998。

谢泳：《逝去的年代——中国自由知识分子的命运》，北京：文化艺术出版社，1999。

谢泳：《没有安排好的道路》，昆明：云南人民出版社，2002。

傅国涌：《1949：中国知识分子的私人记录》，武汉：长江文艺出版社，2005。

马嘶：《百年冷暖：20世纪中国知识分子生活状况》，北京：北京图书馆出版社，2003。

李仁渊：《晚清的新式出保媒体与知识分子——以报刊出版为中心的讨论》，台北：稻乡出版社，2005。

罗志田：《乱世潜流：民族主义与民国政治》，上海：上海古籍出版社，2001。

罗志田：《二十世纪中国的思想与学术掠影》，广州：广东教育出版社，2001。

张灏：《张灏自选集》，上海：上海教育出版社，2002。

任剑涛：《中国现代思想脉络中的自由主义》，北京：北京大学出版社，2004。

汪晖：《现代中国思想的兴起》（上、下），北京：生活·读书·新知三联书店，2004。

陈哲夫、江荣海、吴丕：《二十世纪中国思想史》，济南：山东人民出版社，2002。

石毕凡：《近代中国自由主义宪政思潮研究》，济南：山东人民出版社，2004。

郑也夫：《知识分子研究》，北京：中国青年出版社，2004。

张朋园：《知识分子与近代中国的现代化》，南昌：百花洲文艺出版社，2002。

李良玉：《动荡时代的知识分子》，杭州：浙江人民出版社，1990。

张岱年等：《中国知识分子的人文精神》，郑州：河南人民出版社，1994。

杨玉圣：《中国人的美国观——一个历史的考察》，上海：复旦大学出版社，1996。

余英时：《士与中国文化》，上海：上海人民出版社，1987。

吴晗、费孝通等：《皇权与绅权》，天津：天津人民出版社，1988。

胡伟希、高瑞泉、张利民：《十字街头与塔：中国近代自由主义思潮研究》，上海：上海人民出版社，1991。

薛化元：《民主宪政与民族主义的辩证发展：张君劢思想研究》，台北：稻禾出版社，1993。

阎步克：《士大夫政治演生史稿》，北京：北京大学出版社，1996。

郭湛波：《近五十年中国思想史》，济南：山东人民出版社，1997。

徐复观：《中国思想史论》，台北：学生书局，1998。

李强：《自由主义》，北京：中国社会科学出版社，1998。

王立新：《美国对华政策与中国民族主义运动》，北京：中国社会科学出版社，2000。

李世涛：《知识分子立场：民族主义与转型期中国的命运》，长春：时代文艺出版社，2000。

黄岭峻：《激情与迷思：中国现代自由派民主思想的三个误区》，武汉：华中科技大学出版社，2001。

余英时：《朱熹的历史世界：宋代士大夫政治文化的研究》，北京：生活·读书·新知三联书店，2004。

3. 编著

中国社会科学院近代史研究所中华民国史组编：《胡适来往书信选》，香港：中华书局香港分局，1983。

上海历史研究所教师运动史组编：《上海教师运动回忆录》，上海：上海人民出版社，1984 年。

北京图书馆《文献》丛刊编辑部、吉林省图书馆学会会刊编辑部编：《中国当代社会社会科学家》，北京：书目文献出版社，1983。

晋阳学刊编辑部编：《中国现代社会科学家传略》，太原：山西人民出版社，1982。

光明日报社编：《思想改造文选》，北京：光明日报社，1951—1952。

清华大学校史研究室编：《清华大学九十年》，北京：清华大学出版社，2001。

《人物》，北京：清华大学出版社，1983。

《教师们的思想改造》，上海：华东人民出版社，1952。

《中国资产阶级右派经济言论批判参考资料》，北京：中国人民大学出版社，1958。

《新文学史料》，北京：人民文学出版社，1978。

《上海文史资料选辑》，上海：上海人民出版社，1979。

《国共谈判文献资料选辑（1945.8—1947.3）》，南京：江苏人民出版社，1980。

中央档案馆编：《中共中央文件选集》，北京：中共中央党校出版社，1982。

《中国民主同盟历史文献》，北京：文史资料出版社，1983。

《五二〇运动史料》（1、2），北京：人民出版社，1985。

《中国现代史资料选集》（第六册），北京：中国人民大学出版社，1989。

《清华人物志》，北京：清华大学出版社，1992。

清华大学校史研究室编：《清华大学史料选编》，北京：清华大学出版社，1994。

《文史资料精华丛书》，合肥：安徽人民出版社，2000。

《北京大学校史：1898—1949》，上海：上海教育出版社，1981。

《清华大学校史稿》，北京：中华书局，1981年。

于学仁编著：《中国现代学生运动史长编》，长春：东北师范大学出版社，1988。

陈福康编选：《回忆郑振铎》，上海：学林出版社，1988。

中共云南省委党史资料征集委员会、中共云南师范大学委员会编：《一二一运动》，北京：中共党史资料出版社，1988。

蒋景源主编：《中国民主党派人物录》，上海：华东师范大学出版社，1991。

中国民主同盟文史委员会编：《我与民盟——中国民主同盟成立50周年纪念文集》，

北京：群言出版社，1991。

陈子善编：《回忆梁实秋》，长春：吉林文史出版社，1992。

吴福辉编：《西滢闲话》，深圳：海天出版社，1992。

耿云志、闻黎明编：《现代学术史上的胡适》，北京：生活·读书·新知三联书店，1993。

张岱年等主编：《草堂怀旧》（学者卷四），北京：北京师范大学出版社，1997。

许纪霖编：《二十世纪中国思想史论》（上、下），上海：东方出版中心，2000。

谢泳编：《储安平：一条河流般的忧郁》，北京：中国青年出版社，1999。

谢泳编：《罗隆基：我的被捕的经过与反感》，北京：中国青年出版社，1999。

商金林编：《叶圣陶年谱》，南京：江苏教育出版社，1986。

耿云志编：《胡适年谱》，成都：四川人民出版社，1989。

耿云志主编：《胡适遗稿及秘藏书信》，合肥：黄山书社，1992，

顾潮编：《顾颉刚年谱》，北京：中国社会科学出版社，1993。

潘乃穆、潘乃和编：《潘光旦文集》，北京：北京大学出版社，1993。

欧阳哲生编：《胡适全集》，合肥：安徽教育出版社，2003。

耿云志、欧阳哲生编：《胡适书信集》，北京：北京大学出版社，1996。

曹伯言整理：《胡适日记全编》，合肥：安徽教育出版社，2001。

胡颂平编著：《胡适之先生年谱长编初稿》，台北：联经出版事业公司，1984。

宗璞、熊秉明主编：《永远的清华园——清华子弟眼中的父辈》，北京：北京出版社，2001。

张新颖编：《储安平文集》（上、下），上海：东方出版中心，1998。

罗竹风主编：《平心文集》，上海：华东师范大学出版社，1985。

《朱光潜全集》，合肥：安徽教育出版社，1987—1989。

李宗仁口述，唐德刚整理：《李宗仁回忆录》，南宁：广西人民出版社，1988。

胡世华等整理：《胡厥文回忆录》，北京：中国文史出版社，1994。

查国华编：《茅盾年谱》，武昌：长江文艺出版社，1985。

《冯至全集》，石家庄：河北教育出版社，1999。

吴令华编：《吴世昌全集》，石家庄：河北教育出版社，2003。

上海市档案馆编：《陈光甫日记》，上海：上海书店出版社，2002。

陈建军编著：《废名年谱》，武汉：华中师范大学出版社，2003。

胡不归等编：《胡适传记三种》，合肥：安徽教育出版社，2002。

高瑞泉、[日]山口久和主编：《中国的现代性与城市知识分子》，上海：上海古籍出版社，2004。

周子东等编：《民主革命时期马克思主义在上海的传播：1898—1949》，上海：上海社会科学院出版社，1994。

罗福惠主编：《中国民族主义思想论稿》，武汉：华中师范大学出版社，1996。

李世涛主编：《知识分子立场：自由主义之争与中国思想界的分化》，长春：时代文艺出版社，2000。

王中江、高秀昌编：《冯友兰学记》，北京：生活·读书·新知三联书店，1995。

4. 译著

[美]胡素珊：《中国的内战——1945—1949 年的政治斗争》，王海良等译，北京：中国青年出版社，1997。

[美]格里德：《胡适与中国的文艺复兴——中国革命中的自由主义（1917—1950）》，鲁奇译，南京：江苏人民出版社，1989。

[美]微拉·施瓦支：《中国的启蒙运动——知识分子与五四遗产》，李国英等译，吴景平校，太原：山西人民出版社，1989。

[波兰]弗·兹纳涅茨基：《知识人的社会角色》，郏斌祥译，南京：译林出版社，2000。

[意]安东尼奥·葛兰西：《狱中札记》，曹雷雨等译，北京：中国社会科学出版社，

2000。

[美]杰弗里·C.戈德法布：《“民主”社会中的知识分子》，杨信彰等译，沈阳：辽宁教育出版社，2002。

[美]杰罗姆·B. 格里德尔：《知识分子与现代中国》，单正平译，天津：南开大学出版社，2002。

[美]周明之：《胡适与中国现代知识分子的选择》，雷颐译，桂林：广西师范大学出版社，2005。

[美]艾恺：《最后的儒家——梁漱溟与中国现代化的两难》，王宗昱等译，南京：江苏人民出版社，2003。

[美]刘易斯·科塞：《理念人——一项社会学的考察》，郭方等译，北京：中央编译出版社，2004。

[美]林毓生：《中国意识的危机：“五四”时期激烈的反传统主义》，穆善培译，贵阳：贵州人民出版社，1986。

[德]哈贝马斯：《公共领域的结构转型》，萧卫东等译，北京：学林出版社，1999。

5. **期刊论文**

钱理群：《北京大学教授的不同选择——以鲁迅与胡适为中心》，《文艺争鸣》2003年第3期。

钱理群：《“现代中国知识分子精神史”中的一页——卞之琳〈海与泡沫〉细读》，《齐鲁学刊》1999年第1期。

许纪霖：《中国自由主义知识分子的参政1945—1949》，《二十一世纪》（香港）1991年6月号。

许纪霖：《社会民主主义的历史遗产——现代中国自由主义的回顾》，《开放时代》1998年第4期。

许纪霖：《寻求自由与公道的社会秩序：现代中国自由主义的一个考察》，《开放时代》2000年第1期。

许纪霖：《近代中国的公共领域：形态、功能与自我理解——以上海为例》，《史林》2003年第2期。

许纪霖：《都市空间视野中的知识分子研究》，《天津社会科学》2004年第3期。

许纪霖：《上半个世纪的自由主义》，《读书》2000年第1期。

许纪霖、郑志峰：《我改变不了这个世界，但可以改变我的课堂——著名学者许纪霖教授访谈录》，《历史教学》2005年第5期。

章清：《胡适派学人群体与现代中国自由主义的趋向》，《史林》1998年第1期。

章清：《“学术社会”的建构与知识分子的“权势网络”——〈独立评论〉群体及其角色与身份》，《历史研究》2002年第4期。

章清：《省界、业界与阶级：近代中国集团力量的兴起及其难局》，《中国社会科学》2003年第2期。

杨奎松：《国民党人在处置昆明学潮问题上的分歧》，《近代史研究》2004年第5期。

胡伟希、田薇：《20世纪中国自由主义的基本类型》，《中国人民大学学报》2003年第5期。

胡伟希：《清华学派与中国现代思想文化：四论“清华学派”》，《学术月刊》1996年第6期。

胡明：《史海钩沉：胡适在风雨飘摇的旧北大》，《炎黄春秋》2000年第1期。

欧阳哲生：《胡适在不同时期对“五四”的评价》，《二十一世纪》（香港）1996年4月号。

智效民：《陶孟和：中国社会学的奠基者》，《学术界》2002年第5期。

林小波：《胡适与国民党关系述论》，《安徽史学》2003年第4期。

吕文浩：《议政型自由主义一例：潘光旦》，《二十一世纪》（香港）1996年4月号。

吕文浩：《潘光旦与通才教育理想》，《东方》1996年第5期。

李树青：《悼念恩师潘光旦先生》，《传记文学》（台北）第45卷第2期。

陶恒生：《书生论政而犹是书生——纪念我的父亲、中国社会史学派始祖陶希圣》，《传记文学》（台北）第48卷第3期。

金辰北：《社会学家：全慰天》，《中国人民大学学报》1994年第3期。

李伟：《敢和蒋介石叫板的傅斯年》，《文史春秋》2002年第12期。

狄笙：《傅斯年：作为学派的领袖与作为个体的史家》，《北京大学研究生学刊》1997年第1、2期。

马亮宽：《一个具有独特风格的知识分子——傅斯年社会活动述论》，《聊城师院学报（哲学社会科学版）》1991年第1期。

张仁善：《一个旧中国“自由主义者”的法治心路——试论储安平的法治观》，《华东政法学院学报》2001年第2期。

郑家馨：《我国法国革命史和非洲史研究的拓荒者杨人楩》，《世界历史》1994年第6期。

胡炳生、江丕权、江丕栋：《江泽涵先生年谱》，《清华大学学报（哲学社会科学版）》1994年第4期。

肖保：《林焕平教授教学生涯和治学方法》，《广西师范大学学报（哲学社会科学版）》，1994年第2期。

蕾颐：《殊途同归：胡适与张君劢的历史命运》，《近代史研究》1994年第3期。

[日]江山幸子：《杨刚：二十世纪中国文化人的生存烦恼》，李家平译，《中国现代文学研究》1994年第1期。

陈连升：《国学大师翁独健》，《民族教育研究》1994年第2期。

王德中：《技术官僚余大惟》，《纵横》1994年第5期。

李醒尘：《朱光潜传略》，《新文学史料》1988年第3期。

罗艺军：《忆朱光潜先生》，《时代潮》1999年第6期。

陈道素：《马寅初痛斥孔祥熙》，《党史文汇》2000 年第 7 期。

谢泳：《吴景超的学术道路》，来自“谢泳居”。

高真：《闻一多牺牲前后》，《纵横》2003 年第 7 期。

王鹏：《民国末年钱昌照缘何终止出国考察》，《纵横》2003 年第 4 期。

张小曼：《张西曼与中苏文化协会》，《纵横》1999 年第 7 期。

邹艳：《彭文应的坎坷人生》，《纵横》2003 年第 8 期。

傅光明：《郭沫若与萧乾的恩怨》，《纵横》2000 年第 2 期。

陈家琪：《陈序经：在自由主义与马克思主义之间》，《开放时代》2000 年第 5 期。

启良：《重读陈序经》，《浙江社会科学》1998 年 6 期。

岳谦厚：《十字路口的顾维钧——对两难境遇中的自由主义者的考察》，《史学月刊》2002 年第 1 期。

智效民：《沈从文与杨振声》，《书屋》1998 年第 1 期。

谢泳：《金岳霖的理想和无奈》，《东方艺术》1997 年第 1 期。

王文兵、杨继学：《费孝通先生的学术道路》，《廊坊师范学院学报》2004 年第 3 期。

马千里：《试析 40 年代政治自由主义思潮》，《江苏社会科学》1995 年第 1 期。

罗志田：《民主主义与民国政治》，《开放时代》2000 年第 5 期。

张光芒：《没有硝烟的“大抉择”——论 40 年代后期中国知识分子的道路选择》，《江西财经大学学报》2002 年第 3 期。

谢泳：《知识分子的新路》，《万象》第 4 卷第 5 期。

钱理群：《20 世纪中国知识分子空间位置的选择与移动》，《东方文化》2003 年第 1 期。

余英时：《中国知识分子的边缘化》，《二十一世纪》（香港）1991 年 8 月号。

董国强：《论 1910—1930 年代中国自由主义知识分子的发展流变——以〈新青年〉同人群体、“新月派”和“独立评论派”的结构分析为视角》，《民国档案》2003 年第

2 期。

范玉吉：《被窒息的空间——以陈西滢为个案分析 20 年代中国言论空间开创的尝试》，《上海师大学报（哲学社会科学版）》2002 年第 2 期。

王汎森：《新知识分子与学术社群的建立》，载王汎森：《中国近代思想与学术的系谱》，第 275—302 页，台北：联经出版事业股份有限公司，2003 年。

罗志田：《近代中国社会权势的转移：知识分子的边缘化与边缘知识分子的兴起》，《开放时代》1999 年第 4 期。

汪秀枝：《试论情感对解放战争末期上层自由派知识分子抉择的影响》，《河南师范大学学报（哲学社会科学版）》，2003 年第 1 期。

黄剑眉：《中国民主党派的历史溯源——民主革命时期中间势力的形成》，《纵横》2001 年第 2 期。

徐山平、赵凌宇：《战后中间道路评议》，《上海大学学报（社会科学版）》1996 年第 2 期。

蔡尚思：《上海大教联与信史实录》，《复旦学报（社会科学版）》1984 年 2 期。

王德中：《旧中国的核计划》，《纵横》1994 年第 6 期。

胡伟希：《清华学派与中国现代思想文化》，《学术月刊》1996 年第 6 期。

《〈观察〉周刊社史料一组》，《档案与史学》1997 年 6 期。

王芝琛：《〈大公报〉与反苏大游行》，《纵横》2000 年第 12 期。

王芝琛：《〈大公报〉与“反美扶日”爱国运动》，《纵横》2000 年第 1 期。

黄岭峻：《30－40 年代中国思想界的“计划经济”思潮》，《近代史研究》2002 年第 2 期。

陈先初：《20 世纪 40 年代中间党派的民主诉求——以中国民主同盟为例》，《求索》2003 年第 6 期。

卫春回：《四十年代自由主义学人理想中的经济制度——以〈新路〉周刊为例》，《二十一世纪》（香港）2004 年 4 月号。

左双文：《1946年沈崇事件：南京政府的对策》，《近代史研究》2005年第1期。

6. 外文资料

Benjamin Schwartz, *Reflection on the May Fourth Movement: A Symposium*, Cambridge: Harward University Press.1972.

China Intellectuals in China: Search for Meaning and Other 1895-1911, Berkley: University of California Press. 1987.

Charles Taylor, *Modern Social Imaginaries,* Durham and London: Duke University Press. 2004.

7.工具书

李盛平主编：《中国近代人名大辞典》，上海：上海辞书出版社，1986。

肖灼基编：《哲学社会科学名人名著辞典》，石家庄：河北人民出版社，1988。

陈荣富、洪永珊主编：《当代中国社会科学学者大辞典》，杭州：浙江大学出版社，1990。

王明根主编：《辛亥以来人物传记资料索引》，上海：上海辞书出版社，1990。

陈旭麓、李华兴主编：《中华民国史辞典》，上海：上海人民出版社，1991。

高增德编：《中国现代社会科学家大辞典》，太原：书海出版社，1994。

张岱年主编：《中国社会科学家大辞典》，沈阳：辽宁大学出版社，1995。

方宾观等编纂：《中国人名大辞典》，上海：商务印书馆，2003。